新能源汽车技术

主　编　陈美多　彭　新
副主编　张　磊　张　禹　李健平　谢敬武
　　　　冯　静　彭　勇　范海燕
主　审　李亚莉

西南交通大学出版社
·成　都·

图书在版编目（ＣＩＰ）数据

新能源汽车技术 / 陈美多，彭新主编. —成都：
西南交通大学出版社，2017.4（2020.1 重印）
ISBN 978-7-5643-5378-0

Ⅰ. ①新… Ⅱ. ①陈… ②彭… Ⅲ. ①新能源－汽车
－教材 Ⅳ. ①U469.7

中国版本图书馆 CIP 数据核字（2017）第 074740 号

新能源汽车技术

主　　编 / 陈美多　彭　新

责任编辑 / 李　伟
特邀编辑 / 张芬红
封面设计 / 墨创文化

西南交通大学出版社出版发行
（四川省成都市金牛区二环路北一段 111 号西南交通大学创新大厦 21 楼　610031）
发行部电话：028-87600564
网址：http://www.xnjdcbs.com
印刷：四川森林印务有限责任公司

成品尺寸　185 mm × 260 mm
印张　13.5　　字数　289 千
版次　2017 年 4 月第 1 版　　印次　2020 年 1 月第 2 次

书号　ISBN 978-7-5643-5378-0
定价　39.00 元

课件咨询电话：028-81435775
图书如有印装质量问题　本社负责退换
版权所有　盗版必究　举报电话：028-87600562

前　言

随着汽车工业的高速发展和人们生活水平的提高，越来越多的汽车进入普通百姓的家庭，汽车与人们的日常生活联系越来越紧密。汽车工业是一个国家现代工业发展水平的象征，与国民经济许多部门息息相关，对社会经济建设和科学技术发展起着重要的促进作用。

随着世界著名汽车企业陆续进入中国，与国内汽车企业合资、合作，以及中国自主品牌汽车实力的增强，中国汽车爆发出了令人难以置信的增长速度。2016年，中国汽车产销量再创历史新高，分别完成 2 811.88 万辆和 2 802.82 万辆，同比增长 14.46%和13.65%，增幅比上年提升 11.21 个百分点和 8.97 个百分点，连续八年蝉联全球第一。

2016年，基本型乘用车(轿车)产销 1 211.13 万辆和 1 214.99 万辆，同比增长 3.91%和 3.44%；运动型多用途乘用车(SUV)产销 915.29 万辆和 904.70 万辆，同比增长 45.72%和 44.59%；多功能乘用车（MPV）产销 249.06 万辆和 249.65 万辆，同比增长 17.11%和 18.38%；交叉型乘用车产销 66.59 万辆和 68.35 万辆，同比下降 38.32%和 37.81%。1.6 L及以下乘用车销售 1 760.7 万辆，同比增长 21.4%，占乘用车销量的 72.2%。

2016 年，新能源汽车生产 51.7 万辆，销售 50.7 万辆，比上年同期分别增长 51.7%和 53%。其中，纯电动汽车产销分别完成 41.7 万辆和 40.9 万辆，比上年同期分别增长 63.9%和 65.1%；插电式混合动力汽车产销分别完成 9.9 万辆和 9.8 万辆，比上年同期分别增长 15.7%和 17.1%。新能源乘用车中，纯电动乘用车产销分别完成 26.3 万辆和 25.7 万辆，比上年同期分别增长 73.1%和 75.1%；插电式混合动力乘用车产销分别完成 8.1 万辆和 7.9 万辆，比上年同期分别增长 29.9%和 30.9%。新能源商用车中，纯电动商用车产销分别完成 15.4 万辆和 15.2 万辆，比上年同期分别增长 50.2%和 50.7%；插电式混合动力商用车产销分别完成 1.8 万辆和 1.9 万辆，比上年同期分别下降 22.5%和 19.3%。

2016 年，中国汽车销量排名前十位的企业依次为：上汽、东风、一汽、长安、北汽、广汽、长城、吉利、华晨和奇瑞。与上年同期相比，华晨销量呈小幅下降，其他企业均呈增长，吉利和奇瑞增速更为明显。2016 年，上述十家企业共销售 2 475.99 万辆，占中国汽车销售总量的 88.34%。

与此同时，汽车带来的环境污染、能源短缺、资源枯竭和道路安全等问题也越来越明显。为了保持国民经济的可持续发展，保护人类居住环境和保障能源供给，各国政府不惜巨资，投入人力、物力、财力以寻求解决问题的途径。对于汽车产业，电动汽车具有良好的环保性能和可以混合多种能源为一体的动力源特点，已成为各国政府和汽车行业的发展方向，电动汽车的研发已成为汽车行业的热点。

电动汽车是指全部或部分用电能驱动电动机并作为直接驱动力的汽车。常见的电动汽车有以蓄电池为能源的纯电动汽车、以燃料电池为能源的纯电动汽车和油电混合动力汽车。目前，混合动力汽车的时代已经开始，并产业化。纯电动汽车已经生产并销售试运行中，而混合动力汽车中的电池、电动机及驱动系统、能源管理系统等装置是各种电动汽车的关键技术，因此，无论是从实用的角度出发，还是从长远服务的角度出发，了解和掌握电动汽车技术的社会需求变得越来越重要。为了满足社会需求，国外已出版多部介绍电动汽车基本知识和设计方法的著作，但这些著作还不能满足高职高专培养售后服务人才的需求，因此，编者结合实际工作需求，编写了此书。

在编写过程中，编者力求全面、系统地总结国内外电动汽车技术的最新概况，对电动汽车发展现状、发展趋势、结构、原理作了详细、全面、深入的介绍和分析。

本书包括九章内容：第1章介绍了汽车工业面临的挑战、新能源汽车的优缺点以及新能源汽车的历史与发展现状；第2章介绍了新能源汽车及新技术的结构与原理；第3章介绍了新能源汽车公司的简介、旗下品牌及性能；第4章介绍了新能源汽车动力源的种类、原理及特性；第5章介绍了新能源汽车电动机的基本类型、原理、性能和电动机驱动系统的基本知识；第6章介绍了新能源汽车能源管理系统、电源转换装置、能量回馈系统和充电器的基本知识；第7章介绍了纯电动汽车的车型、控制原理、结构组成及传动原理；第8章介绍了混合动力汽车的传动特点、结构、工作原理及混合动力车型；第9章介绍了新能源汽车充电桩。

其中，河南交通职业技术学院张磊编写第1章、第2章；黑龙江商业职业学院陈美多编写第3章、第4章；牡丹江技师学院张禹编写第6章；湖南电气职业技术学院彭新编写第5章、第7章、第8章；湖南电气职业技术学院彭勇、广东科学技术职业学院李健平、北京密云区职业学校冯静、玉溪工业财贸学校谢敬武、南昌汽车机电学校范海燕共同编写第9章。同时，黑龙江林业职业技术学院李亚莉对本书进行了审核，并提出了宝贵的修改意见，在此致以衷心的感谢。

在本书编写过程中，编者参考了大量书籍资料，检索了大量汽车网站，在此对原书和文献作者表示深深的谢意。

由于编者水平有限，书中难免有不足之处，恳请同行和广大读者批评指正。

编 者

2017年1月

目 录

1 新能源汽车发展史 ·· 1
   1.1 新能源汽车的起源 ·· 1
   1.2 发展新能源汽车的重要性 ·· 17
   1.3 新能源汽车的发展 ·· 20
   1.4 未来汽车的发展方向 ·· 27

2 新能源汽车及技术 ··· 29
   2.1 汽车的新能源 ·· 29
   2.2 新能源汽车的定义和分类 ·· 32
   2.3 汽车新技术 ·· 37

3 新能源汽车公司简介 ·· 48
   3.1 美洲著名电动汽车公司 ··· 48
   3.2 欧洲著名电动汽车公司 ··· 64
   3.3 亚洲著名电动汽车公司 ··· 94

4 新能源汽车动力源 ·· 113
   4.1 铅酸蓄电池 ·· 113
   4.2 镍-氢电池 ·· 116
   4.3 锂离子电池 ·· 120
   4.4 太阳能电池 ·· 121
   4.5 超级电容器 ·· 123
   4.6 飞轮电池 ·· 125

5 新能源汽车电动机技术 ··· 129
   5.1 电动汽车动力系统概述 ·· 129
   5.2 直流电动机 ·· 133
   5.3 异步电动机 ·· 138
   5.4 开关磁阻电动机 ·· 141

6 新能源汽车能源管理系统 ··· 145
　　6.1 蓄电池的管理系统（BMS） ································· 145
　　6.2 制动能量回收系统 ··· 153
　　6.3 电源转换装置 ·· 161

7 纯电动汽车 ··· 169
　　7.1 纯电动汽车的简介 ··· 169
　　7.2 纯电动汽车的组成与结构原理 ······························ 170
　　7.3 纯电动汽车驱动系统布置形式 ······························ 174
　　7.4 纯电动汽车的控制原理 ······································· 176
　　7.5 纯电动汽车的车型介绍 ······································· 181

8 混合动力电动汽车 ··· 187
　　8.1 概　述 ·· 187
　　8.2 混合动力电动汽车的特点和分类 ··························· 188
　　8.3 混合动力电动汽车的结构与工作原理 ···················· 190
　　8.4 混合动力电动汽车的车型介绍 ······························ 196

9 新能源汽车充电桩 ··· 204
　　9.1 概　述 ·· 204
　　9.2 交流充电桩 ··· 205
　　9.3 直流充电桩 ··· 206
　　9.4 新能源汽车充电方式 ·· 207

参考文献 ·· 210

1 新能源汽车发展史

【学习目标】

（1）了解汽车诞生之前车辆的发展。
（2）掌握汽车诞生的相关知识。
（3）学习并掌握蒸汽机的产生与发展。
（4）学习并掌握内燃机的产生与发展。
（5）了解汽车在发展过程中车身出现的形式。
（6）了解未来汽车的发展方向。

1.1 新能源汽车的起源

在所有历史变迁中，车的变迁，可谓与人们的生活息息相关，具有时代个性。汽车自 19 世纪末诞生以来，从速度 18 km/h 的第一辆三轮汽车到现在速度由零加速到 100 km/h 只需要 3 s 多的超级跑车，已经历了一百多年的历史。汽车的发展如此惊人！同时，汽车工业也造就了多位行业巨人，他们一手创建了通用、福特、丰田、本田这样一些在各国经济中举足轻重的著名公司。

人类历史进入现代社会以来，还没有任何一件产品能够像汽车那样，对人们的出行、交往、生活、观念及对社会的经济、交通、科技、就业、能源、环境、城市等众多方面，产生如此强烈而深远的影响。汽车产业的发展，使得汽车产品进入平常百姓家庭，汽车已成为一种现代生活方式的代表。汽车已不仅仅是一种交通工具，而是一种产业，融入了社会，影响着社会。可以说，汽车更是一种文化，其生产、消费、销售等，都有文化因素，代表着一种文化背景和品位。在中国已经超过美、日，成为世界汽车产销第一大国之际，让我们一起来回顾汽车的发展历史，体会汽车给我们带来的种种欢乐与梦想。

1.1.1 汽车的史祖

车在人类的进步史上有着极其重要的作用。随着人类社会的发展，汽车逐渐成为日常生活中必不可少的代步工具，汽车不仅仅只有冷冰冰的钢铁和燃油，也有精彩的故事。从卡尔·本茨造出了第一辆三轮汽车至今，汽车的历史已有一百多年，但车的历史远非只有一百多年。让我们先来一起探寻汽车诞生之前的故事。

人类最初搬运物品是手拿、头顶、肩扛。人类最早的运输工具只是个粗制的木棒，重物悬挂在棒上，一人可以背负肩挑，两人可以抬行。猎获的野兽通过饲养，逐渐变为家畜，开始分担人的劳动。人背负肩挑逐渐变为兽驮，驮畜便成了重要的运输工具。

原始社会人类发明的重要的运输工具之一是橇，鹿拉雪橇，牛拉陆橇。人们用木板或木棒做成橇，把物品放在上面拉着前行，但这样摩擦力太大，后来人们发现在橇下面放置圆木滚动着搬运比较省力，这便引起了搬运手段的重大变革。这种使橇滚动向前的装置——圆木，就是滚子。这种圆木与木橇的结合，可以说是车的雏形。车轮就是由滚子改进而成的，如图1-1所示。

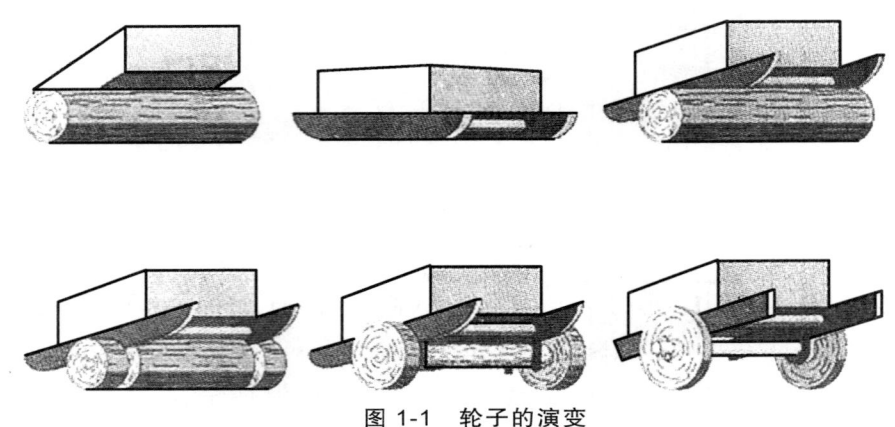

图1-1 轮子的演变

大约在公元前2000年，人们发明了有辐的车轮，这种结构比以前的实体车轮轻便了许多。装有辐式车轮的车子用马来拉，速度就快多了，车身也变得轻巧灵活，因此被古人当作战车用在战争中。

相传公元前1675年，古埃及人发明了有制动装置的马车，能使马车在很短的距离内停下来。到了12世纪，罗马人发明了转向前轴，开始出现了四轮车。罗马人还将单辕改为双辕，使一匹马也能驾车。

到中世纪后，欧洲改用弹簧悬置车厢和较大的后轮，提高了四轮车的舒适性，马车开始向豪华型发展。

在欧洲，马车制造业十分兴旺，许多马车作坊都能造出十分精致而华丽的四轮马车。英国国王乔治三世加冕时乘坐的马车，是由工匠们精心雕琢而成的，最后还镀上了黄金，整个马车的装饰极其豪华奢侈，不愧为马车中的精品。

18世纪后，出现了一种叫作"柏林式"的马车，这种马车逐渐风靡欧洲。它的主要特点是车厢采用两根坚固的皮带悬吊并固定在前后车轮之间，皮带与车轮间通过一个机械装置来传动，后轮上还装有一个有齿轨咬合的刹车装置。这时期的马车，豪华装饰成为一个突出的特点。

1.1.2 中国古代的车辆

春秋时期，中国制造出世界上第一辆新型车子，有车架、车轴、车厢等；为保持平衡，采用了左右 2 个轮子。由于车有两轮，且两轮相对，故称"车两"。随时间推移，"车两"改叫为"车辆"。

1953 年，我国考古学家在河南省安阳市大司空村发掘出商代马车遗迹，这是一辆造型非常精制的两轮单辕马车，有栅栏车身和辐式车轮（见图 1-2），可见在 3 000 多年前，我国造车的技术水平已经相当高了。

图 1-2　地下出土最早的商朝车

在周代，人们已能制造相当精美的两轮车，在结构上也有所改进，车马的配件更为完备，增加了新的零部件，许多关键部位使用了青铜构件，驾车的马由商代的 2 匹增加到了 3~4 匹，甚至 6 匹。周代的车以驾 4 马为常，多以"驷"为单位计数马匹。

春秋战国时期，马车便纳入了战争的行列，在当时来说，马车是代表一个国家强盛的明显标志。

在宋代，有位进士名叫燕肃，是一位机械工匠。燕肃启奏皇帝，详细说明了制造指南车和记里鼓车的方法，经允许，他重新制造了中国古代文明的指南车和记里鼓车。

甲骨文中也有"车"字，这是一种象形文字，由轮、舆、辕、轭等形状的图形组成（见图 1-3）。

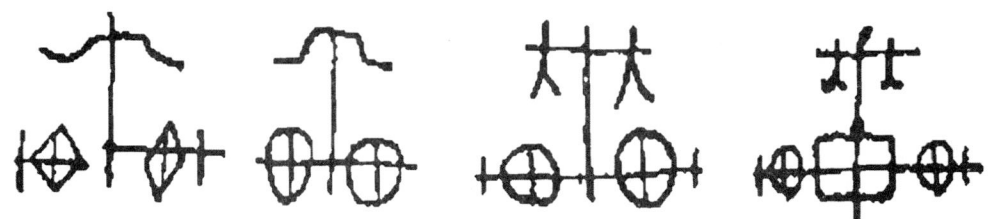

图 1-3　车的甲骨文

车作为一种较为复杂的交通工具,在生产力水平低下的远古时期,它的发明,既不可能是一人所为,也不可能是一日之功。在其正式创制之前,必然经过了一段漫长的萌芽和完善过程,有无数人曾为之做出过努力。

1.1.3 蒸汽机汽车

在封建社会的后期,市场经济开始形成,人们对物资的交流越来越频繁,因而对交通工具提出了更高的要求,不再满足于马车,而开始追求自行驱动的车辆。

1500年,意大利的文化巨人和发明家达·芬奇就曾根据钟表的原理,提出了一个"弹簧发条车"的设想。1630年,德国的汉斯·赫丘制成了一辆弹簧发条车,可惜速度仅为1.5 km/h,比牛车还慢,没有实用价值,只相当于儿童玩具。

1600年,荷兰人西蒙·斯蒂芬根据帆船的原理,制成了一辆"风帆车"(见图1-4),在理想的风力条件下,速度可达32 km/h。可是,这种车在逆风、强风和弱风时都无法行驶,不能来去自由、转弯自如,也没有实用价值。

图1-4 风帆车

以上两个例子表明,自行驱动的车辆是有可能实现的,问题在于要有一个稳定的、源源不断的动力。

与此同时,资本主义经济开始萌芽,手工劳动已不能满足矿产、冶金、纺织等行业工业化的要求,人类迫切需要新的动力。1765年,英国人詹姆斯·瓦特制成了第一台实用的蒸汽机,开创了动力革命的新时代,也开创了人类产业革命的新纪元。

蒸汽机的诞生,无疑是人类利用动力机械的一大突破。从此,人们不必依赖于手工劳动和畜力,而只靠燃料的燃烧就可以得到源源不断的动力。蒸汽机很快就应用于矿产等各种工业,也开始应用于轮船和火车这些较大的交通工具。1804年,英国制造出了第一个火车头;1825年,第一条铁路通车。

那么,蒸汽机能不能应用于较小的车辆,来代替马车呢?

17世纪,在中国传教的一个法国神父伏尔比斯特,就曾用蒸汽机的基本原理,结合中国的水车,制作了一个"蒸汽汽轮车"的模型(见图1-5)。可惜这个模型太小,不能乘人。但这已是应用蒸汽驱动车辆的最初尝试。

图1-5 蒸汽汽轮车模型

1769年,法国的一名炮兵工程师,尼古拉斯·居诺大尉(见图1-6)将一台简陋的蒸汽机装在一辆木制的三轮车上,准备用它来牵引大炮。车的前方是一个大锅炉,由前轮上方的蒸汽机驱动前轮前进。试车时速度仅 4 km/h,后来锅炉发生了爆炸,车仰人翻,这次尝试最终失败。但居诺毫不气馁,在1771年又重新制成了第二台车,长 7.2 m,宽 2.2 m,可乘四人,锅炉容积为 50 L。这一次他吸取了教训,锅炉也没有爆炸,车速可达 9.5 km/h。但其缺点是转向十分困难,加上又是三轮车,容易翻车。尽管这辆车简陋不堪,毛病百出,但它毕竟是人类发明的第一辆由自身动力装置驱动的车辆,是现代汽车的"祖先"。大英皇家汽车俱乐部和法国汽车俱乐部曾先后认定它是世界上第一辆汽车(见图 1-7)。因此,这辆车迄今仍珍藏在法国巴黎的国家博物馆内。

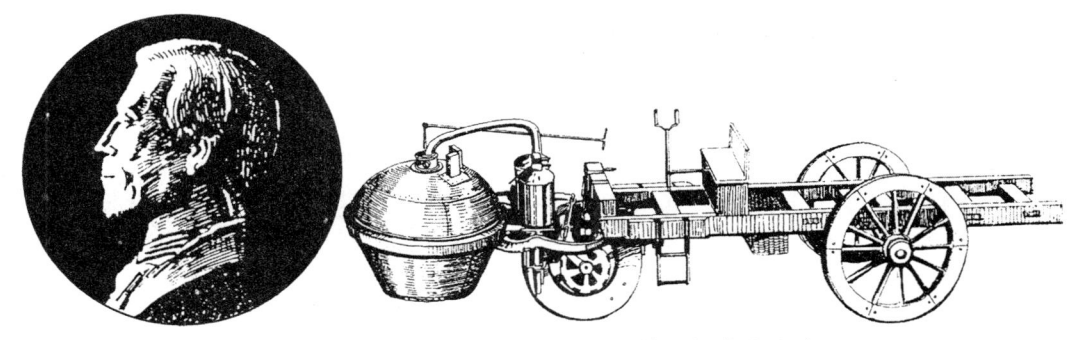

图1-6 尼古拉斯·居诺　　图1-7 第一辆蒸汽汽车

此后，一些国家也在制作和使用蒸汽汽车方面进行了努力。1790年，法国巴黎出现了蒸汽公共汽车。1828年，英国的瓦尔塔·哈恩格克制造了具有方向盘、差速器和前轮独立悬架的蒸汽公共汽车。1834年，英国成立了世界上第一家公共汽车公司——苏格兰蒸汽汽车公司。1835年，英国的沃尔特·汉考克制成了一种比较精巧的蒸汽公共汽车（见图1-8），可乘16人，共制造了9辆，进行客运，共运送乘客4 000人次。但是，从蒸汽汽车的出现到现代内燃机汽车的诞生，差不多花了整整一百年的时间。在此期间，蒸汽汽车并没有得到广泛应用，原因有以下三点：

（1）蒸汽机是一种外燃机（燃料在气缸外面燃烧），热量容易耗散，所以热效率很低。加上做功介质是水蒸气，压力不高。为了取得足够的动力，就必须有很大的锅炉和较大的气缸，所以它十分笨重（见图1-9）。

（2）在道路上行驶的车辆，要随时根据路上的情况改变车速和方向。而蒸汽汽车在改变车速方面，反应很慢。有时还因火候不到，蒸汽压力不足而停步不前。加上车体笨重，转弯十分困难。

（3）此外，蒸汽汽车还有噪声过大、煤污染严重等问题。

由于这些问题，蒸汽汽车始终未能发展起来。人们期待着一种新的、小巧、高效的动力机械早日出现。

图1-8　汉考克的蒸汽公共汽车　　　　图1-9　笨重的蒸汽汽车

1.1.4　电动汽车

电动汽车诞生于1834年，比内燃机汽车早了半个多世纪。

第一辆电动车是由安德森在1832到1839年之间发明的。这辆电动车所用的蓄电池比较简单，是不可再充的。随后，斯特町应用法拉第电磁感应原理组装了一台电动三轮车，电磁感应原理在这辆电动车上的应用开启了新技术在电动车中使用的先河，如图1-10所示。

图 1-10 西博兰斯·斯特町（1785—1841）和他的电动车

19 世纪初，在法拉第制出电动机模型后不久，一位美国机械工人达文波特（1802—1851）在 1836 年用电动机带动木工旋床工作，1840 年又通过电动机带动报纸印刷机工作。1842 年，达文波特和戴维森一起制造出第一辆有真正实用价值的电动车。

1847 年，法莫制造出了第一辆以蓄电池为动力的、可携带两人的无导轨电动车。他把电动机装在一个车轮上，由 48 节格鲁夫电池供电。这是美国第一辆为世人所知的电动车。

1861 年，巴奇诺帝设计了带槽的环形电枢，他发明的环形直流电动机大大增加了输出转矩。在此基础上，格拉姆又发明了环形无槽闭合电枢，这是现代直流电动机的基本结构形式。这一时期是直流电动机技术发展的初级阶段，即从模型到样机的逐步定型阶段。

1873 年，英国人罗伯特·戴维森（Robert Davidson）制作了世界上最初的可供使用的电动汽车。这比德国人戴姆勒（Gottlieb Daimler）和本茨（Karl Benz）发明汽油发动机汽车早了 10 年以上。

戴维森发明的电动汽车是一辆载货车（见图 1-11），长 4 800 mm，宽 1 800 mm，使用铁、锌、汞合金与硫酸进行反应的一次电池。其后，从 1880 年开始，他应用了可以充放电的二次电池。从一次电池发展到二次电池，这对于当时电动汽车来讲是一次重大的技术变革，由此电动汽车需求量有了很大提高。19 世纪下半叶，电动汽车成为交通运输的重要工具，写下了电动汽车在人类交通史上的辉煌一页。

图 1-11 戴维森发明的电动汽车

1875年，电机制造技术的发展、电能应用范围的扩大以及生产对电需要的迅速增长，大大促进了发电厂和发电站的建设。这些电厂和电站最初都是从直流发电开始的。同年，法国巴黎火车站建成了世界上最早的一座火力发电厂。

1879年，世界上第一座商业发电厂在美国旧金山落成。但是，分散的用电单位要想使用电厂集中生产的电力，还必须解决远距离输送的问题。

1881年，特鲁夫发明的电动三轮车诞生了。该电动三轮车的动力装置由一台电动机和六节铅蓄电池组成，加上乘员后的总质量达160 kg，车速仅12 km/h。这辆电动车在巴黎举行的国际电器展览会上展出时，引起了不小的轰动。

1882年，阿顿和培里也制成了一辆由铅酸电池供电、直流电机驱动的电动三轮车，车上还配备了照明灯。这辆电动车的总质量为168 kg，车速提高到14.5 km/h（见图1-12）。特鲁夫、阿顿和培里这三位电动车的先驱，在燃油汽车尚未问世，马、骡、驴、牛作为动力源的时代，开创了私人电动车的先河，对电动车在世界各国的发展起着极其重要的推动作用。

图1-12　阿顿和培里的电动三轮车

1882年，德普勒提出了远距离送电的方法，可以将57 km外的水电厂电力输送到慕尼黑，这是世界上最早、最简单的远程供电系统。在此基础上，人们把输电线连接成网络形成了最初的电网，电力成为一种优良而价廉的能源。

1887年，英国人伏尔克也制作了一辆电动三轮轻便车（见图1-13）。尽管这辆车与阿顿和培里的三轮车比起来功率不大，但它使用了平衡轴，可以更加灵活地进行速度转换。之后，伏尔克还对该车做了相应修改，献给土耳其国王。改装后的整车质量为499 kg，车速提高到16 km/h。

图 1-13　伏尔克的电动三轮轻便车

1888 年，华德电气公司制造了一辆车速可达 11 km/h 的电动公共汽车，用于伦敦的公共交通（见图 1-14）。与马车相比，电动公共汽车不会造成路面的损坏和街道的污染，因此受到伦敦市民的欢迎。这辆电动车采用蜗轮机构转向和脚踩制动，驾驶员站立在电动车的前部操纵车辆。之后，华德电气公司被新成立的伦敦电动公共汽车公司以 25 万英镑收购。此后，电动轿车、电动出租车陆续在英国出现。

图 1-14　世界第一辆电动公共汽车

1889 年，里克成立了里克电动汽车公司，先后推出了双座轻便车、医生专用轻便车、送货车等系列电动车。随后的 1890 年，里克制成了美国第一辆电动三轮车。

1891 年，莫里斯制成了第一辆电动四轮车，实现了由三轮向四轮的过渡，可以说这是现代汽车的一个雏形。

1894 年在美国，真正将电动车投入商业运营的非莫里斯和萨罗姆莫属。1894 年，两人合作成立了莫里斯&萨罗姆电动客车与货车公司，推出了电动运输车（见图 1-15）。该车由当时的小货车改造而成，后轮大、前轮小，总重 1 928 kg，所用动力源由 60 个总重 726 kg 的酸性电池组成，总容量达到 100 A·h，使用通用电气公司的 3 hp（1 hp≈0.746 kW）电动机，短时使用功率可达到 9 hp，车速通过电压控制。

图 1-15　莫里斯&萨罗姆电动客车与货车公司的电动运输车

1895 年 6 月 11 日，第一届国际汽车大奖赛在法国巴黎举行，比赛路线是巴黎—波多黎各—巴黎，全程 1 135 km。在这届比赛上，第一次有电动汽车参加。

最终，蒸汽车夺得了冠军，历时 48 小时 47 分钟，其中包括加油、修车和其他原因所花费的时间，平均车速为 23 km/h。尽管詹韬德和布劳尔特的电动车因续驶里程问题未能完成比赛，只到达了大西洋港口城市波尔多。但是，这辆电动车的参赛向世人证明了电动车的可靠性，是电动汽车史上一个重要的里程碑。当时的媒介纷纷报道了这次赛事，其中，世界上第一本汽车杂志《The Horseless Age》专门介绍了詹韬德和布劳尔特的电动车。

1896 年底，莫里斯和萨罗姆在纽约市创建了第一个电动车辆出租车队（见图 1-16），由 12 辆汉森车和一辆双座四轮式车组成，开创了美国电动车辆商业运营的先河。一百多年前，莫里斯和萨罗姆提出的这种充分利用资源的交通模式，在需要大力实施节能减排的今天，仍然值得我们参考、借鉴。

图 1-16 莫里斯和萨罗姆创建了第一个电动车辆出租车队

1896 年 9 月 7 日至 11 日，普罗维登斯汽车竞赛在美国罗得岛州的纳拉甘西特举行，有 6 辆汽油车和 2 辆电动车参赛，这是世界上首个场地赛。莫里斯和萨罗姆重整旗鼓，又参加了比赛。他们的电动车为双电动机系统，后轮转向，并采用蓄电池的电压调节技术，实现了四个前进档和一个倒档，最高车速为 32 km/h。参赛的另一辆电动车出自里克电动车辆公司，也是双电动机系统，每台电动机的额定功率为 3 hp，采用全封闭装置，防止灰尘的进入。车载动力电源由 32 块电池组成，重 363 kg，容量为 100 A·h。最终，里克电动车以平均 38.6 km/h 的车速获得冠军。与之前的芝加哥比赛相比，普罗维登斯汽车竞赛的电动车的车速有了明显提高，并吸取了芝加哥车赛的教训，电动车辆的车主提前寻找充电设备。但由于比赛组织者没有预先做好准备，找到的唯一能充电的地方是一个牛棚。虽然充电场地离比赛场地较远，但电动车的充电问题算是解决了。第一场比赛伊始，两辆电动车便冲在前面。在整个 5 mile（1 mile=1.609 km）的比赛过程中，电动车充分展现了它的优势，将汽油车远远抛在后面，两辆电动车分列一、二名。在第二天的比赛中，里克公司的电动车仍然一马当先，一直保持领先，获得了第二场比赛的胜利。而莫里斯和萨罗姆的电动车在这场比赛中表现稍逊，落居第三。接下来的两天，暴风雨袭击了赛场，比赛被迫中断。尽管如此，还是有很多人意犹未尽，冒雨前来观看这些新型车辆。最后一天，雨过天晴，赛场周围聚满了热情的观众。在比赛过程中，两辆电动车当仁不让，冲在前面。一辆汽油车紧随其后，一度超越两辆电动车，但可惜这辆汽油车轮胎穿孔，最终落居第三。最后，莫里斯和萨罗姆的电动车以 1 s 的优势取得第三场比赛的胜利，里克电动车屈居第二。这样，里克电动车辆公司以其在前三场中的优异表现获得了最终胜利，同时也获得了 900 美元的奖励。随后，电动车在各地汽车比赛中向世人展示出其独有的优越性，如噪声小、速度快、不冒黑烟和没有"臭味"等。越来越多的人加入到电动车的研究开发行列，甚至有些人还嗅到了电动车的商机，开起了电动车制造公司或电动车运营公司。由此，电动车迎来了第一个黄金时代。

1897年，德国纽伦堡第一辆电动消防车问世。该消防车应用同一种离合器，可实现"水泵供水"和"行驶"两种工作状态的切换。柏林较晚些时候也引入了不少类似的电动消防车，但采用的是轮毂电机。

1899年，德国人波尔舍发明了一台轮毂电动机，以替代当时在汽车上普遍使用的链条传动。随后波尔舍又开发了 Loner-Porsche 电动车，该车采用铅酸蓄电池作为动力源，由前轮内的轮毂电动机直接驱动，这也是第一部以保时捷命名的汽车（见图1-17）。在1900年的巴黎世博会上，该车以 Toujours-Contents 之名登场亮相，轰动一时。随后，波尔舍在 Loner-Porsche 的后轮上装载了两个轮毂电动机，由此诞生了世界上第一辆四轮驱动的电动车。但这辆车所采用的蓄电池体积和质量都很大，而且最高车速只有 60 km/h。为了解决这些问题，波尔舍在这辆电动车上又加装了一台内燃机，用以发电驱动轮毂电机，这也是世界上第一台混合动力汽车。

图1-17 波尔舍和他的电动车

1971年，日本开始发展电动车，日本也是最早开始发展电动车的国家之一。日本国土面积狭小，石油资源匮乏，几乎完全依赖进口，因此受世界原油市场的影响很大。另外，日本人口密度很大，城市污染比较严重。因此，日本政府特别重视电动车的研究和开发。1965年，电动车被正式列入日本国家项目。两年之后，日本成立了日本电动车协会，旨在进一步促进电动车产业的发展。1971年，日本通产省制定了"电动车的开发计划"，对电动车的发展有了一个明确的规划，其中对购买电动车的用户还制定了优惠补贴措施。日本电动车的发展，与政府早期的扶持密不可分。

1973年，美国 Vanguard-Sebring 公司在华盛顿的电动车展上首次展出 CitiCar（见图1-18）。CitiCar 的构造十分简单，它只有两个座位，没有变速箱，依靠选择驱动电压的大小来控制车速，最高车速可达 64 km/h。整个车身由 ABS 塑料构成，避免了钢铁材质可能引起的锈蚀。整车质量为 612 kg，其中作为动力电源的蓄电池重达 227 kg。此车搭载 36 V 直流电机，最大续驶里程达 80 mile，可用 110 V 标准电压进行充电，单次充电时间 6 h。行驶时不需换档，倒车按一下开关即可。制造商声称 CitiCar 几乎不需要维护与保养，因为作为电动车，CitiCar 不需要排气系统和冷却系统，唯一要做的只是每 3 年更换一次蓄电池。相比普通汽车，CitiCar 的售价稍高，大约为 4 500 美元。但由于无须支付高昂的燃油费用，它的使用成本相对低廉，通常在完全充电后，30～40 美分的花费就足够人们开上一天。由于实现了一定的量产，因此，相比于原来的电动车，CitiCar 已经便宜了许多。CitiCar 也正是凭借大众能够接受的价格，打开了电动车市场的大门。

图 1-18 CitiCar

1975 年，美国邮政服务公司从美国汽车公司购买了 350 辆电动吉普车，用于试验运营。这些电动吉普车的最高车速为 80 km/h，续驶里程能达到 64 km，充电时间为 10 h，并通过天然气加热器实现供暖和除霜。这 350 辆电动吉普车虽然对美国邮政的业务没有实质性的贡献，但这一行动清楚地表明了当局对电动车的鼓励态度。

1990 年，加利福尼亚州议会通过一项《ZEV 法案》，要求在 1998 年的汽车总销售量中，必须有 2% 的零排放污染汽车；到 2000 年，零排放污染汽车应占汽车总销售量的 3%；2001 年达 5%；而 2003 年增至 10%。随后，美国东部的 10 个州也仿效加州的做法，出台了相应的零排放法案。

1990 年，通用公司在洛杉矶车展上推出了 Impact 电动车。这辆车仅重 998 kg，采用三相交流感应电动机，最高车速达 176 km/h，以 88 km/h 的车速可以行驶 200 km。Impact 的亮相在某种程度上促进了《ZEV 法案》的孕育和诞生。但当时因为价格劣势，这辆电动车还不具备与汽油车一决高下的实力。

随后，通用汽车公司牢牢抓住《ZEV 法案》这个大好契机，以 Impact 的核心技术和设计为原型开发出 EV1 型纯电动轿车（见图 1-19）。1996 年，EV1 电动汽车在洛杉矶、圣地亚哥等地展销，被视为现代电动车开山之作。1999 年，通用公司又用镍氢电池代替 EV1 的铅酸电池，并可以回收制动能量，达到当时电动车技术的顶峰。但是，这辆车充电数小时仍跑不到 100 mile，同时成本高，续驶里程短，这辆电动车最终难逃厄运，被全部回收用作废品处理。即使如此，EV1 因其时尚外观和前卫技术，仍堪称电动车永恒的经典。

图 1-19 通用汽车 EVI

1991年，日本东京电力公司和研究开发公司联合研制出了"IZA"豪华型电动车。它以 288 V 镍镉电池作为动力电源，采用永磁同步电动机，并设有制动能量回收装置。尽管该车最高车速只有 176 km/h，但以 40 km/h 的车速行驶，续驶里程可高达 544 km，创下了当时电动车的世界之最。IZA 凭借其表现不凡的续驶里程，完全可以与当时通用的 Impact 电动车一争高下。

燃料电池车的第一次研发高峰出现在 20 世纪 90 年代初。1991年，美国研制出世界上最早的燃料电池概念车 Laser Cell TM，它采用储氢合金瓶，燃料电池功率为 12.5 kW，续驶里程达到 303 km。Laser Cell TM 的出现提醒了各大汽车厂商，"条条大路通罗马"。燃料电池车在续驶里程上以绝对优势压倒了纯电动车，吸引了很多富有探索精神的汽车企业涉足这一崭新领域。

1992年，德国政府也在吕根岛建立了欧洲电动车试验基地，在 1992—1996 年间，进行了装备新型蓄电池和动力系统的电动车实测运行，其他很多国家或城市也加入了这个试验基地。吕根岛多年的实车运行为德国电动车的发展积累了很有价值的信息。

1993年，美国克林顿政府制订了 PNGV 计划，将目光聚集到由蓄电池驱动的纯电动车上。这项计划的最终目的是研发出一系列新型电动车并实现量产。PNGV 计划中的主要成员——福特、通用和戴姆勒-克莱斯勒都推出了以柴油机为基本动力源的混合动力电动车。戴姆勒-克莱斯勒的道奇 ESX3 还使用了大功率锂电池作为辅助动力，通用的 Precept 因为采用了制动能量回收技术而更加节能，这些概念车型在降低油耗和排放方面都有十分出色的表现。尽管过高的成本未能使这些概念车实现商业化，但这个计划在全美国掀起了一波汽车新技术研发的浪潮。在燃料电池技术市场逐步成熟的发展道路上，戴克公司一直走在世界燃料电池发展的前列，已经开发了无数的概念车型，用于探索燃料电池技术在车辆上的应用。

1994年4月13日，戴克推出首辆燃料电池车 NEWCAR1（New Electric Car），来验证这种新的驱动原理的可行性。最初的燃料电池发动机重达 0.8 t，装设在奔驰货车上，几乎占用了整个车辆的全部空间，只有驾驶员和副驾驶位置可以有足够的空间。大众汽车公司生产的著名的电动车当属以高尔夫第一代至第三代为原型车打造的 Golf City-Stromer 车型。首批电动车生产于 1981 年，是与北威州电力集团合作设计的。

1995 年，德国大众以 GolfⅡ为原型批量推出 Golf City-Stromer（见图 1-20），第二代 City Stromer 车型配备了功率为 15 kW（20 hp）的电动机，车重 1.7 t，可在 13 s 内从静止加速到 100 km/h。第三代 City Stromer 车型所装备的电动机的连续功率提高到了 17.5 kW（24 hp），最大功率达到了 22 kW（30 hp）。铅酸蓄电池分别安装于发动机舱和行李箱，蓄电量为 11.4 kW·h，支持 70 km 的最大行驶里程。第三代 Golf City Stromer 的最高车速达到了 100 km/h，并带有制动能量回收功能。该车型在萨克森州莫塞尔的工厂生产了约 100 辆，售价为 49 500 马克，主要的目标客户为能源供应企业。

图 1-20　德国大众 Golf City-Stromer

1997 年，丰田试制的 20 辆 RAV4 电动旅行车顺利完成了两年 48 万千米的试验，率先在实施零排放法规的加州、纽约和马萨诸塞州出售。RAV4 采用镍氢蓄电池和永磁同步电动机，车速可达 125 km/h，一次充电可以行驶 215 km。这款威猛气派而且动力十足的电动车沿用了原车型的零部件，并在电子单元和控制技术上有所改进，大幅度降低了成本。RAV4 的年平均销量达到 300 辆，只用于租赁。但在 2003 年以后，丰田出人意料地结束了 RAV4 的生命。面对租赁 RAV4 的高涨需求和公众不满公司这种做法的强烈呼声，丰田道出了它的苦衷。因为 RAV4 的底盘几乎是"手工打造"，一部车的制造成本高达 20 万美金，而租赁费用仅为制造成本的 10%，公司无法承担如此大的成本代价，只好忍痛割爱。

针对现代日本妇女生活节奏日益加快的实际需要，日本两大汽车巨头丰田和日产分别设计出微型电动车 E-com 和 Hypermini（见图 1-21），成为日本电动车的一道风景。1997 年，丰田开始出售 E-com 微型电动车。它使用镍氢蓄电池作为动力源，最高车速为 100 km/h，每次充电 2 h 便可行驶 120 km。无独有偶，日产汽车公司也开发了 Hypermini 微型电动车，它采用强劲的锂电池作为动力源，最高车速为 100 km/h，最大行驶里程可达 130 km。E-com 和 Hypermini 可以用于短途接送、购买商品和运货等，其驾驶方便，外形小巧，深受日本妇女的喜爱。

图 1-21 日产 Hypermini 和丰田微型电动车 E-com

1998 年到 2001 年期间，福特公司、加拿大燃料电池公司、加拿大自然资源部、不列颠哥伦比亚省、技术早期应用评估协会、加拿大国家燃料电池创新研究所等企业及政府部门组织了加拿大首次燃料电池车与加氢系统的示范运行，称为温哥华燃料电池汽车计划（VFCVP）。

1998 年，福特汽车公司推出专用于邮政运输的 Ranger 电动车（见图 1-22），其坚固可靠，很适合行驶路线较为固定的邮政业务。这是美国历史上最大的一个电动车订单。次年，美国邮政管理局订购了 500 辆 Ranger 电动车用于邮政业务。这款车采用镍氢蓄电池，续驶里程为 95 km，最高车速可达 120 km/h。

图 1-22 福特 Ranger 电动车

说到中国的燃料电池汽车，就不得不提到"中国燃料电池车之父"万钢教授。2000年，万钢教授向中国国务院提出了"开发洁净能源轿车，实现中国汽车工业跨越式发展"的建议。

2000 年底，在德国留学和工作多年的万钢回到中国，被中国科技部聘任为国家 863 计划电动汽车重大专项首席科学家、总体组组长，并作为第一课题负责人承担了其中技术最为复杂、任务最为繁重的燃料电池轿车项目。经过几年的努力，中国燃料电池车的研发取得了快速的进步。

2003 年，同济大学燃料电池车研发团队在万钢教授的带领下，成功研制出了中国第一辆燃料电池轿车"超越一号"，并开始示范运行。这是中国电动车历史上的一个里程碑。该车搭载了国内自主研制的 30 kW 质子交换膜燃料电池,采用高压氢气作为燃料。至 2004 年底,在第一代车型的基础上,又相继推出了"超越二号"和"超越三号"(见图 1-23)。2008 年,超越系列的后续车型作为奥运会用车在北京亮相,圆了中国人的清洁汽车之梦。

图 1-23 超越三号

1.2 发展新能源汽车的重要性

1.2.1 传统汽车对环境的影响

英国权威汽车调研公司 JATO Dynamics 公布的 2016 年全球汽车销量,总量达 8 424 万辆,同比增长 5.6%。

值得注意的是,JATO 的数据是基于全球 62 个汽车市场销量得出的。其中,日本、韩国和南美洲国家汽车销量均呈下降趋势,同比分别下降 1.4% 和 12.4%。中国是增幅最大的汽车市场,2016 年汽车和轻型商用车销量总计达 2 553 万辆,同比增长 14%。美国以 1 755 万的销量紧随中国之后;再次则为欧洲,轿车及轻型商用车销量达 1 708 万辆。

然而,汽车飞速发展的同时,给自然环境、人文环境及人类的健康和生存带来了不利影响。

目前,内燃机汽车在国内外汽车市场上占据了绝大部分份额,但其发动机燃烧燃料产生动力的同时也排放出尾气。尾气的主要成分是二氧化碳(CO_2)、一氧化碳(CO)、氮氧化物(NO_x)和碳氢化合物(HC),还有铅尘和烟尘等污染物和一些固体细微颗粒物。二氧化碳是大气中主要的温室气体之一,当大气中二氧化碳含量升高时,会增强大气对太阳光中红外线辐射的吸收,阻止地球表面的热量向外散发,使地球表面的平均气温上升,产生温室效应,加速全球变暖,威胁人类生存环境;一氧化碳与血液中的血红蛋白结合的速度比氧气快 250 倍,从而削弱血液向各组织输送氧的功能,危害中枢神经系统,造成人的感觉、反应、理解、记忆力等机能障碍,重者危害血液循环系统，导致生命危险；氮氧化物和碳氢化合物在太阳光紫外线的作用下，产生一种具有刺激性的化学烟雾，其对人体最突出的危害是刺激眼睛和上呼吸道黏膜；尾气中颗粒物成分很复杂，并具有较强的吸附能力，可以吸附各种金属粉尘、强致癌物质和病原微生物等，颗粒物随呼吸进入人体后，会引起呼吸系统疾病及恶性肿瘤。

除了汽车尾气给环境带来的不利影响外，汽车在生产、使用乃至报废过程中也会造成环境污染。在汽车制造过程中，塑料制件中使用的氟利昂破坏臭氧层，铅基涂料会造成铅污染，油漆溶剂的散逸也会造成污染等。汽车排入大气中的碳氢化合物和氮氧化物等一次污染物，在阳光的作用下发生化学反应，生成臭氧、醛、酮、酸、过氧乙酰硝酸酯等二次污染物，参与光化学反应过程的一次污染物和二次污染物的混合物形成光化学烟雾，危害人体健康。

综上所述，鉴于汽车工业高速发展的同时给环境带来严重的负面效应，关注经济发展的同时提高节能环保意识，适时适度推广新能源汽车是当务之急。

1.2.2 传统汽车对能源的影响

传统汽车工业以石油为燃料，对化石能源有巨大的需求和依赖。近年来，随着中国汽车社会化进程的加快，汽车产业迎来了跨越式的蓬勃发展时期。但是，汽车产量的急剧增长对能源的负面影响也越来越突出。

1. 中国能源储量及进口依赖度

中国虽然是世界能源资源大国，能源资源丰富，但由于中国人口众多，人均能源资源相对贫乏。

随着汽车工业的发展，我国石油进口依存度连年攀升，2008 年突破 50%，达到 19 985 万吨，2010 年全国累计进口原油 2.39 亿吨，对外依存度达到 53.8%。"十二五"期间，中国石油需求进一步增加，2015 年我国石油净进口量 3.28 亿吨，增长 6.4%，增速比上年高 0.6 个百分点。我国石油消费持续中低速增长，对外依存度首破 60%，达到 60.6%。近年来，国内并无大型油田投产，两大油田产量的下降带来国内原油总产量的下滑，致使中国增加海外原油的进口，在这种情况下，国内原油对外依存度持续大幅攀升，2016 年已攀升至 65%。我国原油消费所占世界原油消费总量的份额从 1990 年的 3.5%增加到 2010 年的 10.6%，原油进口占世界进口总量的份额从 1990 年的 0.2%增加到 2010 年的 5.1%。2016 年 12 月中国进口原油 3 638 万吨，进口金额 122.98 亿美元。2016 年 1—12 月，中国进口原油 38 101 万吨，与去年同期相比增长 13.6%。

在石油消费总量上，我国已经成为仅次于美国的第二大石油消费大国。在石油进口依存度持续上升的情况下，国际石油价格直接影响到我国的能源安全、经济安全乃至国家安全。

2. 汽车增长对石油资源需求的影响

近年来，我国汽车产业发展迅速，已成为全球第一大汽车市场。2016 年，汽车年产销量接近 5 600 万辆,继续保持全球第一。2016 年全年成品油表观消费量为 3.13 亿吨,较上年下降 1%,成品油消费首次出现萎缩。其中,汽油表观消费量为 11 899 万吨,同比增长 3.1%,增速较上年放缓 7.9 个百分点;柴油表观消费量首次出现负增长,全年柴油表观消费量为 16 330 万吨,同比下降 5.6%,增速较上年减少 5.7 个百分点;煤油表观消费量 3 058 万吨,增长 10.4%。汽车化与石油消费的矛盾日益突出。

1.2.3 内燃机环保节能的绿色技术

虽然未来的汽车环保方向,将向混合动力汽车、电动汽车、燃料电池汽车或其他新能源汽车方向发展,但日益高涨的环保意识已经让现有的汽车生产商对传统的内燃机付诸更多的技术研发,研究发动机新技术,不断提高发动机性能,同时降低发动机的油耗,减少 CO_2 的排放,尽可能通过新技术让发动机更环保,以适应绿色汽车发展的趋势。

1. TSI 汽油直喷发动机

在设计上,TSI 发动机与其他传统发动机的区别在于:与歧管喷射原理不同,TSI 发动机配备了按需控制的燃油供给系统,每缸 4 个气门,采用可变进气歧管以及进排气凸轮轴连续可调装置,汽油被直接喷入燃烧室,单活塞高压泵的共轨高压喷射系统负责提供精确的燃料,形成 3～10 MPa 的工作压力。同时,燃料室的几何设计以及毫秒级精确计算注入汽油量的功能大大提高了其压缩比,这也是高效新款发动机的必要先决条件。在进气道方面,TSI 发动机采用可变进气歧管,由电子系统控制所需的空气流量,实现了无节流变质调节,提高了充气效率,从而获得更高的升功率,而发动机的动态响应也变得更为直接。

2. DSG 双离合变速箱

DSG 双离合器变速箱比传统自动变速箱更省油,比普通手动变速箱响应更快,是目前世界上最先进、最具有革命性的变速器系统。DSG 巧妙地把手动变速器的灵活性和传统自动变速器的方便性结合在一起,采用了双离合器和 6 个前进档的齿轮变速器作为动力的传送部件,实现更为顺畅的换档,使驾驶者体会到更强的运动快感,同时油耗更低。

3. 可变气门正时技术

VVT 是英文 Variable Valve Timing 的缩写,中文译为可变气门正时技术。它是汽油发动机技术发展的一个里程碑。其主要设计思路是根据发动机的运行情况,调整进气(排气)量和气门开闭的时间和角度,使进入的空气量达到最佳,提高了燃烧效率,同时提高了燃油经济性。当发动机低速运转时,气门的开启程度不可太大,否则会造成气缸内外压力均衡,负压减小,使进气不充分,此时需要以短行程的方式加以控制;当发动机高速运转时,需要更多的进气量,因此需要长行程的气门升程。为了适应各种行车情况,发动机在低转速时要有出色的转矩,在高转速时能释放出更高的功率,这就是 VVT 技术的出色之处。

4. VTEC 系统

VTEC 系统中文译为"可变气门正时及升程控制系统"。与普通发动机相比，VTEC 发动机同样是每缸 4 个气门（2 进 2 排），同样设有凸轮轴和摇臂等，不同的是凸轮与摇臂的数目及控制方法。VTEC 发动机除了原有控制两个气门的一对凸轮和一对摇臂外，还增加了一个较高的中间凸轮和相应的摇臂。3 根摇臂内部装有由液压控制移动的小活塞，通过电磁阀对液压系统的控制来移动小活塞，可以根据需求来决定用哪个凸轮来控制摇臂，从而达到控制升程的目的。i-VTEC 系统是在 VTEC 系统的基础上，增加了一个称为 VTC（Variable Timing Control，即"可变正时控制"）的装置。此时，排气门的正时与开启的重叠时间是可变的，由 VTC 控制。VTC 机构的导入，使发动机在大范围转速内都能有合适的配气正时，这在很大程度上提高了发动机的性能。

1.2.4 发展新能源汽车的重要性

近年来，我国汽车工业发展速度很快，已经成为世界上汽车产业发展潜力最大的国家之一，而且在今后相当长的一段时期内我国汽车产业仍将会保持较快的增长势头。面对温室气体排放大幅增加，能源问题日益严重，环境污染不断加剧，选择开发以新能源汽车为代表的节能环保汽车变得尤为重要。而且受环境、能源的制约，其可持续发展是汽车产业必须面对的问题，寻求和开发新的能源以及新的汽车动力方式迫在眉睫。随着科学技术的进步，以混合动力汽车、纯电动汽车、燃料电池汽车为代表的新能源汽车逐步涌现、成熟。随着国际能源供应的持续紧张、原油价格的持续上涨以及全球环境保护呼声的日益高涨，新能源汽车的技术研发和产业化发展受到了越来越多的重视。中国作为崛起中的大国，发展新能源汽车有着重大的现实意义和广阔前景。其次，中国的可持续发展仰赖能源的可持续发展，仰赖新能源的开发。传统能源的短缺和有限性凸显新能源开发的必要性和紧迫性，纯电动汽车和燃料电池汽车在汽车使用过程中能够实现零排放，并完全摆脱了对石油资源的依赖，这也将成为我国发展新能源汽车的最终目标。

在此背景下，中国发展新能源汽车，不仅有利于降低对石油的依赖，保证我国的能源安全，也有利于我国的环境保护和可持续发展，并为我国汽车产业实现跨越式发展提供重要的战略机遇。

1.3 新能源汽车的发展

1.3.1 国外新能源汽车发展现状

20 世纪 70 年代，由于汽车保有量呈几何级数增长，造成了严重的环境污染。尤其在一些大城市，随着一系列光化学污染等环境污染事件的发生，一些国家开始注重环境保护，这使得一些著名的汽车公司转向研究和开发新能源汽车。此后，世界发达国家均投入巨资，进行电动汽车的商业化开发和应用。到20世纪90年代，欧美发达国家纷纷制定了汽车尾气排放标准，并严格执行。

1. 纯电动汽车的发展

纯电动汽车问世于20世纪90年代，但由于电池性能不能满足需求，一度退出历史舞台。随着高性能锂离子电池和一体化电力驱动系统等技术的发展应用，纯电动汽车再次受到各国政府和企业的重视。纯电动汽车已在续驶里程、动力性、快充等方面取得了可喜的进展，已进入实用化阶段。

纯电动汽车已在美、日及欧洲等国家和地区得到小规模的商业化推广应用，目前世界上有近6万辆纯电动汽车在运行，主要应用在市政用车、公交车、公务用车和私人用车等领域。在电池技术突破尚未明朗前，国外纯电动汽车的发展重点：一是发展小型乘用车；二是发展大型公交车及市政、邮政等特殊用途车辆。为满足用户的使用需求，通常采用增程式方案，在纯电动汽车上增设常规能源系统，为车辆补充电能。

纯电动汽车的攻关重点集中在提高电池性能、降低成本方面。与传统汽车性能、成本对比，要满足产业化要求，纯电动汽车动力电池的质量能量密度需大幅度提高，成本也需大幅度下降。因此，纯电动汽车大规模进入市场为时尚早。

2. 混合动力汽车的发展

日本最早开始混合动力汽车开发，并最先实现了产业化。普锐斯（Prius）于1997年10月底问世，是世界上最早实现批量生产的混合动力汽车。其采用氢镍电池，串并联控制方式，100 km 油耗 3.4 L。目前，普锐斯已推出第三代产品，动力电池也改为锂电池，其他性能也大幅度改善。丰田普锐斯的全球累计销量已超过200万辆。自1997年，丰田首先在日本推出普锐斯混合动力汽车以来，各大汽车企业纷纷推出混合动力汽车产品，如本田 Insight、通用 Saturn VUE、福特 Escape 等。随着技术的成熟和生产规模的扩大，混合动力汽车的成本大幅下降。欧洲混合动力汽车技术起步较晚，采取与美国合作方式，共享混合动力总成技术，主要应用于采用传统技术油耗较高的车型上。

国际上，混合动力商用车也取得了快速发展，已开发了混合动力公交车、市政用车和军用车等。尤其是美国，在混合动力公交车的开发和应用上取得了一定的成果，目前已有多个车型在运行。欧洲客车和卡车生产商已将目光聚焦在混合动力技术上。德国奔驰和波兰索拉丽斯等相继开发了混合动力商用车。混合动力技术是由单一发动机驱动向纯电动驱动转移的必经环节。合理采用混合动力技术可以较明显地节油减碳，并将成本控制在一定范围内，因此混合动力汽车已成为世界各国汽车公司产业化的重点。随着电池技术的逐步成熟，逐渐提高混合度以实现传统能源向电气化转化，是混合动力技术发展的方向。前期主要为单电机并联、双电机并联和双电机混联等方案，后期将向插电式方案发展，实现向纯电动方案过渡。在动力系统结构方面，混合动力汽车将向更高的集成度发展。根据车用能源的发展情况，有发动机与电机集成、传动系与电机集成两种趋势，从而实现向电动化转型。

3. 燃料电池汽车的发展

燃料电池汽车是使作为燃料的氢在汽车搭载的燃料电池中，与大气中的氧发生化学反应，从而产生出电能来启动电动机，进而驱动汽车的。由于燃料电池汽车技术的战略意义十分重大，美、日及欧洲等发达国家和地区都在潜心致力于燃料电池汽车的研究。除本国的燃料电池开发计划外，美国通用与日本丰田、美国国际燃料电池公司与日本东芝、德国奔驰与西门子、法国雷诺与意大利 De Nora 公司等纷纷组成强大的跨国联盟，实现优势互补，联合开发，并推出了一系列燃料电池汽车。

近年来，燃料电池出现模块化趋势，单个燃料电池模块的功率范围被界定在一定范围内，通过提高产品性能实现模块化组装，以满足不同车辆对燃料电池功率等级的要求。燃料电池汽车通过采用混合动力技术，优化蓄电池和燃料电池的能量分配，以有效提高燃料电池的寿命，降低系统成本。燃料电池汽车技术攻关的焦点是提高可靠性、耐久性，但短期内将很难有重大突破。

各国政府也相继发布电动汽车发展战略和国家计划，加大政策支持力度，增加研发投入，全力推进电动汽车产业化，使电动汽车技术开发大大增强。世界电动汽车产业进入了快速发展的新阶段。

1.3.2　国家新能源汽车的发展战略

我国以电动汽车为代表的新能源汽车发展的总体战略如下：

（1）战略定位：发展电动汽车，是在中国以煤为主的能源结构下，煤基能源交通应用的最佳方式；是我国汽车工业应对能源、环境和气候变化挑战及保持可持续发展的最佳途径；是我国应对金融危机，培育新兴产业和新的经济增长点的战略选择；是在国际汽车业"转移"与"转型"的大背景下，实现我国汽车产业从大国向强国转型，并实现自主发展的最佳选择。

（2）战略目标：把握电动汽车的历史机遇，实施电动汽车国家战略，全面掌握电动汽车核心技术，带动汽车共性技术的全面提升，形成具有国际竞争力的电动汽车及关键零部件工业体系，加快汽车动力系统电气化转型，构建可持续发展的交通能源体系，实现我国由汽车大国向汽车强国的转变。

（3）自主创新目标：建立完善的自主创新开发体系，全面掌握电动汽车核心技术，形成具有国际先进水平的产品开发能力，自主开发的各类产品具有国际竞争力；整车动力系统和电子控制等共性技术达到国际先进水平；先进动力电池、驱动电机、燃料电池及发动机、多能源动力总成控制系统等关键技术达到国际领先水平。

（4）产业发展目标：建立起电动汽车整车及关键零部件的产品开发、生产、供应和售后服务保障体系，电动汽车规模化生产能力和网络化服务能力满足市场需要。小型纯电动汽车、大型纯电动商用车、轻度混合动力汽车和 PLUG-IN 混合动力汽车形成比较优势，先进动力电池、驱动电机等关键零部件及其核心材料产业化规模和竞争力保持领先。

（5）市场环境目标：完善电动汽车消费和使用环境，使各类电动汽车大规模进入市场，缓解能源和环境形势紧张的局面；混合动力汽车成为市场主导产品，纯电动汽车得到大规模应用，燃料电池汽车小批量进入市场，充电站、加氢站等基础设施基本满足电动汽车应用需求。

（6）政策法规目标：发挥标准引领作用，建立健全完善的电动汽车标准体系，积极参与国际标准化研究和制定工作，争取在优势产品和技术领域发挥主导作用；充分利用政策法规的激励和约束机制，系统规划，超前部署，建立有利于电动汽车发展的政策法规环境。

（7）战略途径：大力实施汽车产业转型战略；坚持自主创新，积极开发新一代能源动力系统，加快电动汽车的发展，瞄准未来汽车竞争的制高点，加速车用能源动力系统向电气化"转型"；利用国际汽车业"转移"的机遇，全面提升汽车共性关键技术水平，以满足当前汽车节能和排放法规不断升级的需要，同时服务于我国汽车产业转型战略。

1.3.3 我国新能源汽车的发展现状和趋势

1. 国内新能源汽车的发展状况

2006年6月，"十一五"的"863"计划节能与新能源汽车重大项目通过论证。其重点任务是推进燃料电池汽车的研发和示范运行，实现混合动力汽车规模产业化，拓展纯电动汽车的应用范围，进一步扩大代用燃料汽车的推广应用；促进节能与新能源汽车产业政策、法规和相关标准的研究与制定，完善相关检测评价能力，形成知识产权保护和投融资服务体系，构建节能与新能源汽车公共服务平台，建立中国节能与新能源汽车产业联盟；把握交通能源动力系统转型的重大机遇，建立以企业为主体的产学研结合的自主研发创新体系。

经过多年的努力，我国新能源汽车产业取得了重大的发展。我国自主研制的纯电动、混合动力和燃料电池3类新能源汽车整车产品相继问世；混合动力和纯电动客车实现了规模示范；纯电动汽车实现批量出口；燃料电池轿车研发进入世界先进行列。比亚迪、奇瑞、吉利、长安、哈飞等汽车生产企业，纷纷在各大国际车展上频频亮相，展出自行研发的燃料电池汽车及混合动力汽车，从而在这场新能源的竞技中，取得了重大突破。

在美国汽车城底特律举行的2009年北美国际汽车展上,比亚迪展示了插电式混合动力汽车F3DM。这款汽车于2008年12月15日已经在中国市场开始销售。该车在美国市场的售价与中国接近,约为2.2万美元。在插电式混合动力汽车方面,比亚迪F3DM在全球的上市时间,比通用同类型的雪佛兰Volt早了近两年,比丰田汽车的插电式混合汽车也早了1年。此外,比亚迪还在此次车展上展示了2011年在美国上市的E6纯电动汽车,这款车的一次性充电行驶里程约为402 km,比福特计划在2011年推出的纯电动汽车多出约80 km,也早于丰田汽车。

2008年7月11日,中国科学技术部和北京市举行了奥运新能源汽车示范运行交车仪式。在交车仪式上,各类车型,共计595辆交付使用,为官员、运动员、教练员、媒体记者以及社会大众等提供服务。这595辆新能源汽车包括上海动力、同济大学与上海大众等单位联合研制的20辆燃料电池轿车;奇瑞汽车有限公司研制生产的40辆BSG、10辆ISG混合动力轿车;长安汽车有限公司研制生产的25辆杰勋牌混合动力轿车;京华客车有限公司、北京理工大学等单位联合研制的50辆纯电动公交车;中通客车控股公司研制生产的5辆纯电动客车;一汽集团研制的10辆解放牌混合动力客车和5辆奔腾牌混合动力轿车;东风汽车公司研制生产的15辆东风混合动力客车和410辆纯电动场地车;北汽福田汽车股份有限公司联合清华大学研制的3辆低地板燃料电池客车等。

2010年上海世博会期间,也有超过1 000辆新能源汽车在世博场馆和周边运行。其中世博会园区以新能源汽车实现公共交通的零排放,包括120辆纯电动客车、36辆超级电容客车和6辆燃料电池汽车通过公交车形式示范运行,140辆纯电动场馆车和100辆燃料电池观光车通过特定形式满足公共需求,可减少二氧化碳排放1.3万吨;园区周边则以符合国Ⅳ标准的混合动力汽车实现低排放。

为推动节能与新能源汽车规模化、产业化,促进我国汽车产业加快结构调整,实现跨越式发展,2008年奥运会后,财政部、科学技术部联合发出了《关于开展节能与新能源汽车示范推广工作试点工作的通知》,决定在北京、上海、重庆、长春、大连、杭州、济南、武汉、深圳、合肥、长沙、昆明、南昌13个城市开展节能与新能源汽车示范推广试点工作。鼓励试点城市率先在公交、出租、公务、环卫和邮政等公共服务领域推广使用节能与新能源汽车。明确中央财政重点对试点城市购置混合动力汽车、纯电动汽车和燃料电池等节能与新能源汽车给予一次性定额补助。补助标准主要依据节能与新能源汽车与同类传统汽车的基础差价,并适当考虑规模效应、技术进步等因素确定。通知中要求地方财政安排一定资金,对节能与新能源汽车配套设施建设及维护保养等相关支出给予适当补助,保证试点工作顺利进行。目前,节能与新能源汽车示范推广试点城市已增至25个。

2009年1月14日,国务院常务会议原则通过《汽车产业调整振兴规划》,决定实施新能源汽车发展战略,重点强调将以新能源汽车为突破口,加强自主创新,形成新的竞争优势。这一决定将推动我国新能源汽车尽快实现产业化，也将为我国在新能源汽车领域走在世界前列，形成竞争优势奠定基础。

2010年8月18日，国务院国有资产监督管理委员会（以下简称国资委）在北京召开中央企业电动汽车产业联盟成立大会。产业联盟的成立是国务院国资委和中央企业深入贯彻落实科学发展观，加快转变经济发展方式，发挥整体优势，大力培育战略性新兴产业的重大举措。

国务院国资委推动有关中央企业成立中央企业电动汽车产业联盟，旨在有效发挥中央企业在我国经济结构调整、产业转型中的带头和引领作用，形成合力，加快推动我国电动汽车产业的发展，以联盟的方式，促进企业间的合作与协同发展，快速、有效地突破电动汽车产业核心技术，尽快形成规模化发展态势。

由16家中央企业发起成立的中央企业电动汽车产业联盟的主要任务是整合中央企业资源，建立推动电动汽车产业整体发展的开放技术平台，统一产业技术标准，共同研发电动汽车新技术、新产品、新方案、新模式，共享技术成果，促进我国电动汽车的应用普及与市场发展，全面提升我国电动汽车产业的整体技术水平和全球竞争力。

从我国电动汽车产业目前发展的实际情况看，中央企业具备发展电动汽车产业的整体优势，有条件、有能力更好地发挥带头和表率作用。一是产业链比较完整；二是在研发方面具备较强基础，并取得了一定突破；三是中央企业电动汽车产业发展的总体规划已经编制完成，并通过了专家评审，对中央企业电动汽车产业的健康发展将起到指导作用；四是国务院国资委坚定不移地支持中央企业加快发展电动汽车产业，并作了相应的安排。

联盟的成立标志着中央企业电动汽车产业的发展进入了一个新的阶段。因此，对于联盟下一阶段的工作，要切实做到：第一，准确把握好定位。联盟是由企业按照市场规则自发组建的非营利性组织，各联盟成员要加强自律，坚持市场化原则发展。第二，切实加强组织协调。联盟要督促成员单位按照中央企业电动汽车发展规划要求，优化资源配置，促进产业资源有效利用，切实避免重复建设。第三，高度重视市场开发。联盟要学习、借鉴成功经验，发挥各自优势，打造核心竞争力。第四，打造开放性的发展平台。要积极促进联盟成员单位之间的信息共享和技术交流，同时要搞好与国内外相关组织和企业的多种形式的技术交流与合作。

由工业和信息化部牵头制订的《节能与新能源汽车发展规划（2011—2020）》已经完成，它将成为引领我国新能源汽车产业发展的重要政策文件。规划草案中显示，中央财政将在未来10年中，投入巨资，支持节能与新能源汽车核心技术的研发和推广，资金数额将达到上千亿元。

2010年9月8日，原国务院总理温家宝主持召开国务院常务会议，审议并原则通过《国务院关于加快培育和发展战略性新兴产业的决定》。其中，节能环保、新一代信息技术、生物、高端装备制造、新能源、新材料和新能源汽车等7个产业，被确定为我国的战略性新兴产业，并将在今后加快推进。

从 2011 年起，未来 10 年将是我国新能源汽车产业发展的"黄金十年"。在"十二五"期间，政府是引导产业健康发展的关键力量，是产业化进程的幕后推手。通过政策激励、法规强制、税收优惠和补贴支持等手段，政府将逐步规范和引导新能源汽车产业朝着健康有序的方向发展。这一阶段，我国新能源汽车发展将呈现"三线"并举的基本格局：

第一条线：电动商用车将大量应用于城际大巴、城市公交、机场摆渡和市政用车，城市交通将成为我国客车生产企业的重要增长点。

第二条线：混合动力汽车将大规模取代传统内燃机汽车，成为未来汽车市场的主流产品。

第三条线：微型、超微型纯电动汽车将成为城乡私人有效、便捷且经济的交通工具，通过小型化、轻量化和廉价化，我国将走出一条具有中国特色的新能源汽车产业化之路。

2016 年，中国新能源汽车产销 51.7 万辆和 50.7 万辆，连续两年产销量居世界第一，比亚迪、吉利、北汽等企业进入全球新能源汽车乘用车销量前 10 位。中国新能源汽车动力性、经济性、安全性以及舒适性，相比几年前都有了大幅度提升，基本上能够满足人们日常出行的需要，社会认可度明显提高。具体而言，在动力电池和电机方面，福建的宁德时代、上海的精进电动，成为全球知名的乘用车零部件供应商；在充电桩建设上，2016 年新建的公共充电桩达到 10 万个以上，北京、上海、深圳等建成了规模化的充电服务网络；另外，一些技术也取得进展，如深圳奥特迅公司开发了把智能充电模块和监控系统集成在一起的矩阵式柔性充电堆，使同一充电站满足从小型乘用车到大客车等各种车型不同功率车辆的充电需求，同时大幅降低了充电设施建设成本。

在"十三五"期间，经过产业化初期的发展，新能源汽车产业已经逐步走向正轨，经济效益日益显现，产业整合的序幕即将拉开，无技术、无资金、无人才的"三无"企业将逐步被淘汰，而具有资金雄厚并拥有自主知识产权的细分行业龙头企业将脱颖而出，成为行业整合的主体。

2. 新能源汽车的发展趋势

根据目前新能源汽车的发展状况，新能源汽车主要有以下发展趋势。

（1）突破电池技术是关键。

作为动力源，现在还没有任何一种电池能与石油相提并论，动力电池已成为限制电动汽车发展的瓶颈。因此，研究和开发环境友好、成本低廉、性能优良的动力电池，是大量推广使用电动汽车的前提。

（2）驱动电机呈多样化发展。

美国倾向于采用交流感应电机，其主要优点是结构简单、可靠、质量较小，但控制技术较复杂。日本多采用永磁无刷直流电机，优点是效率高、启动转矩大、质量较小，但成本高，且有高温退磁、抗振性较差等缺点。德国、英国等大力开发开关磁阻电机，优点是结构简单、可靠，成本低，缺点是质量较大，易产生噪声。

（3）由于受续驶里程的影响，纯电动汽车向超微型发展。

这种汽车降低了对动力性和续驶里程的要求，充电过程比较简单，车速不高，较适合于市内或社区小范围使用。

（4）混合动力汽车是内燃机汽车和纯电动汽车之间的过渡产品，既充分发挥了现有内燃机的技术优势，又尽可能发挥了电机驱动无污染的优势。

（5）燃料电池汽车成为竞争的焦点。

燃料电池汽车在成本和整体性能上，特别是续驶里程和补充燃料时间上明显优于其他电池的电动汽车，并且燃料电池所用的燃料来源广泛，又可再生，可实现无污染、零排放等环保标准。因此，燃料电池汽车已成为21世纪世界各大汽车公司激烈竞争的焦点。燃料电池及氢动力发动机车型被看作是新能源汽车最终的解决方案。

（6）开发新一代车用能源动力系统，发展新能源汽车。

重点发展各种液体代用燃料发动机及其混合动力汽车，并逐步过渡到发展采用生物燃料的混合动力汽车和可充电的混合动力汽车；进一步发展以天然气为主体的气体燃料基础设施，分步建设长期可持续利用的气体燃料供应网络；以天然气发动机为基础，发展各种燃气动力，尤其是天然气、氢气内燃机及其混合动力；发展新一代燃料电池发动机及其混合动力；大力推进动力电池的技术进步，发展适合中国国情的纯电动汽车，尤其是微型纯电动汽车。以城市公交车辆为重点，以点带面，稳步推进新能源汽车的示范与商业化。

另外，政府对加快新能源汽车的发展起着至关重要的作用，政府要加大资金投入和政策引导；企业要加大对新能源汽车研发的力度，同时要加大示范运行范围和力度，为新能源汽车规模化、产业化发展做准备。

1.4 未来汽车的发展方向

汽车发展到鱼型，关于空气阻力的问题就已经基本解决了，楔型继承了这一成果，并有效地克服了鱼型车的升力问题，使汽车的行驶稳定性有了显著提高，因此其成为目前较为理想的车身造型。未来小客车的造型必然是在楔型车的基础上加以改进。例如，把前窗玻璃和发动机罩进一步前倾，尾部去掉阶梯状，成为真正的楔型。车窗玻璃和车身侧面齐平，形成一个平面。后视镜等将通过合理的造型，以取得最低的风阻力，或者由车内的电视屏幕来代替。总之，未来小客车的造型将更为平滑、流畅。美国通用汽车公司的雪佛兰部研制的AERO2002型未来小客车已具备了这样的特点。

为了使一车多用，人们设想了一种组合式汽车。这种车有一个车头部分（主要装有动力系统），既可独立使用，也可以和不同的车厢连接，成为小货车、旅游车、冷藏车以及赛车等，根据需要随时更换。

在未来的汽车世界里还会出现几种特殊的汽车客运系统，一种是"空中公共汽车"

车辆，它具有陆空两用的优点，既可以和普通公共汽车一样在陆上行驶，也可以开进特殊的飞机上，作空中旅行，减少乘客上下飞机的麻烦。

还有一种是无人驾驶的自动小客车，它的大小和现在的小客车相近，有4个或6个座位，所不同的是这种小客车只有两个轮子，左侧是一只悬臂，与车辆左上方的轨道相接，轨道除起着导向外，还担负着传递自动信号、输送电力的作用。

计算机技术被广泛地运用在汽车上，将是未来汽车的重要标志。将来的汽车装上计算机指挥系统，可以把驾驶员的意志和外界行驶条件结合起来转化成电信号，然后集中输送到微处理器，经过分析计算后，向车辆的各个部分发出指令，使汽车更为安全可靠。甚至可以出现无人驾驶的"智能"汽车。

将来还会出现更多造型奇特、性能卓越的汽车。例如，履带式气垫车，用充气的橡胶履带来代替汽车的轮子，可以在泥泞道路或沼泽地自由行走；步行式汽车，是仿照动物行走的特征制造的，装有4条腿，下坑洼、涉泥泞都非常灵活；另外还有水陆空三用汽车、飞碟汽车、潜艇式汽车等。

总之，未来汽车比我们现在想象要丰富得多。

【思考与练习】

（1）查询资料，了解新能源汽车发展的历史。
（2）简述新能源汽车发展的过程。
（3）简述新能源汽车产生的原因。
（4）为什么早期电动汽车没有得到广泛应用？
（5）简述现在新能源汽车的发展状况。
（6）试述未来汽车的发展趋势。

2 新能源汽车及技术

【学习目标】

（1）了解新能源汽车的种类。
（2）掌握电动汽车的优缺点。
（3）了解燃气汽车的发展前景。
（4）熟悉太阳能汽车的特点。
（5）掌握汽车的安全技术。

2.1 汽车的新能源

在能源短缺、环境恶化、生态平衡日益破坏的社会背景下，研究代用燃料问题已成为汽车产业实现可持续发展的必然选择。汽车新能源主要包括电能、氢能源、天然气、液化石油气、醇类（甲醇、乙醇）燃料、二甲醚（DME）、太阳能、生物质能等。

2.1.1 电 能

电能的来源方式很多，可由水能、风能、核能、煤炭等任何一种形式的能源转变而来，所以，电能很丰富。这为大力发展被称为"21世纪的重要交通工具"的电动汽车提供了便利。电动汽车以其无污染、易启动、低噪声、易操纵等优点，一直以来深受人们的赞许。因此，发展电动汽车势在必行。电动汽车是全部或部分由电能驱动电机作为动力系统，符合道路交通、安全法规各项要求的汽车。电动汽车包括纯电动汽车、混合动力电动汽车和燃料电池汽车3种类型，是最具代表性、最有前途的新能源汽车。

2.1.2 氢能源

氢气与天然气、汽油、液化石油气相比，单位质量低，热值高，可燃极限宽，易于实现稀薄燃烧，提高经济性，同时可以降低最高燃烧温度，大幅度地降低 NO_x 排放。同时，氢的自燃温度（585 ℃）比天然气、汽油都高，有利于提高压缩比，提高氢能源内燃机的热效率。虽然氢能源的自燃温度比天然气、汽油等燃料高，但其点火能量很低，这样氢能源内燃机工作时几乎不失火，具有良好的启动性。氢能源有害物排放少，燃烧后的主要产物是水，不产生 CO 及 CH。由于氢能源燃料电池系统在能量密度、体积、反应速度以及成本等方面的问题，以燃料电池为动力的汽车距产业化还有一段距离。氢能源内燃机既可以实现氢能源清洁、可再生的特点，又可以利用目前已经充分建立起来的内燃机工业基础,同时氢气发动机热效率较高,综合效率与燃料电池效率相当,生产及使用成本低,在使用性能、成本等方面较容易得到发展和应用。目前,制约氢能源内燃机的因素主要有氢气沸点低(-253 ℃),储存和运输性能差,制取困难。

2.1.3 天然气

我国天然气资源储量约 38 万亿立方米,相对石油来说也是比较丰富的。天然气在汽车应用中污染小、价格较便宜、发动机使用寿命长,但在实际运用中存在一定困难,如储罐造价成本较高,所以,可研究开发新的储装技术,努力发展天然气汽车。液化石油气是由石油产品加工而成的,其资源储量是有限的,但因其污染小、经济性好、储存运输方便等优点,可作为汽车燃料的一种重要的补充燃料。

天然气发动机主要分为两类:一类是火花塞点火式发动机,此类发动机普遍存在低中负荷时,热效率低、稀燃能力差等问题;另一类是利用柴油引燃的柴油/天然气双燃料发动机,此类发动机需要两套燃料供给系统,存在低负荷时碳氢排放高的问题。国内学者研究发现,柴油/天然气双燃料发动机的燃烧模式主要以预混燃烧为主,因此,颗粒物和碳烟排放较低。

由于天然气汽车在排放方面具有明显的优越性,与汽油车相比,天然气汽车颗粒物排放几乎为零,NO_x、CO 和 HC 的排放也显著降低,所以天然气汽车在改善空气质量方面有着重要意义。与此同时,天然气汽车技术也得到了前所未有的发展,从过去的常压天然气汽车发展到压缩天然气汽车和液化天然气汽车。

尽管如此,天然气汽车在使用中仍然存在一些问题,其中最为突出的是发动机功率下降、发动机腐蚀与早期磨损等问题。据资料显示,汽车在使用天然气作为燃料时,功率一般要下降 15%左右,个别情况下下降得更多。功率下降,一方面导致汽车重载、爬坡或加速时动力不足,另一方面导致燃料消耗相对增加,并增加污染物排放量。此外,汽车以天然气作为燃料时,发现燃烧室部件明显腐蚀,甚至曲轴也出现腐蚀,气门、活塞环和气缸磨损严重,与使用汽油时相比,汽车大修期通常要缩短 1/3 ~ 1/20。

2.1.4 液化石油气

液化石油气(LPG)是原油炼制汽油、柴油过程中的副产品,其来源比较广泛,可以从油田伴生气或天然气中通过炼油催化裂化装置获得。LPG 的主要组分为丙烷(C_3H_8)、丁烷(C_4H_{10})和少量烯烃等多种碳氢化合物。其在常温下呈气态,加压至约 1.6 MPa 或冷却后呈液态,液化后体积缩小为气态的 1/250 左右,因此便于以液态储存和运输,是理想的新能源。其辛烷值为 100 ~ 200,相对于汽油机而言,抗爆性好,可以适当增加压缩比,热值与汽油值相近,可以提高动力性和经济性。LPG 是一种清洁燃料,由于火焰温度低于汽油和柴油,故 NO_x 量相应减少。LPG 常温下为气体,易与空气均匀混合，反应完全，CO 和微粒排放低，几乎无烟。废气中未燃尽成分稳定，在大气中不会形成有害的光化学烟雾。另外，LPG 和空气混合后进入发动机气缸内，燃烧充分完全，积炭少，可以延长机油和发动机的寿命。

该能源目前存在的主要问题为：LPG 密度大于空气，容易沉积，一旦泄漏，容易在小范围内形成可燃混合气；在燃烧室中 LPG 黏度高，当烯烃含量过高时，容易发生胶结、积炭，对发动机气门、火花塞和活塞环造成破坏。

2.1.5 醇类燃料

在代用燃料中，醇类燃料是最有希望、最容易实现再生的液体新能源燃料。目前，最广泛的醇类代用燃料为甲醇和乙醇。甲醇和乙醇热值较低，但由于其为含氧燃料，其理论空燃比比石油系燃料低，而且含氧百分率越大，理论空燃比越小，这样醇类燃料理论混合气热值与石油系燃料的理论混合气热值大致相当。在内燃机使用醇类代用燃料时，这一特性可以保证与原机同等的动力性。

醇类燃料与柴油相比，其十六烷值、热值和密度等都比较低，与柴油之间不易溶解，但是，由于醇类燃料在柴油机上燃用时的热效率远高于其在汽油机上燃用时的热效率，加上其排污低，因此在增压柴油机上使用时，通过进气管能降低进气温度，提高工质密度等。国内外对此进行了较系统的研究，结果表明，采用柴油机高压油泵供醇方式，碳烟微粒（PM）均明显改善，NO_x 有所降低，HC 增加，CO 的变化与负荷有关；采用通过柴油机进气道供醇的方式，碳烟微粒均明显改善，NO_x 有所降低，HC 和 CO 均增加。

2.1.6 二甲醚

二甲醚（DME）是一种最简单的醚类化合物，在常温常压下为气体，在中等压力下为液体。液体二甲醚表面看似水，无色，几乎无臭，无毒，不致癌，腐蚀性小，对环境无污染。它的十六烷值较高（55 以上），适合在压燃式发动机上应用。对柴油机来说，燃料的自燃温度和低温流动性最为重要，DME 的自燃温度比柴油低，在缸内迅速与空气混合，滞燃期短，有利于发动机的冷启动，而且可以减少预混合燃烧量；DME 的汽化潜热大，约是柴油的两倍，其蒸发能降低混合气温度，进一步降低 NO_x 排放。因此 DME 适用于高速柴油机。虽然十六烷值过高的燃料在燃烧过程中容易裂化，造成排气冒黑烟，燃料消耗量增大。但是 DME 分子间以 C—O 和 C—H 键结合，有利于减少生成的碳烟和颗粒。

目前存在的主要问题有：二甲醚黏度低，易引起高压供油系统泄漏和耦件的早期磨损，给实用化带来难度；二甲醚燃烧与污染物排放研究方面存在薄弱环节，低温燃烧中，甲酸甲酯是否为主要燃烧产物，高温、高压条件下自燃着火的详细历程，其异构化和过氧化机理以及微量排放物生成机理有待进一步研究。

2.1.7 太阳能

太阳能的热电利用是指将太阳辐射直接转换为热与电供人们使用。按太阳总辐射量空间分布，可分为最丰富区、很丰富区、丰富区和一般地带 4 个地区。我国国土面积 96%以上的地区属于太阳能最丰富区、很丰富区、丰富区。我国已居世界太阳能供热的第一位。

汽车上利用太阳能主要是指光伏发电供给电动汽车电能。目前，主要以单晶硅电池为主，预计 2020 年可实现晶体硅电池和薄膜电池共同应用格局，再进一步发展到多层复合砷化镓太阳能电池。当前我国太阳能光伏利用还处在初级阶段，电池成本较高，在汽车应用上尚未突破关键技术。

2.1.8 生物柴油

生物柴油是指以油料作物、野生油料植物、工程微藻等水生植物油脂以及动物油脂、餐饮废油等为原料，通过酯交换工艺制成的有机脂肪酸酶类燃料，简称 FAME，是生物质能的一种，是可代替石化柴油的再生性柴油燃料。生物柴油汽车就是指全部或部分使用生物柴油作为燃料的汽车。生物柴油可以 100%浓度用于柴油发动机，我国已经颁布了《柴油机燃料调和用生物柴油（BD100）》国家标准，但目前世界上主要的生物柴油还是将生物油与矿物油调和使用。

生物柴油的最大优点是环保特性优良。根据美国科学家的研究结果显示，使用生物柴油可降低 90%的空气毒性，二氧化碳排放要比柴油减少 60%，能满足欧洲Ⅱ、Ⅲ排放标准；车辆成本低。使用生物柴油的汽车与普通柴油车相比，车辆无须任何修改；安全性好，具有较好的低温启动性和润滑性能。生物柴油的闪火点较高，毒性较低，是一种环境友好的可再生燃料。作为清洁、优质的可再生性能源，在世界石油储量持续减少的今天，开发生物柴油具有极其重大的意义。

生物柴油的缺点是燃烧效果差。生物柴油的黏度高于柴油，导致喷射效果不佳。由于生物柴油的低挥发性，造成燃烧不完全，影响汽车的燃烧效率；制取生物柴油的成本较高，消耗大量耕地资源。生物柴油作为柴油替代燃料有着独特的优势，但由于原料和加工制取等原因，与石化柴油相比，生物柴油的氧化安定性很差，对生物柴油的实际使用和储存都造成了很大的困难。

2.2 新能源汽车的定义和分类

2.2.1 新能源汽车的定义

新能源汽车英文为 New Energy Vehicles，我国于 2009 年 7 月 1 日正式实施了《新能源汽车生产企业及产品准入管理规则》，此规则明确指出：新能源汽车是指采用非常规的车用燃料作为动力来源（或使用常规的车用燃料，但采用新型车载动力装置），综合车辆的动力控制和驱动方面的先进技术，形成的技术原理先进，具有新技术、新结构的汽车。

2.2.2　新能源汽车的分类

新能源汽车包括的范围较广，一般可分为电动汽车、燃气汽车和太阳能汽车等。

1. 电动汽车

电动汽车包括纯电动汽车、混合动力电动汽车和燃料电池电动汽车。

纯电动汽车是指以电池为储能单元，以电动机为驱动系统的汽车；混合动力电动汽车是指同时装备两种动力源——热动力源（由传统的汽油机或者柴油机产生）与电动力源（电池与电动机）的汽车；燃料电池电动汽车是指采用燃料电池作为电源的电动汽车。

电动汽车的组成包括电力驱动及控制系统、驱动力传动机械系统、完成既定任务的工作装置等。电力驱动及控制系统是电动汽车的核心，也是区别于内燃机汽车的最大不同点。电力驱动及控制系统由驱动电动机、电源和电动机的调速控制装置等组成。电动汽车的其他装置基本与内燃机汽车相同。

电动汽车的优点：它本身不排放污染大气的有害气体，即使按所耗电量换算为发电厂的排放，除硫和微粒外，其他污染物也显著减少。由于电厂大多建于远离人口密集的城市，对人类伤害较少，而且电厂是固定不动的，集中的排放、清除各种有害排放物较容易。由于电力可以从多种一次能源获得，如煤、核能、水力等，因此可以缓解人们对石油资源日见枯竭的担心。电动汽车还可以充分利用晚间用电低谷时富余的电力充电，使发电设备日夜都能充分利用，大大提高了其经济效益。相关研究表明，同样的原油经过粗炼，送至电厂发电，经充入电池，再由电池驱动汽车，其能量利用效率比经过精炼变为汽油，再经汽油机驱动汽车要高，因此有利于节约能源和减少二氧化碳的排量。正是因为这些优点，使电动汽车的研究和应用成为汽车工业的一个"热点"。

电动汽车的缺点：目前，蓄电池单位质量储存的能量太少，还因电动车的电池较贵，未形成经济规模，故购买价格较贵。至于使用成本，有些试用结果比汽车贵，有些结果仅为汽车的1/3，这主要取决于电池的寿命及当地的油、电价格。

有专家认为，对于电动车而言，目前最大的障碍就是基础设施建设以及价格影响了产业化的进程，与混合动力相比，电动车更需要基础设施的配套，而这不是一家企业能解决的，需要各企业联合起来与当地政府部门一起建设，才会有大规模推广的机会。

电动汽车的发展前景：目前，世界上最好的电动汽车是通用汽车公司制造的第三代Impact牌电动汽车样车。它是通用汽车公司第一次制造的在性能上超过油动汽车的电动汽车。

制造新型 Impact 牌汽车开始于 1992 年 1 月 22 日，1992 年底制造成功。Impact 的基本结构是一个被挤压的铝制模型，其大部分由高强度胶黏剂和常规焊接来黏合。底盘是通用汽车公司所生产过的最坚硬的底盘，外形呈水滴状，比当前生产的任何汽车光滑 30%，阻力系数极小。车体总重 1.3 t，仅稍重于相当大小的其他双座内燃机汽车。

这种新型电动汽车用 10 kW 的单驱电动机取代了原来的双驱电动机，空调由一个电动热泵来完成。通用汽车公司限定 Impact 车的车速在城市中为 113 km/h，在高速公路上为 145 km/h。在试车道上，由试车员进行的一些高速追逐试验说明，Impact 的车速不亚于任何赛车，证明了其令人惊奇的性能。

2. 燃气汽车

燃气汽车主要有液化石油气汽车（简称 LPG 汽车或 LPGV）和压缩天然气汽车（简称 CNG 汽车或 CNGV）。顾名思义，LPG 汽车是以液化石油气为燃料，CNG 汽车是以压缩天然气为燃料。燃气汽车的 CO 排放量比汽油车减少 90% 以上，碳氢化合物排放减少 70% 以上，氮氧化合物排放减少 35% 以上，是目前较为实用的低排放汽车。

（1）技术概况。

压缩天然气（CNG）、液化石油气（LPG）是两种极有前途的汽车代用燃料。目前，CNG 及 LPG 汽车从燃烧方式上分为以下几种：

① 两用燃料汽车：汽油与 LPG 或 CNG 之间互相转换，互不影响。

② 纯 CNG 或 LPG 汽车：单独燃烧 CNG 或 LPG。

③ 双燃料汽车：柴油与 CNG 或 LPG 可以掺混燃烧，也可单独燃用柴油。

CNG 及 LPG 汽车的主要技术有以下几个方面：

① 燃料的随车携贮容器（铝基复合材料、碳素纤维玻璃钢材料，质量为钢瓶的 30%～50%）、储运、加气站的设备与技术。

② 燃料供给系统与混合燃烧技术。

③ 燃气喷射系统及闭环控制技术。

④ 内燃机上广泛采用的电控喷射技术、增压中冷技术、四气门技术、稀薄燃烧技术等，以减少较汽油机带来的功率损失（不大于 10%）。

（2）燃气汽车的分类。

按照燃料使用状况的不同，天然气汽车可分为：专用燃料天然气汽车——发动机只使用天然气作为燃料；两用燃料天然气汽车——既可以使用天然气也可以使用汽油作为燃料；双燃料天然气汽车——可以同时使用液体燃料和天然气。

发展前景：目前，燃气仍然是世界汽车代用燃料的主流，在中国代用燃料汽车中占到 90% 左右。业内专家指出，替代燃料的作用是减轻并最终消除由于石油供应紧张带来的各种压力以及对经济发展产生的负面影响。近期，中国仍将主要用压缩天然气、液化气、乙醇汽油作为汽车的替代燃料。汽车代用燃料能否扩大应用，取决于中国替代燃料的资源、分布、可利用情况，替代燃料生产与应用技术的成熟程度以及替代燃料减少环境污染的程度等。替代燃料的生产规模、投资、生产成本、价格决定着其与石油燃料的竞争力。汽车生产结构与设计改进必须与燃料相适应。

由于气体燃料体积能量密度低，仅为汽油的 0.11%，行驶里程较短，因而加气站和供应网络的建设就必须走在前面。而这正成为制约燃气汽车发展的最主要因素。燃气汽车加气站等基础设施建设滞后，关键设备与产业化有待突破。燃气汽车加气站投资规模较大，主要原因之一是进口关键设备如高性能天然气压缩机、脱硫及深度脱水装置等价格昂贵，而国产设备的性能和可靠性又有待进一步提高，急需组织力量对关键技术进行攻关。

另外，标准规范欠缺也是燃气汽车面临的难题，如目前车用液化石油气加气站和车用压缩天然气加气站的设计规范，车用气体燃料 LPG、CNG 等国家标准尚未完成，在加气站建设和燃料质量的保证上还存在较多的问题。此外，目前中国在用的 19 万多辆燃气汽车的专用装置来自十多个国家，有几十种品牌，所用储气瓶组合阀绝大多数为进口件。由于缺乏统一的标准，检验环节薄弱，存在着不同程度上的安全隐患。

3．太阳能汽车

太阳能汽车的心脏部位就是电力系统，它由蓄电池组和电力系统控制器组成。电力系统控制器管理全部电力的供应和收集工作；蓄电池组相当于普通汽车的油箱。太阳能汽车使用蓄电池组来储存电能，以便在必要时使用，太阳能汽车启动装置控制着蓄电池组。太阳能汽车是通过太阳能阵列提供能量的，然后再将电能充到蓄电池组内。

太阳能汽车里最高级的组件部分是电力系统，包括峰值电力监控仪、发动机控制器和数据采集系统。电力系统最基本的功能就是控制和管理整个系统中的电力。

（1）驱动方式。

在太阳能汽车使用什么类型的发动机没有限制，一般额定功率是 2～5 hp，大多数太阳能汽车使用的发动机是双线圈交流（DC）无刷电机，这种交流（DC）无刷电机是相当轻质的材料机器，在额定转速（每秒转速）达到98%的使用效率。但是其价格比普通有刷型交流发动机要昂贵得多。由于在太阳能汽车里多齿轮传送装置使用很少，因此双线圈性发动机是常用的传送动力装置。双线圈性发动机通过在双线圈之间转换改变发动机的速度。低速线圈为太阳能汽车的起动和减速提供高的"转动力矩"，而高速线圈则为太阳能汽车运行提供高效率和最佳的运行效果。

在太阳能汽车里有 3 个基本类型的传动力方式：单减引导式驱动、变频履带式驱动和轴式驱动。

（2）机械系统。

典型的太阳能汽车一般有 3 个或 4 个车轮（ASC 规则规定必须至少有 3 个），一般 3 个车轮的配置是两个前轮和一个后轮（通常是驱动轮）。4 个轮子的太阳能汽车一般跟普通的机动车是一样（其中后面一个轮子是驱动轮）。另外四轮太阳能汽车的两个后轮并排靠近中央位置（类似于普通三轮机动车的配置）。

在整个行驶中太阳能汽车的安全是重中之重，因此太阳能汽车必须有高效的刹车性能并符合标准，这是每一辆太阳能汽车所必须具备的。太阳能汽车一般有两个独立的刹车系统。在太阳能汽车中圆盘刹车是普遍采用的一种。太阳能汽车驾驶系统应能保证驾驶的可靠性和安全高效。驾驶系统必须经过精确的驾驶测试才能设计。因为任何细微的失误都可能导致无法估量的后果，进而造成轮胎爆裂。在过去的比赛中，由于自行车车轮和车胎质量轻且只有很小的摩擦力，因此经常被使用到太阳能汽车上（滚动摩擦力小）。但当支撑起整个太阳能汽车时，这些车轮和车胎就出现超重情况，从而影响太阳能汽车的驾驶和安全性能。ASC 规则中明确规定不准出现太阳能汽车车轮和车胎超载的现象。

太阳能汽车的特点：太阳能汽车使用太阳能电池把光能转化成电能，电能会在蓄电池中存起备用，用来驱动汽车的电动机。由于太阳能汽车不燃烧化石燃料，所以不会放出有害物。据估计，如果由太阳能汽车取代燃油汽车，则每辆汽车的二氧化碳排放量可减少 43%~54%。

太阳能汽车发展的制约因素：一是太阳能电池板的造价太高；二是太阳能电池板的能效较低。

太阳能汽车的发展：早期的太阳能汽车是在墨西哥制成的。这种汽车，外形像一辆三轮摩托车，在车顶上架有一个装太阳能电池的大棚。在阳光照射下，太阳能电池供给汽车电能，使汽车的速度达到 40 km/h，由于这辆汽车每天所获得的电能只能行驶 40 min，所以它没有被推广使用。

1984 年 9 月，中国首次研制的"太阳号"太阳能汽车试验成功。这表明了中国在研制新型汽车方面已达到世界先进水平。

现在世界上很多国家都在研制太阳能汽车，并进行交流和比赛。1987 年 11 月，在澳大利亚举行了一次世界太阳能汽车拉力大赛，来自 7 个国家的 25 辆太阳能汽车参加了比赛。赛程全长 3 200 km，几乎纵贯整个澳大利亚。在这次大赛中，美国"圣雷易莎"号太阳能赛车以 44 小时 54 分钟的成绩跑完全程，夺得了冠军。"圣雷易莎"号太阳能赛车，虽然使用的是普通的硅太阳能电池，但它的设计独特新颖，采用了像飞机一样的外形，可以利用行驶时机翼产生的升力来抵消车身的质量，而且安装了最新研制成功的超导磁性材料制成的电机，因此使这辆赛车在大赛中创造了车速 100 km/h 的最高纪录。

太阳能汽车不仅节省能源，消除燃料废气的污染，而且即使在高速行驶时噪声也很小。因此，太阳能汽车引起了人们的极大兴趣，并将在今后得到迅速发展。

2.3 汽车新技术

2.3.1 汽车安全技术

主动安全技术就是尽可能防止交通事故发生的技术，下面主要对制动系统、自动避撞系统等方面的新技术进行详细介绍。

1. 防抱死制动系统（ABS）

众所周知，在急刹车时，如果驾驶员想一脚将制动踏板踩到底让汽车停住，就会出现车轮抱死不转动，从而使汽车发生危险的情况，如汽车在制动时跑偏及侧滑、前轮抱死引起汽车失去转弯能力、后轮抱死容易发生甩尾事故等。如果使用ABS则不会出现这些危险情况。

（1）ABS的含义。

ABS是英文"Anti-lock Braking System"的缩写，译为防抱死制动系统。它能在汽车制动时，自动控制和调节制动力的大小，使车轮不被抱死，处于边滚边滑的状态，进而消除制动过程中的侧滑、跑偏、丧失转向能力等非稳定状态，并能够保证车轮与地面的附着力在最大值，以获得良好的制动性能、操纵性能和稳定性能。

（2）ABS的发展概况。

早在1932年，英国就有人申请了"防止汽车制动时抱死的安全装置"的专利。德国Bosch公司在1936年获得了用电磁式车轮转速传感器获取车轮转速的ABS的专利权。1943年，美国将其用于铁路运输系统中；20世纪40年代末又将ABS用于飞机上，从此成为飞机的标准件。20世纪50年代开始将ABS用于汽车上。初期由于模拟式电子控制装置的各种缺陷，ABS的控制效果并不理想。1971年，Bosch公司首次推出了电子ABS，并从开始的集成电路，发展为用微机控制。从此Bosch公司在不断降低ABS质量的同时，使得计算机控制性能越来越高，其控制形式也从二轮防抱死控制发展为四轮防抱死控制。数字式电子技术和大规模集成电路的迅速发展，使ABS反应速度、控制精度和可靠性都显著提高，控制效果相当理想。自20世纪80年代中期以来，ABS系统向高性价比的方向发展。经济型ABS装置和后轮ABS或四轮ABS系统都为ABS的迅速普及创造了条件。现在，ABS作为汽车的主动安全装置，已经成为汽车的标准配置。

（3）ABS的作用。

ABS的作用主要有以下4个方面：

① 缩短制动距离。在紧急制动的状态下，ABS能使车轮处于边滚边滑的状态，滑动的比例占20%左右，这时轮胎与地面的摩擦力达到了最大，因此制动距离大大缩短。

② 增加制动时的稳定性。汽车在制动时，4个轮子上的制动力是不一样的，ABS可以自动分配制动力，防止车轮被完全抱死，从而提高汽车在制动时的稳定性。

③ 减轻轮胎的磨损。车轮完全抱死会造成轮胎表面磨损不均匀,使轮胎损耗增加。经过测定,汽车在紧急制动时,车轮抱死所造成的轮胎累加磨损费,已超过一套防抱死制动系统的造价。

④ 使用方便,工作可靠。与普通制动系统的使用方式一样,只要把脚踏在制动踏板上进行正常的制动即可。如果需要,ABS会自动进入工作状态。ABS工作时,驾驶员会感到制动踏板有颤动,并听到一些噪声,这都属于正常现象。

(4) ABS的基本组成和原理。

ABS可分为两类:一类是机械液压式ABS,另一类是电子控制式ABS。这里主要介绍目前广泛采用的电子控制式ABS。

① 电子控制式ABS的基本组成。

电子控制式ABS是由防止车轮抱死的电子控制系统和普通的制动系统组成,一般由传感器、电子控制器ECU(Electronic Control Unit)和执行器(即制动压力调节器)三部分组成。

② 电子控制式ABS的基本原理。

在汽车制动过程中,轮速传感器可以测出与车轮同步旋转的齿圈的齿数,然后产生与车速成正比的交流信号,并发送至电子控制器。电子控制器通过这些交流信号计算出车轮的车速、滑移率和车轮的加减速度,然后对这些信号进行综合分析,再对制动压力调节器发出指令调节制动压力的大小。制动压力调节器安装在制动总泵和制动分泵之间,它接收到电子控制器的调节指令后,由调节器内的电磁阀、液压泵和驱动电机等直接或间接调节制动压力的大小。车轮传感器接收到车轮将要抱死的信号时,将信号传送至电子控制器,电子控制器控制制动压力调节器减小制动压力,使得车轮转速上升,而车轮传感器又立即把这一信号反馈给电子控制器,电子控制器就再次向制动压力调节器发送命令以增加制动压力。如此反复动作,使得汽车在制动时,车轮总是保持在将要抱死而没有抱死的最佳制动状态。

2. 电子制动力分配系统(EBD)

(1) EBD概述。

EBD是英文"Electric Brake force Distribution"的缩写,译为电子制动力分配系统,那么,有了ABS,还要电子制动力分配系统做什么,它主要起什么作用呢?

对于装配普通制动器的汽车而言,制动时车轮被抱死滑移是不可避免的。理论与实践证明,在平直道路上,汽车制动过程中若前轮先抱死滑移,则汽车能够维持直线减速停车,使汽车处于稳定状态。如果后轮比前轮提前先抱死,哪怕快半秒,汽车在横向干扰力作用下将会发生甩尾或回转运动,制动时车速越高,这种现象越严重。所以,后轮先抱死极易导致车辆失去制动的平稳性。

为了防止汽车制动时后轮先制动的事情发生,工程师就研制了一种专门检测后轮制动情况的系统——EBD。EBD可依据车辆的质量和路面条件来控制制动过程,自动以前轮为基准去比较后轮轮胎的滑动率，如发觉前、后车轮有差异，而且差异程度必须被调整时，它就会调整汽车制动液压系统，使前、后轮的液压接近理想化制动力的分布。因此，当紧急刹车时，在 ABS 动作启动之前，EBD 已经平衡了每一个车轮的有效地面抓地力，防止出现侧移的情况，改善制动力的平衡，并缩短汽车的制动距离。

实际上，EBD 是 ABS 的辅助功能，它可以改善并提高 ABS 的功效。所以在安全指标上，汽车的性能又多了"ABS+EBD"。目前，国内车型中已有很多车型采用"ABS+EBD"。

（2）EBD 的工作原理。

EBD 的工作原理是用高速计算机在汽车制动的瞬间，利用传感器分别对 4 个轮胎附着的不同地面进行感应、计算，得出不同的摩擦力数值，进而控制 4 个轮胎的制动装置以不同的方式和力量实施制动，并在运动中快速调整，使制动力与摩擦力相匹配，从而保证车辆的平稳、安全。

3. 驱动防滑转控制系统（ASR 或 TCS）

当车轮转动而车身不动或汽车的移动速度低于转动车轮的轮缘速度时，车轮胎面与地面之间就有相对的滑动，我们称之为"滑转"。汽车在起步、急加速或溜滑路面行驶时，如果驱动力矩过分大于所需要的力矩，就会引起车轮的滑转，导致甩尾、侧滑、方向失控等危险情况发生，使得汽车的稳定性、通过性下降。如果使用 ASR 就可以很好地避免这种情况的发生。

（1）驱动防滑转控制系统（ASR）的含义。

ASR 是英文"Anti Slip Regulation"的缩写，译为驱动防滑转控制系统，是继防抱死制动系统（ABS）之后应用于车轮防滑的电子控制系统，是 ABS 的完善和补充。ASR 是当驱动车轮出现滑转时，通过控制发动机的动力输出或对滑转车轮施以制动力来抑制车轮的滑转，以避免汽车牵引力和行驶稳定性的下降。它也被称为牵引力控制系统（Traction Control System），简称 TCS。目前只在少数中、高档轿车上装用。

（2）驱动防滑转控制系统（ASR）的优点。

由于 ASR 可使车轮保持最大的附着力，因此与不装备 ASR 的汽车相比，装备 ASR 的汽车具有如下优点：

① 汽车在起步、行驶过程中，可获得最佳的驱动力，提高了汽车的动力性。尤其在附着系数小的路面上，汽车起步、加速及爬坡能力的提高就更加显著。

② 汽车的行驶稳定性得以提高，前轮驱动汽车的方向控制能力也能改善。

③ 减少了轮胎的磨损，可降低汽车的燃油消耗。

（3）ASR（TCS）的基本组成和原理。

① ASR 的基本组成。

目前，在汽车上广泛使用的 ASR 多为发动机输出功率和驱动轮制动综合控制。

② ASR（TCS）的基本原理。

车轮转速传感器将汽车驱动车轮转速及非驱动车轮转速转变为电信号，输送给控制器。控制器根据车轮转速传感器的信号，计算驱动车轮的滑转率，如果滑转率超出了目标范围，控制器再综合参考节气门开度信号、发动机转速信号、转向信号（有的车无）等因素确定控制方式，输出控制信号，使相应的执行器动作。通过调节作用于驱动力和制动力矩，将驱动车轮的滑转率控制在目标范围之内，从而防止在汽车起步和加速过程中驱动车轮发生过度滑转。

4. 电子稳定控制系统（ESP）

开过车的人都能体会，车辆在转弯时，车身会向转弯的反方向发生侧倾。转向角度越大，侧倾就越厉害，如果车速加快，侧倾也会随之加大。当侧倾的角度超过极限值时，就会发生翻车事故，这种情况在雨天和冰雪路面更加容易发生。如果使用ESP，失控的概率会大大降低，整车的主动安全性也更高。

（1）ESP的含义。

ESP是英文"Electronic Stability Program"的缩写，译为电子稳定控制系统。它是德国Bosch公司开发的一套电子稳定程序，从1995年面世至今已经历了20多年。最早是由奔驰汽车公司应用在其A级车上。当在紧急闪避障碍物或在转弯出现转向不足、转向过度进而使车身侧倾角度过大，车尾偏摆力矩超过某一程度或车体的行进方向与转向盘所转过的角度差距达到某一程度时，EPS通过调整发动机的转速和车轮上面的刹车力分布，修正过度转向或转向不足，将车辆行驶的方向快速修正到原行驶路径上。

例如，当后轮驱动汽车常出现的转向过多情况，此时后轮失控而甩尾，ESP便会刹慢外侧的前轮来稳定车子；当转向过少时，为了校正循迹方向，ESP则会刹慢内后轮，从而校正行驶方向。

（2）ESP的作用。

ESP具有三大作用：一是实时监控。ESP能够实时监控驾驶者的操控动作、路面情况、汽车运动状态，并不断向发动机和制动系统发出指令。二是事先提醒。当驾驶者操作不当或路面异常时，ESP会用警告灯警示驾驶者。三是主动干预。ESP可以通过主动调控发动机的转速，并调整每个轮子的驱动力和制动力，来修正汽车的过度转向和转向不足。ESP在车辆即将失去稳定时，纠正车辆姿态和恢复稳定的过程中完全是主动的，在事故发生之前起作用，彻底防范事故的发生，主动提高行车的安全性。因此，ESP最重要的作用就是它的主动安全性。

（3）ESP的基本组成与工作原理。

① ESP的基本组成。

ESP是由在防抱死制动系统和驱动防滑转控制系统基础上增设的转向传感器、车轮转速传感器、侧滑传感器、横向加速度传感器等组成的。目前，ESP有3种类型：能对4个车轮独立施加制动力的四通道或四轮系统；能对两个前轮独立施加制动力的双通道系统；能对两个前轮独立施加制动力，但对后轴只能整体施加制动力的三通道系统。

② ESP 的工作原理。

ESP 是以 ABS 为基础，通过外围的传感器，收集方向盘的转动角度、侧向加速度等信息，这些信息经过微处理器加工，再由液压调节器向车轮制动器发出制动指令，来实现对侧滑的纠正，帮助车辆维持动态平衡。此外，ESP 以高频率（25 次/s）对当前的行驶状态及驾驶员的转向操作进行检测和比较，时刻对失去稳定的情况、过度转向、转向不足进行记录，一旦预定的情况有出现危险的可能性，ESP 会立即做出干预，使车辆恢复稳定。

5. 自动避撞系统

汽车防撞控制的关键是确定可能与汽车发生碰撞的物体的方向、位置和状态，以便必要时提出危险警示和采取应急避让措施，防止发生碰撞。自动避撞系统就具有这种功能。

（1）自动避撞系统的含义。

自动避撞系统通过雷达等探测装置随时监测路面状况，探测汽车运动方向上的障碍物，并且可以根据与周围车辆距离的远近而自行调整车速，使车辆间保持一个安全的距离，减少发生碰撞的可能。一旦发生紧急情况，碰撞事故在所难免时，它可以发出警报并自行采取刹车等措施，而无须驾驶员的操作，从而大大减轻碰撞的程度，甚至完全避免事故，为乘客提供更有效的保护。

（2）自动避撞系统的基本组成和工作原理。

① 自动避撞系统的基本组成。

自动避撞系统由输入装置、控制单元和显示单元组成。输入装置由激光雷达、速度传感器、横向加速度传感器组成，提供车辆行驶情况的信息；控制单元计算跟车距离并确定报警距离；显示单元显示当前距离，并根据报警距离发出警报。目前，避撞系统中安全车距的测定方法有 3 种：超声波测距、微波雷达测距和激光测距。

② 自动避撞系统的工作原理。

在自动避撞系统中，红外线激光传感器安装在车前端的下部，以脉冲形式发射红外线激光，在车前方 40 m 处形成直径约为 3.0 m 的控制区，利用透镜聚焦障碍物反射激光测算障碍物距离，测距经计算分析，判断是否有碰撞危险。如果跟车距离小于安全距离时，避撞系统会向驾驶员发出警报，提醒注意并采取减速或制动措施，以有效预防碰撞事故的发生。自动避撞系统除有刹车功能外，还有转向避让控制功能。例如，根据汽车车速、转向角和转摆角速度，并考虑弯道路面倾斜的影响，来预计汽车的转弯半径，确定车辆应选择的转弯半径。

6. 夜视系统和远光灯辅助系统

（1）概述。

夜间行车是最令人紧张和容易出危险的驾驶情况之一。相关交通事故统计数字表明，夜间行车存在很大的潜在危险性：在德国，虽然人们在白天驾驶的比例占到75%，但是大约50%的重大事故发生在夜间。这意味着夜间驾驶的危险是白天的两倍。据统计，在欧洲每年大约有56万人在夜间的交通事故中受伤，另有2.3万人死亡。相似的情况也发生在美国。

引起夜间行车危险性大的原因主要有两点：一是人眼对光线的适应性问题。黑夜里，人的眼睛从亮到暗需要有一个适应过程，所以当驶经交叉路口、繁华路段时，霓虹灯以及其他灯光的照射对驾驶员的视线及辨别交通信号灯的颜色均有影响，这时就要降低车速，避免危险情况的发生。二是由于人们总是用近光灯照明，光照条件微弱有限，使得路上的障碍物或窄道往往很晚才被发现。

为了增强在夜间开车的安全性，宝马公司开发了一种驾驶员辅助系统，其中包括宝马夜视系统（BMW Night Vision）和远光灯辅助系统（BMW High-Beam Assist）。其中，夜视系统可以使驾驶员及早感知前方的人、动物或障碍物，从而避免危险、危机情况的发生；而远光灯辅助系统则可以自动地控制远光灯在最适当和最需要的时候开启和关闭。

（2）夜视系统的组成及工作原理。

① 夜视系统的组成。

宝马夜视系统主要是在原车的基础上，增加了两个额外的硬件：热能照相机和控制单元，并将原有的8.8英寸监控显示器和巡航系统的显示器合二为一。

热能照相机的拍摄距离为300 m。拍摄传感器以 8～14 μm 的波长范围，记录从人和动物身体上传来的热辐射，因此路边行走的行人和穿行在道路上的动物成为了影像中最亮的物体，这也正是在驾驶的时候最应该注意的重点对象。

控制单元从照相机中获得数据，然后把它们转换成图像呈现在中央监控屏幕上。依赖于外部条件，图像可以通过电控变亮或变暗。在中速行驶时，监控器中的显示图像覆盖角度为24°，并且可以左右方向调整6°。所谓的方向调整是通过驾驶员转向盘转动的角度来控制的。在高速行驶时，被拍摄物体则以 1.5∶1 的比例进行放大。

② 夜视系统的工作原理。

宝马夜视系统的主要功用在于提早发现夜间在路边慢跑的人、自行车、动物以及障碍物。它的原理是利用了人和动物本身的热辐射特性，使用远红外热能照相机对这些物体进行捕捉，然后将其显示在荧幕上。运用该系统，驾驶员可以提前 5 s 觉察出危险情况。

③ 远光灯辅助系统的简介。

美国交通部门的一份研究表明，远光灯的使用只占其可能使用情况中的25%，人们往往像用雨刷一样频繁地开、关远光灯。另一项研究表明，当驾驶员打开远光灯时，他们常常忘记及时关掉它，从而导致对面车道上的驾驶员炫目的结果。这些情况都可以通过使用先进的技术而避免。远光灯辅助系统为人们更加频繁和正确地使用远光灯提供了方便，使远光灯总是在最需要和允许的情况下使用。

a. 远光灯辅助系统的组成。

远光灯辅助系统的主要构件是安装在后视镜外壳前面一个传感器，传感器内包含一架照相机，照相机拍摄的图像被反馈到一个电子评估系统里，由该系统分析前方的物体，从而自动控制远光灯的开闭。

b. 远光灯辅助系统的操作。

远光灯辅助系统不需要额外的开关或操纵元件，只需把旋钮放在自动档，就可通过光线控制单元进行工作。此外，把灯光系统组合开关推到远光灯位置，这时仪表板上的一个控制灯显示远光灯辅助系统已经在工作了。

当然，远光灯辅助系统并没有完全取代驾驶员的角色，它可以在任何时刻被人为地取消，只需把组合开关拨回"近光灯"位置即可。

2.3.2 其他主动安全技术

1. 紧急制动辅助装置（EVA）简介

现代的科学技术使汽车的速度越来越快，为了提高紧急情况下的制动效率，最大限度地避免事故的发生，ABS（防抱死制动系统）和 EBD（电子制动分配系统）越来越多地被应用于轿车上。除此以外，还有一项可以大幅提高制动效率的技术——EVA（紧急制动辅助装置）也已经应用到了轿车上。

要更好地了解 EVA，我们需要先了解一下紧急制动时的全过程。首先，当驾驶员意识到危险状况的出现到将右脚从油门移动到刹车踏板，根据不同的人和不同的反应状况，这个过程要持续 0.7～1 s。如果这时车速在 100 km/h，右脚踏在刹车踏板上，车子又会继续向前行驶 27 m 的距离。接下来，当右脚大力作用于刹车踏板，刹车系统对车轮的制动作用由零到刹车最大限量，此时 ABS 介入工作。但很多客观原因会使驾驶者不能在最短时间内让刹车处于最大限量，所以这段距离很难确切地把握，可能从十几米到几十米。最后，刹车系统进入最大限量的工作状态，ABS 系统启动，轮胎与地面产生剧烈摩擦，车速骤然下降，直到完全停下来。EVA 系统便是在驾驶者踩刹车踏板这一过程中起作用的。通过嵌入式液压助力系统，且根据驾驶者踩下刹车的速度和力量，EVA 可以自动感知驾驶者需要什么样的制动效果。

如果是紧急制动，驾驶者迅速且大力踩下刹车踏板，这时刹车系统会达到最大限量的工作状态。但有的时候，驾驶者虽然迅速地踩下了刹车，却由于某种原因，右脚并没有对刹车踏板实施最大力量。这时，EVA 辅助系统的另一个特性，就是当它判断驾驶者采取的是紧急制动时，那么它会让制动力量一直保持到驾驶者的右脚完全离开刹车踏板，这样可以避免驾驶者由于措施采取不当所造成的危险。

2. 车道偏离警告系统简介

车道偏离警告系统（Lane Departure Warning System）的作用是能够防止车辆偏离相应的行驶路线引起的碰撞或交通事故。它是以摄像头为基础的系统，安装在汽车挡风玻璃后，能够探测到路上的标线，并检测车辆中央至左右车道间的距离，在显示屏进行显示，以警告有偏离车道的倾向，同时通过发出声音警报和触觉警报帮助驾驶者保持注意力集中，以提高行车安全。例如，在出现偏离右侧车道的倾向时，油门踏板的右侧振动；在出现偏离左侧车道的倾向时，油门踏板的左侧振动。当驾驶者打开车辆转向灯超车时，警告系统便会停止工作，而且该系统也可以手动关闭。另外，这些设定也可以根据整车厂的要求量身定制。

该套系统还可与其他"预警"防碰撞技术一起应用，如自适应式巡航控制系统、侧向探测系统及倒车辅助系统等，以进一步提高整体的安全性。如果车道偏离警告系统根据其视野判断车辆开始偏离车道时，系统将会向驾驶员发出警告，从而大大减少因此而引起的车辆碰撞。这套系统可以被用作独立的安全辅助措施，也可以作为集成安全系统策略的一部分与其他安全系统进行集成。由于车道偏离警告系统提供的数据可以为其他众多的车辆安全系统所用，所以该系统也为许多主动性安全技术的实施创造了条件。

3. 巡航控制系统（CCS）。

（1）巡航控制系统（CCS）的含义。

CCS是英文"Cruise Control System"的缩写，译为巡航控制系统。根据其特点，巡航控制系统一般又称为巡航行驶装置、速度控制系统（Speed Control System）、自动驾驶系统（Auto Drive System）等。汽车巡航控制系统（CCS）是利用先进的电子技术对汽车的行驶速度进行自动调节，从而实现以事先设定的速度行驶的一种电子控制装置。当汽车较长时间在高速公路上行驶时，打开该系统的自动操纵开关后，CCS将根据行车阻力自动增减节气门开度，使汽车行驶速度保持一定。

（2）巡航控制系统（CCS）的应用与发展。

巡航控制系统在飞机上的应用，显示了它的无可比拟的优点。巡航控制系统自20世纪50年代末开始在汽车上应用以来，已经广泛普及。在美国大多数轿车上均装用了巡航控制系统，日本和欧洲生产的轿车上装用巡航控制系统的比例也越来越高，在我国也有许多车辆装了巡航控制系统，例如，一汽大众的奥迪A6、上海大众帕萨特、上海别克以及广州本田雅阁等都装有巡航控制系统。

汽车巡航控制系统经历了机械控制系统、晶体管控制系统、模拟集成电路控制系统和微机控制系统等几个过程。微机控制的汽车巡航控制系统自1981年开始应用于汽车后，发展迅速。新型汽车基本上都采用了微机控制的汽车巡航控制系统。

（3）巡航控制系统的作用。

汽车巡航控制系统（CCS）的作用主要有以下3个方面：

① 提高汽车行驶的稳定性和舒适性。巡航控制系统保证了汽车在有利车速下的等速行驶，大大提高了其稳定性和舒适性。

② 提高了汽车行驶的安全性。巡航控制系统实现了自动驾驶，汽车无论是在上坡、下坡、平路上行驶，驾驶员只要掌握好转向盘，不用踩油门和换档就能稳定运行，减轻了驾驶员的疲劳强度，可使其精力集中，确保行车安全。

③ 节省燃料，具有一定的经济性和环保性。这是因为在使用了这一速度稳定器以后，可使汽车的燃料供给与发动机功率之间处于最佳的配合状态，可平均节省燃料15%；并使燃烧完全，热效率高，减少了废气的排放，有利于环保。

（4）巡航控制系统的基本组成和工作原理。

① 巡航控制系统的基本组成。

巡航控制系统由车速传感器、伺服器、电子控制器、车速控制开关杆、真空控制或油门执行器等组成。

② 巡航控制系统的基本工作原理。

控制器有两个输入信号：一个是驾驶员按要求设定的指令速度信号，另一个是实际车速的反馈信号。电子控制器检测这两个输入信号之间的误差后，产生一个送至油门执行器的油门控制信号。油门执行器根据所接收的控制信号调节发动机的油门开度，以修正电子控制器所检测到的误差，从而使车速保持恒定。

4．不停车电子收费系统

（1）电子收费系统的功能。

① 减轻收费时的交通拥挤，提高交道流量。

② 监视公路上的交通流，探测交通事故。

③ 通过采用调整运价、关闭收费入口等措施，影响人们对出行时间及方式的选择。

④ 如采用电子卡管理汽车，能有效防止车辆被盗，迅速准确地调高车流量，方便调查稽征。

⑤ 节省管理费。

（2）电子收费系统的结构。

电子收费系统包括车载设备、车道设备、收费站计算机。

① 收费站计算机：实时处理各车道查询、核对的数据，收集各车道的交通、收费运行数据并进行处理，定期将数据上传至控制中心。

② 车道设备：电子识别与通信设备，包括中央单元及天线。天线通常装设在车道上方，通过它与电子标签之间建立高方向性的微波通信。外围监控设备包括自动栏杆、报警器、信号灯车辆检测器、轴重计、防违章设备及闭路电视等。信息处理设备，如

通道控制器。

　　系统判断通过车辆是否可以不停车，根据相应数据启动相应的控制设备或信号，通过声音警告或信息显示屏给车主以必要的提示。如果发生违章闯关，则可启动抓拍系统进行违章取证等。

5. 触屏式导航技术（Touch Screen Navigation）

　　触屏式导航系统可以通过其集成式导航无线电通信技术，进一步简化了导航系统，使得驾驶更加方便。这套导航系统包括车载计算机、DVD 地图信息库、车辆探测器以及 GPS 卫星资料库等，可随时确定车辆的位置。驾驶员可以直观地通过触摸式屏幕输入目的地信息。在输入并确认目的地地址后，系统便会通过视觉与语音系统，在所经路口向驾驶员提供方向指示。为了使驾驶更加安全，地址信息只能在车辆处于静止状态时才能进行输入。

　　这套导航系统还能提供重要的旅行信息，如距目的地里程数与路上所需时间。如果用户错过了一个转弯路口，这个智能导航系统能快速重绘地图，提供新路线。在路边停车后，比如加油或购买食物，系统也能继续执行导航功能。该系统还可以帮助用户查找各种场所，如公园、加油站、自动柜员机、餐馆、娱乐场所、旅馆和杂货店等。

6. 先进的空调系统

　　随着汽车的舒适和便利程度越来越成为每一位消费者关注的重点，为了不断改善车辆的性能，提升驾驶舒适程度。德尔福公司把乘客的舒适和便利放在首位，在车内小气候控制上设计了新的加热、通风和空调系统。该系统最大限度地利用车厢空间，降低噪声，并且以最低的成本满足顾客对于安静程度、耐用性、紧凑性以及效率的要求。

　　先进的空调系统在技术上拥有全新水准的个性化设计、技术和性能，而且只需要很小的组装空间。这个独特的设计是将模块置于前排乘员座位底下，从而降低了噪声，并节省了驾驶室前壁的宝贵空间用作储物或安装其他部件之用。

7. 磁流变液减振器

　　磁流变液减振器是一个革命性的新技术，可同时提高车辆的舒适程度、驾驶性能和安全保障。该系统应用磁流变液体和不带机电控制阀的减振器，提供反应迅速、减振性能强大的阻尼力控制。磁流变液体是一种磁性软粒悬浮液，当液体被注入减振器活塞内的电磁线圈后，线圈的磁场将改变其流变特性（或产生流体阻力），从而在没有机电控制阀且机械装置简单的情形下，产生反应迅速、可控性强的阻尼力。车装控制器根据从 4 个悬挂位移感应器、一个车侧加速度传感器和一个方向盘角度感应器上获得的数据，以 10 MHz 的频率连续不断地调节阻尼力强度。由于车轮控制得到改善，使车辆的安全性和可靠性得到提升;通过控制车身的运动,提高驾驶的平顺性,并使操作更精确,反应更迅速;在刹车和加速过程中减少乘员的"前冲"和"后仰";改善负荷转移特性,在车辆高速行驶中突然变向时,可提供更好的防侧翻控制;由于减小了路面反冲力,使驾驶更为精确。

【思考与练习】

(1)简述电动汽车的优缺点。
(2)简述太阳能汽车的发展前景。
(3)防抱死制动系统的工作原理是什么?

3 新能源汽车公司简介

【学习目标】
(1) 了解世界著名电动汽车品牌及其标志。
(2) 了解著名电动汽车公司的文化。

从汽车诞生至今的一百多年间,汽车工业以它特有的发展速度,最终成为"改变世界的机器"。汽车公司的标志或商标是公司的象征,在设计时往往采用寓意精炼的图案、字体和颜色来突出企业的形象。车标是汽车的标志,装饰在汽车的头部或其他明显的部位上,通过各款汽车厂家的标志、汽车车标及车标的含义,能够了解世界各民族的文化、艺术、风俗和习惯。汽车标志包含两部分——文字标志和图案标志,它们构成了汽车文化功能性和精神性的内涵,使汽车成为融合自然科学、社会科学与艺术文化的完美器物。

汽车工业是衡量一个国家工业水平高低的重要标志之一。在全球,汽车工业已按地区形成三大系:美洲车系、欧洲车系和亚洲车系。

3.1 美洲著名电动汽车公司

3.1.1 特斯拉汽车公司

特斯拉汽车(Tesla Motors)公司是美国一家产销电动车的公司,于 2003 年成立,总部设在美国加州的硅谷地带。

特斯拉汽车公司(其车标见图 3-1)以电气工程师和物理学家尼古拉·特斯拉命名,专门生产纯电动车,生产的几大车型包含 Tesla Roadster、Tesla Model S、Tesla Model X。

特斯拉汽车公司是世界上第一个采用锂离子电池的电动车公司,其推出的首部电动车为 Roadster。从 2008 年至 2012 年,公司在 31 个国家销售超过 2 250 辆 Roadsters。公司在 2010 年开始为英国和爱尔兰市场生产右侧行驶的 Roadster,并扩大销售至澳洲、日本、新加坡以及中国。2015 年,特斯拉汽车公司全球交货量超过 50 000 辆。2016 年 1 月,特斯拉汽车增添代号为"召唤(Summon)"的新功能。2016 年 1 月,特斯拉与代客泊车应用 Luxe 达成合作,为旗下 Model S 等车型提供泊车与充电等服务,并宣布 Model 3 于 2016 年 3 月 31 日发布。

图 3-1　特斯拉汽车标志

硅谷工程师、资深车迷、创业家马丁·艾伯哈德（Martin Eberhard）在寻找创业项目时发现，美国很多停放丰田混合动力汽车普锐斯（Toyota Prius）的私家车道上经常出现些超级跑车的身影。他认为，这些人不是为了省油才买普锐斯，而是为了表达其对环境问题的重视。于是，他有了将跑车和新能源结合的想法，而客户群就是这群有环保意识的人群。

由于马丁·艾伯哈德毫无这方面的制造经验，因此找到 AC Propulsion 公司。当时，对 AC Propulsion 公司电动汽车技术产生兴趣的还有埃隆·马斯克（Elon Musk）。在 AC Propulsion 公司 CEO 汤姆·盖奇（Tom Gage）的引见下，马斯克认识了艾伯哈德的团队。2004 年 2 月会面之后，马斯克向 Tesla 投资 630 万美元，但条件是出任公司董事长，拥有所有事务的最终决定权，而艾伯哈德作为创始人任 Tesla 的 CEO。

在有了技术方案、启动资金后，Tesla 开始开发高端电动汽车，他们选择英国莲花汽车的 Elise 作为开发的基础。

艾伯哈德和马斯克的共同点是对技术的热情。但是，作为投资人，马斯克拥有绝对的话语权，随着项目的不断推进，Tesla 开始尝到"重技术研发、轻生产规划，重性能提升、轻成本控制"的苦果。2007 年 6 月，离预定投产日期 8 月 27 日仅剩下两个月时，Tesla 还没有向零部件供应商提供 Roadster 的技术规格，核心的部件变速箱更是没能研制出来。另一方面，Tesla 在两个月前的融资中向投资人宣称制造 Roadster 的成本为 6.5 万美元，而此时成本分析报告明确指出 Roadster 最初 50 辆的平均成本超过 10 万美元。

生意就是生意，尤其是硅谷这样的世界级 IT 产业中心，每天都在发生一些令人意想不到的事情。投资人马斯克以公司创始人艾伯哈德产品开发进度拖延、成本超支为由撤销其 CEO 的职务，几个月后艾伯哈德只能离开 Tesla。

马斯克的团队最终选择了折中方案：优化一档变速器，尽快投产。

2008 年 2 月，Tesla 开始交付第一辆 Roadster，最初的 7 辆车作为"创始人系列"提供给马斯克和其他出资人，如谷歌拉里·佩奇（Larry Page）、谢尔盖·布林（Sergey

Brin)、ebay 杰夫·斯科尔（Jeff Skoll）等，当然也包括已离开公司的艾伯哈德。

2008年10月，Roadster实现量产，尽管产品的下线时间比原计划晚了半年多，但首批客户依旧表现出足够的容忍，1 000名客户中只有30名要求退款，而空缺出来的名额很快就被新订单填满。从布拉德·皮特、乔治·克鲁尼、施瓦辛格再到谷歌的两位创始人，Tesla的客户名单几乎就是一张全球财富榜。

2009年，奥巴马和朱棣文参观Tesla工厂，Tesla也成功获得美国能源部4.65亿美元的低息贷款。2010年，Tesla在纳斯达克上市，融资额达2.26亿美元。开盘当日，马斯克在账面上赚了6.3亿美元。

2010年7月，Tesla挖来了苹果的零售店副总裁乔治·布兰肯西普（George Blankenship）来负责零售战略，由他出任汽车程序副总裁，帮助推动新汽车的开发。

2013年6月8日，电动汽车制造商特斯拉高开高走，收盘涨4.82%，报收102.04美元，重回100美元上方。公司市值约118亿美元。

2014年2月19日下午，特斯拉汽车发布了2013年的致股东邮件。邮件显示，2013年第四季度，特斯拉取得了创纪录的汽车销量，年营收超过20亿美元。与此同时，特斯拉还希望降低电动汽车的成本。

2014年，特斯拉最便宜的Model S电动汽车售价为7.2万美元，某些配置的版本价格超过10万美元。

电池是电动汽车最昂贵的元件。一般情况下，电池元件在多家不同工厂中生产。例如，一家工厂负责使用原材料制造电极，另一家负责组装电池颗粒，还有一家负责组装电池模组。而特斯拉的"超级工厂"涵盖所有这些制造环节。超级工厂将帮助他们实现电池模组成本的大幅下降，并加速电池创新的速度。通过与供应商合作，他们计划在同一家工厂中整合原材料、电池颗粒和电池模组的生产。通过这样的工厂，他们希望在3年内开发出有吸引力、价格容易承受的电动汽车。

2014年4月1日，特斯拉计划仅使用来自于北美地区的原材料建设其美国电池工厂，该工厂的造价为50亿美元。特斯拉希望建立起一条本地化的供应链，集中致力于最小化环境影响，同时大幅降低电池成本。

2015年3月13日，特斯拉宣布，由于2014年未完成销售目标，因此将重组各地区销售团队，在任命了各地区业务新高管后，将再任命新的全球销售主管。

美国时间2015年12月7日，特斯拉公开招聘1 656个职位。这些职位包括一名拥有1~3年汽车雷达系统工作经验的雷达工程师，一名在墨西哥城建立服务操作的经理，以及上海、成都、阿姆斯特丹、米兰等城市的产品专家等。

2015年12月，著名管理咨询公司波士顿咨询公司（BCG）公布的《全球最具创新力企业报告》中，苹果、谷歌、特斯拉位列前三。

2015年12月，特斯拉汽车公司在2016美国拉斯维加斯国际消费类电子产品展览会（CES）开幕之前宣布，2015年特斯拉汽车公司全球交货量超过50 000辆。

2016年2月2日上午，特斯拉公司公布旗下Model X的中国国内售价，标准版

90D 价格区间为 96.1 万~117.18 万元，同时，特斯拉还将在中国市场推出 Signature Red 限量版 P90D 车型，售价为 147.95 万元。

2016 年 2 月，特斯拉公司与玩具厂商 Radio Flyer 合作推出了一款儿童版的"Model S"型"轿车"。

在推进本土化的进程中，特斯拉在中国已经获得了不少中国政策的支持，上海、杭州、广州、深圳、天津均对特斯拉发放免费新能源牌照，另外在北京、西安和武汉，特斯拉还可以享受通行方面的多项优惠政策。

1. 特斯拉的经典车型

（1）Roadster。

美国加利福尼亚州的 Tesla Motors 汽车公司推出的全新 Tesla Roadster 凭借其最大转速可达到 13 000 r/min 的电动机不仅带来瞬间的加速表现，而且还确保了惊人的扭矩力输出。同时，在电动机动力驱使下，全新 Tesla Roadster 的百公里加速只需短短的 4 s 即可完成，进而迫使顶级车速上升到 200 km/h。

此外，Tesla Roadster 在研发与生产过程中，还大量借鉴了英国莲花汽车公司的工程力量，并在最初车体设计方面借鉴了莲花 Elise 跑车的设计理念，同时其外部车身板还采用了碳纤维材料构造，而其底盘则由模压铝构成，不仅赋予全新 Tesla Roadster 一个超级时尚的外观造型，而且还确保了车身的坚固性。

另外，全新 Tesla Roadster 还采用了极为先进的锂离子能量存储系统，使其在一次充电后的巡航里程可达 352 km，而其所配备的能量再生制动系统则还可在车子减速时为锂离子电池组充电，从而使得车子在行走途中就可获得能量的补给。

而正是由于这一系列的先进设计，Tesla Roadster 的售价非常惊人。全新 2009 款 Tesla Roadster 在美国的不含配件的基础售价达 10.9 万美元（折合人民币约为 66 万元），因此只有那些具有足够财力的幸运者才能够获得这样一部超级车款，如图 3-2 所示。

图 3-2 Tesla Roadster

（2）Model S。

Model S 是一款兼顾性能与舒适的四门豪华轿车，车身尺寸比奔驰 CLS 级稍大，整车线条看上去与捷豹XF有几分相似，大气、优雅而不失动感，尤其从45°看上去相当迷人，不过它与捷豹XF并没有直接的联系。值得一提的是，它的体重已经超过2.1 t，这样的体重还能让它拥有强烈的推背感吗？

Model S外表不是一款纯粹的跑车，但是它的内心依然十分强大，性能版甚至可以媲美宝马M5。它的电动机可以提供422 hp的最大功率，600 N·m的峰值扭矩，让Model S的百公里加速达到4.4 s。

Tesla Model S与奔驰CLS350对比如下：

Modle S 长×宽×高为 4 970 mm×1 963 mm×1 435 mm，轴距为 2 529 mm。

奔驰CLS350 长×宽×高为 4 966 mm×1 881 mm×1 421 mm，轴距为 2 874 mm。

2016年2月，特斯拉推出了"Tesla Model S for Kids"，Tesla Model S for Kids 就是迷你版Model S电动汽车，其只是按比例进行缩小了。

2016年3月4日，Model S作为特斯拉开发的一款入门级电动汽车，将和雪佛兰Bolt进行正面竞争。而特斯拉需要在性能、设计和价格等方面找到一个合适的平衡点，才能够说服消费者购买这款电动汽车。

（3）Model X。

2012年2月9日，美国Tesla Motors公司发布了全尺寸纯电动SUV车型Model X，其后门采用设计前卫的鹰翼门造型，而依靠动力强劲的电动机驱动，其0～96 km/h加速时间为5 s内。这款全尺寸纯电动SUV已在2014年量产。Model X将MPV的大空间、SUV的优势、电动车的优点融合在一起。这是一辆格调上乘，围绕驾驶者建造的车。

（4）Model S P85D。

2014年10月10日上午，Elon Musk于美国洛杉矶正式发布了"D"计划，主要发布的车型包含60D、85D和P85D，前两个车型于2015年2月推出，而最高端的Model S P85D则于2014年底推出。

特斯拉Model S P85D配备全驱系统，最高车速可以达到249 km/h，增设的雷达和摄像头可以识别行人和路标，实现自动泊车、高速公路自动驾驶、堵车自动跟随等功能。

新车型对于驾乘者而言，最大的变化是由原来的两轮驱动提升为四轮全驱，而这背后依托的是两个电机，一个电机驱动后轮，配合另一个较小的电机驱动前轮。而这套四轮全驱的技术也应用于2015年上市的特斯拉SUV车型Model X。

得益于装载的全新四轮全驱技术，Model P85D的百公里加速较之前的版本提升至3.2 s。由此四轮驱动加上不输汽油动力跑车的百公里加速度，使新车型会比同型号的Model S续航历程上提升10 mile（16 km），即最大续航历程可达到275 mile（442 km）。

（5）Model X跨界车。

2015年9月22日，特斯拉发出邀请函，将于2015年9月29日正式发布Model X跨界车。特斯拉在邀请函中朦胧描绘了Model X的轮廓，垂直、双铰链式的特色"鹰翼门"（Falcon doors）以及正在发光的 LED 日间行车灯。

全电动 Model X 跨界车是特斯拉的第三款量产车型，前两款是 Roadster 跑车和 Model S 轿车。Model X 跨界车使用了"D"版 Model S 所采用的电动全轮驱动传动系，但底盘更高，下方的悬架更为稳固，宽度和轴距与 Model S 一致。由于更高、更重，Model X 跨界车的续航里程预计要比 Model S 标称的 230～265 mile 低 10%。

与 Model S 的续航里程类似，Model X 跨界车充满电后也可持续行驶 402～434 km。

（6）Model X。

特斯拉正式发布的特斯拉 Model X 车型，使用纯电动力，拥有 P90D 和 90D 两个版本，标志性的后排"鹰翼门"成为了其最大的亮点。

外观方面，特斯拉 Model X 基本延续了此前原型车的整体线条和造型，仅在部分细节方面进行了量产化设计。新车的前大灯组造型更加犀利，并融入了 LED 光源，前中网造型与特斯拉 Model S 非常相似，此外该车还配备有全新造型的前保险杠。

车身方面，Model X 车身设计高挑，全新的轮圈造型看起来更加具有力量感，而新车的最大亮点在于延续了原型车上的后排"鹰翼门"设计，这种造型虽然夸张，但是对于进出该车第三排的乘客而言却非常便利。据特斯拉官方介绍，Model X 风阻系数仅为 0.24，同时标配自动扰流板，能够自动调整 3 个位置。在 72 km/h 的速度下，扰流板自动开启，在最高时速下，扰流板将被部分收回，以提升高速驾驶效率（+1.6%）。

动力系统方面，特斯拉 Model X 采用双电机全轮驱动技术，前电机提供 263 hp，后电机提供 510 hp，最高车速达 249 km/h。前后电机扭矩总值达到 967 N·m。特斯拉 Model X P90D 车型的 0～100 km/h 加速时间为 3.2 s，最大续航里程为 402 km；特斯拉 Model X 90D 车型的 0～100 km/h 加速时间为 4.8 s，最大续航里程为 414 km。

2. 特斯拉的电池业务

2015 年 5 月，特斯拉推出了一款家庭用太阳能储电电池组，售价 3 000 美元起。特斯拉说，电池与太阳能发电板配合，有望使家庭用电摆脱公共电网。

北京时间 2015 年 8 月 6 日，电动车制造商特斯拉首席执行官埃隆·马斯克（Elon Musk）在财报电话会议中表示，特斯拉的蓄电池业务在 2017 年将会给公司带来"数十亿美元"的营收。

特斯拉首席技术官 J.B.斯特劳贝尔（J.B.Straubel）表示，该公司位于美国内华达州的超级电池工厂已于 2016 年投产。马斯克此前曾表示，未来特斯拉电动车年产量将达 50 万辆。为了能够向预计每年生产的 50 万辆汽车提供足够的电池，特斯拉每年大约需要 300 亿瓦时的锂离子电池，这是目前全球锂离子电池的产量。特斯拉的超级电池工厂基本能够满足未来特斯拉的需求。

根据特斯拉的计划，位于内华达州的特斯拉超级电池工厂只是特斯拉电池战略的一部分，未来特斯拉将在全球其他国家兴建类似的超级电池工厂，内华达州超级电池工厂也将更名为"一号工厂"（NO.1 Factory）。

3.1.2 通用汽车公司

被誉为"车轮上的国家"的美国，拥有众多大型的汽车公司——通用汽车公司、福特汽车公司和克莱斯勒汽车公司（现已与德国戴姆勒-奔驰公司合并）。

通用汽车公司（General Motors Corporation，通称为GM）是全球第二大汽车公司，非常重视质量和新技术的采用。其生产的汽车是美国汽车豪华、宽大、内部舒适、速度快、储备功率大等特点的经典代表，始终在用户心中享有盛誉。

通用汽车公司是由威廉·杜兰特于1908年9月在别克汽车公司的基础上发展起来的，成立于美国密歇根州的汽车之城底特律，总部坐落在底特律的通用汽车文艺复兴中心。自1931年起成为全球汽车业的领导者，在全球35个国家和地区建立了汽车制造业务，其汽车产品销往200多个国家。其标志GM（见图3-3）取自其英文名称（General Motor Corporation）的前两个单词的第一个字母。

图3-3 通用汽车标志

20世纪20年代初，通用公司改革经营管理，使企业很快发展成为世界上最大的汽车公司。它原为杜邦财团所控制，1962年落入摩根财团和洛克菲勒财团之手。1986年，通用公司收购了世界上先进的跑车研究生产部门——英国的莲花汽车工程公司，使通用汽车家族再添实力。2000年，通用公司宣布与菲亚特结成战略联盟。

2009年6月1日，通用汽车申请破产保护。同年7月10日，更名为通用汽车有限公司，结束破产保护，品牌标志不变。

通用汽车旗下的轿车和卡车品牌包括雪佛兰（Chevrolet）、别克（Buick）、凯迪拉克（Cadillac）、欧宝（OPEL）、土星（Saturn）、庞蒂亚克（Pontiac）、萨博（Saab）等。通用汽车公司各车型商标都采用了公司下属分部的标志。

1. 雪佛兰（Chevrolet）

雪佛兰（Chevrolet）作为通用汽车公司下最大的品牌，按迄今为止的累积汽车生产量计算，是世界上最成功的汽车品牌之一。目前，它在美国销售排行榜上位居前列。

它的车型品种极其广泛,从小型轿车到大型 4 门轿车,从厢式车到大型皮卡,甚至从越野车到跑车,消费者所需要的任何一种车型,都能找到一款相应的雪佛兰汽车。自 1912 年推出第一部产品至今销量总量已超过 1 亿辆。其市场覆盖到 70 多个国家,曾经创下每 7.2 s 销售一部新车的记录。作为通用汽车旗下最为国际化和大众化的品牌,雪佛兰拥有强大的技术和市场资源。

1909 年,通用汽车公司的创始人威廉·杜兰特(William Durant)先生邀请声誉卓著的瑞士赛车手兼工程师路易斯·雪佛兰(Louis Chevrolet)帮助他设计一款面向大众的汽车。"雪佛兰"的名称便取自这位瑞士赛车手的姓,"雪佛兰"的车标是雪佛兰创建者之一的杜兰特看报纸时想到的,又从巴黎酒店的墙上获得灵感,受到了法国古老壁挂的启发,并对其进行了简化,于 1914 年首次使用。在西方社会里,领结是人人喜爱的饰物,体现着大众化,更标志着贵族气派与优质的服务精神。雪佛兰汽车的商标(见图 3-4)是图案化了的蝴蝶结,象征雪佛兰轿车的大方、气派和风度。

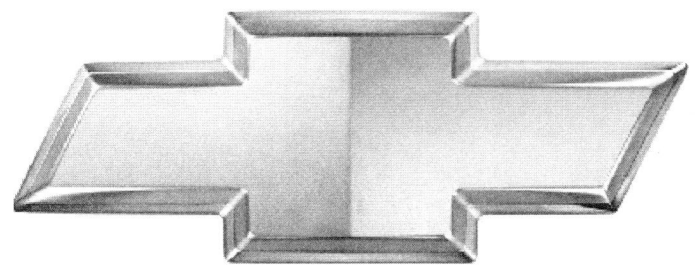

图 3-4　雪佛兰汽车标志

雪佛兰沃蓝达 Volt 增程型电动车(见图 3-5)于 2010 年 8 月 31 日在中国国内发布,并作为上海世博会的贵宾用车。

图 3-5　雪佛兰沃蓝达 Volt 电动车

Volt 是一款增程型电动车型，不同于以往我们看到的混合动力车型，它只依靠电机来驱动车辆，1.4 L 的发动机则负责在电池电量较低时给电池充电。由于发动机并不参与正常的行驶，因此车辆运行起来几乎没有噪声，也不会排出任何废气；并且由于发动机只负责电池的充电，因此省去了繁杂的变速箱以及传动装置，同时发动机可以维持最佳的工作状态，燃油经济性大大提高。

在汽车老三样的那个年代，"赛欧"可谓是一款全新产物，而如今汽车如林的时代，电动车也可以算是一个全新的汽车产物。那么这两种不同时代的产物结合到一起会产生出什么惊人之作呢？2012 年广州车展上，上海通用雪佛兰就推出了电动版的赛欧 EV（见图 3-6），售价 25.8 万元。赛欧 EV 通过壁挂式充电器和普通家用插座都可为车充电，在 220 V 电压下，最快 7 h 可充满。充电装备位于后备箱底部，电池充满后可续航里程超过 130 km，60 km/h 等速工况的续航里程则可达到 200 km。

赛欧EV（SPRINGO）是国内合资企业首次推出的量产纯电动车
是由上海通用汽车和泛亚汽车技术中心合作自主研发

图 3-6　雪佛兰电动版的赛欧 EV

2013 年 4 月 16 日，通用汽车宣布开始生产雪佛兰斯帕可纯电动车，斯帕可电动车的动力总成功率为 130 hp，扭矩达 542 N·m，可在 8 s 内从静止加速至 60 mile/h。

目前，雪佛兰斯帕可纯电动车（见图 3-7）的驱动系统和电动马达主要为进口，不过美国政府的投资将帮助通用汽车在美国巴尔的摩（Baltimore）工厂生产斯帕可电动车的马达。马达和 A123 公司提供的电池组将交付斯帕可电动车的总装地——通用韩国工厂。

通用旗下的雪佛兰汽车，在 CES 2016 上正式发布了最新款的纯电动车 Bolt（见图 3-8），这款车的最大特色是具有快充功能，充电第一个小时就能续航 250 km，充满电总时间大约 8 h，并且总续航里程约为 322 km。

图 3-7 雪佛兰斯帕可纯电动车

图 3-8 雪佛兰纯电动车 Bolt

雪佛兰迈锐宝新车在 2015 年纽约车展上的首次亮相尤为引人关注。新一代迈锐宝在诸多方面进行了大幅升级，无论是设计上带来的第一感官，还是配置与动力等部分的脱胎换骨，都让大家很难再与第 11 代车型放在一起比较。全新迈锐宝最大的变化来自于动力系统，其新增加的混动版本让雪佛兰新能源队伍进一步壮大。

2. 别克（Buick）

别克（Buick）是由美国通用汽车公司在美国、加拿大和中国创立的一个汽车品牌。它在北美、中国以及中东国家有销售。

1903 年 5 月 19 日，大卫·别克（David Buick）在布里斯科兄弟的帮助下创建了美国别克汽车公司，但不久公司就陷入困境。

1904 年下半年，威廉·杜兰特看准了别克未来的巨大潜力，毅然买下了这家公司。

威廉·杜兰特在1908年成立了通用汽车公司，并沿用别克品牌作为开拓新公司的基石，公司才开始兴旺起来，并创造出汽车年产量居美国第一位的业绩。

1908年，别克汽车的产量达到8 820辆，居美国第一位。同年，以别克汽车公司为中心，成立了美国通用汽车公司。当通用汽车公司扩大后，别克部成为通用汽车公司的第二大部门，主要设计制造中档家庭轿车。别克汽车的销量在通用汽车公司内排第三位。别克车具有大马力、个性化、实用性和成熟的特点。随着2004年奥兹莫比尔的淘汰，别克成为了唯一一家总部设在北美的入门级豪华轿车。

2009年7月，通用汽车完成重组，结束破产保护，别克等4个品牌保留，其他4个品牌出售。

别克（Buick）商标中以形似"三颗子弹"的图案为其图形商标（见图3-9），是别克分部的标志，被安装在汽车散热器格栅上。三颗颜色不同（从左到右：红、白、蓝3种颜色），并依次排列在不同高度位置上的子弹，给人一种积极进取、不断攀登的感觉。它表示别克分部采用顶级技术，刃刃见锋；也表示别克分部培养的人才个个游刃有余，是无坚不摧、勇于登峰的勇士。

图3-9　别克汽车标志

2008年7月15日，别克君越2.4 L ECO-Hybrid油电混合动力车公布，售价为26.99万元，并从发布之日起在全国的别克4S店中销售。君越2.4 L ECO-Hybrid油电混合动力车其实就是在别克君越2.4 L豪华导航版车型上添加了一套电机-镍氢蓄电池动力辅助系统。

2013年，别克发布君威eAssist混合动力技术车型，并于同年秋季上市。同时，混合动力车型的加入，使君威车型的起售价大幅度高于2012年的起售价。搭载eAssist混合动力技术后，可使君威车型的市区综合油耗达到25 mpg（100 km油耗为9 L），而公路综合油耗仅为37 mpg（100 km油耗为6 L）。此外，君威eAssist车型还具有发动机启停技术、制动能回收及坡道辅助系统，以提高车辆的燃油经济性。君威eAssist

混合动力技术车型搭载了美版君越混合动力车型配备的 eAssist 技术,且与其配合的还有一台 ECOTEC 2.4 L 四缸直喷发动机和一台 15 kW 的电动机,以及一组 115 V 锂离子电池。而传动系统则采用六速自动变速器。

2016 年 4 月 18 日,上汽通用汽车对外展示了别克全新一代君越混合动力车型,相比之前的版本,新一代产品由"弱混合动力"系统升级到"强混合动力"系统,可以提供显著效果的节能和减排。

相比于此前上市的全新君越,君越全混动车型尾标是"30H","H"和"T"一样都代表着这款车运用哪种动力技术,而"30"则意味着君越全混动车型在动力上是超过现在的"20T"和"28T"的。

君越全混动车型的外在与全新君越几乎一致,只是在车头的别克车标内加入了一个"蓝色光环",这也是首款采用蓝色别克标识的新车,如图 3-10 所示。

车型信息
级别:中大型
动力:1.8 L+双电机
综合续航:700 km
上市时间:2016 年

图 3-10　君越混合动力车

2012 年 10 月 29 日,上海通用汽车官方宣布:旗下别克运动轿跑 GS 豪情运动版正式上市。新车将搭载 2.0 T SIDI 智能直喷涡轮增压发动机,并匹配全新 S6 六速手自一体变速箱。该车售价区间为 25.99 万～28.39 万元。

外观方面,君威 GS 豪情运动版外观十分个性。蓝色光环冰蓝豹眼大灯、獠牙式双竖直镀铬进气口以及超跑式运动大包围都体现了该车的设计动感,而外饰配件也大幅提升了豪华感。君威 GS 推出的新版车型,则可以扩充产品线阵容,让消费者有更多的选择。

动力方面,君威 GS 豪情运动版搭载了 2.0 T SIDI 智能直喷涡轮增压发动机,可爆发出 162 kW 的最大功率和 350 N·m 的最大扭矩,并配备了第二代 S6 速手自一体变速箱,使其燃油经济性大幅提升。

君威 GS 纵情运动版(见图 3-11)在豪情版的基础上,搭载了先进的 FlexRide 自适应驾驶系统,拥有运动、舒适和标准 3 种驾驶模式,能够清晰识别 11 种不同行驶工况,随时做出最合适的整车调校,以迎合不同风格取向的驾乘者。

图 3-11　君威 GS 纵情运动版

3. 凯迪拉克（Cadillac）

凯迪拉克(Cadillac)一向被认为是充分演绎美国精神和领袖风格的豪华轿车典范。其乘坐者的尊贵、沉稳、豪迈和权力，更使凯迪拉克成为一种托显权贵的象征，它一直是各国政要和显赫家族出入重要场所的首选座驾之一。

1902 年，凯迪拉克诞生于被誉为美国汽车之城的底特律。

凯迪拉克徽标是其精神内涵的集中体现，著名的花冠盾形取自安东尼（德）凯迪拉克的族徽，是典型的贵族标志，既表现了底特律城创始人的勇气和荣誉，同时也象征着其在汽车行业中的领导地位。选用"凯迪拉克"之名是为了向法国的皇家贵族、探险家、美国底特律城的创始人安东尼·门斯·凯迪拉克表示敬意。

凯迪拉克原有的商标是凯迪拉克家族在古代的宗教战争中，使用的"冠"和"盾"型的纹章图案。"冠"上的 7 颗珍珠表示凯迪拉克家族具有皇家贵族血统，"盾"象征着凯迪拉克军队是一支金戈铁马、英勇善战、攻无不克、无坚不摧的英武之师。"盾"被两根深褐色棒平分为 4 个等分。第二和第三等分有两根相互交叉的褐色棒，表示战士在遥远战场上富有骑士般的勇猛。第一和第四等分中各有 3 只黑色的鸟，这两等分又被黑色棒一分为二，并把 3 只相同的鸟分开，两只在上，一只在下。按照当时的风俗，没有腿和嘴的鸟，如果以 3 只同时出现（即三位一体），就表示神圣。这些鸟还表示大胆和热情的基督教武士以及智慧、富有、聪敏的头脑和完美的品德。"盾"中的各种颜色也有深刻的含义，它们分别表示婚姻、土地和丰收。如红色表示勇猛和赤胆；银色表示婚姻、纯洁、博爱和美德；黄色表示丰收和富有；蓝色表示创新和探险；黑色表示土地。

凯迪拉克徽标自诞生以来，其花冠和盾牌的设计在不同时代不断地呈现突破性的变化，百年来竟达 30 次之多。21 世纪伊始，凯迪拉克再次对徽标进行了一系列令人耳目一新的改变。新徽标色彩明快、轮廓鲜明，整体以铂金颜色为底色，而花冠则保留了原有的色彩组合：金黄与纯黑相映，象征智慧与财富；盾牌由不同色彩的简单块面组成：红色象征行动果敢，银白色代表着纯洁、仁慈、美德与富足，蓝色代表着骑士精神。新的徽标再次勾画出凯迪拉克品牌中同时呈现的经典、尊贵和突破精神,如图 3-12 所示。

图 3-12　凯迪拉克汽车现用款新标志

2012 年 8 月 14 日,通用旗下凯迪拉克将纯电动车型 ELR 引入美国,这也意味着通用将进一步布局新能源领域。凯迪拉克 ELR 与雪佛兰沃蓝达车型基于同一平台开发,但是动力总成存在着差异。凯迪拉克 ELR 预计将不使用现款雪佛兰沃蓝达所搭载的 1.0 L 引擎,而改用性能更加强劲的 1.8 L 四缸发动机,同时也有可能配备 1.4 L Ecotec MGE 发动机。除了引擎的提升外,凯迪拉克 ELR 采用一个功率为 17 kW 的 T 形锂电池组,其容量也将会比沃蓝达更大。

先前通用集团曾将上海通用别克君越、凯迪拉克凯雷德的混合动力版本引入中国,之后雪佛兰沃蓝达作为增程式电动车进入中国市场。而随着未来凯迪拉克 ELR 和雪佛兰赛欧的电动车引入,通用汽车将进一步对中国新能源车型市场进行布局,同时加强自己在新能源领域的竞争力。

3.1.3　福特汽车公司

1903 年,亨利·福特在美国底特律市创建福特汽车公司,公司名称取自创始人亨利·福特的姓氏。现在的福特汽车公司是世界上超级跨国公司,总部设在美国密歇根州迪尔伯恩市。它在世界各地 30 多个国家拥有生产、总装或销售企业。福特卡车与轿车的销售网遍及 6 大洲,200 多个国家,经销商超过 10 500 家。

福特汽车公司在 2008 年爆发的金融危机中,坚决拒绝了美国联邦政府的注资援助。2009 年 7 月,由于主要竞争对手通用汽车公司破产重组,出售了 8 个品牌中的 4 个,市场份额下降,因此福特汽车公司成为全美最大的汽车制造商,但和全球最大的汽车公司丰田仍有较大差距。

福特汽车公司曾拥有世界著名的八大汽车品牌:福特(Ford)、林肯(Lincoln)、水星(Mercury)、马自达(Mazda)、捷豹(Jaguar)、阿斯顿·马丁(Aston Martin)、沃尔沃(Volvo)和路虎(Land Rover)。但由于金融危机,捷豹(Jaguar)、阿斯顿·马丁（Aston Martin）、沃尔沃（Volvo）和路虎（Land Rover）已相继被福特汽车公司出售。

1. 福特（Ford）

福特（Ford）是福特汽车公司品牌家族的第一个成员。1908年亨利·福特在试造了几个车型后，终于推出了改变世界的T型车，并使T型车的足迹遍布世界每个角落，亨利·福特也被尊称为"为世界装上轮子的人"。在1999年的世纪末评选中，福特T型车被评为"世纪之车"。

福特生前十分喜爱动物，1911年，商标设计者为了迎合亨利·福特的爱好，设计了蓝底白字的英文"Ford"字样的商标（见图3-13）。被艺术化了的"Ford"形似活泼可爱、充满活力、美观大方的小白兔，在温馨的大自然中向前飞奔，象征福特汽车奔驰在世界各地，令人爱不释手。

图3-13　福特汽车标志

福特品牌的代表性产品有：T型车（Model T）、A型车（Model A）、Thunderbird、Mustang、F系列、Taurus、Windstar、Crown Victoria、Maverick、Explorer、Transit、Fiesta和Focus。

福特公司在2011年美国拉斯维加斯国际电子展上，首次展示了福特Focus插电式混合动力汽车（见图3-14），并宣布将于2011年下半年率先在美国19个城市开始销售。

图3-14　福特Focus插电式混合动力汽车

Focus 电动版汽车根据路况不同,其续航里程平均可达 160 km。这款五门车与其他电动汽车一样具有很明显的优势,如行驶低噪声、高效节能、高智能化以及非常低廉的行驶花费。同时,这款 Focus 电动版也在很多方面具有优势:

① 更快捷的车载充电器(功率高达 6.6 kW)能够使得该款汽车充电时间比第一代缩短一半,平均每小时充电里程增加 48 km。

② 电池包的使用温度范围大,其行驶过程中受温度的影响更小。

③ 更加智能的可定制仪表和中控台显示屏,让车主自定义,方便其驾驶过程中获取车辆信息,包括电池电量和可行驶里程。

2016 年 4 月 25 日,在北京汽车展上,福特宣布将为中国市场引入电动汽车,还会带来皮卡汽车和 GT 跑车。正是因为跨界车销售火爆,2015 年福特在中国销售了 112 万辆汽车,同比增长 3%。2016 年前 3 个月,福特汽车的销量增势未减,同比增长 14%,达到 314 454 辆。福特品牌的跨界休旅车同比增长 38%。

罗礼祥在北京汽车展上表示,到了 2020 年,福特希望旗下车型的 10%~25% 变成电动化汽车,他还说:"我们将会拥有混合动力、插电式混合动力、电池电动汽车。"

2017 年,福特计划推出蒙迪欧混合动力版汽车,这只是"中国行动"的序幕。下一步就是在 2017 年推出 C-Max Energi 插电式混合动力汽车。

2. 林肯(Lincoln)

林肯(Lincoln)是福特汽车公司拥有的第二个品牌,在 1907 年由亨利·利兰(Henry Leland)先生创立,并在 1922 年由福特汽车公司以 800 万美金收购,由此福特汽车公司进入豪华车市场。由于林肯车杰出的性能,高雅的造型和无与伦比的舒适,使其一直是美国车舒适和豪华的象征。林肯车也是第一个以美国总统的姓氏命名、为总统生产的汽车。自 1939 年美国的富兰克林罗斯福总统以来,它一直被选为总统用车。

"林肯"汽车商标(见图 3-15)是一颗闪闪发光的星辰和一个近似矩形的外框组成的图案,表示林肯总统是美国联邦统一和废除奴隶制度的启明星,喻示着林肯牌轿车的前景光辉灿烂。

图 3-15 林肯汽车标志

林肯品牌的著名产品有城市（Town Car）、Navigator、Aviator 和 LS。目前，在中国使用较多的是林肯城市（Town Car）。

3. 水星（Mercury）

水星（Mercury）是福特汽车公司唯一自创的品牌。20 世纪 30 年代中期，福特汽车的管理层意识到在经济型的福特车和豪华的林肯车之间仍存在市场机会，于是在 1935 年开发出了水星品牌，进军中档车市场，并于 1938 年 10 月正式推出水星产品。当时的水星配备了强劲的 95 hp、V8 发动机，大受欢迎，一年之内就占领了美国 2.19% 的轿车市场份额。1941—1945 年，由于第二次世界大战的影响，水星的生产被迫中断。1945 年，福特汽车成立了林肯-水星分部，由本森·福特（亨利·福特二世的胞弟）掌管。1998 年，林肯水星的总部迁往加州的阿尔文（Irvine）。水星一直是创新和富于个性的美国车的代表。

水星车系是用太阳系中的水星作为车标（见图 3-16），其图案是在一个圆中有 3 个行星运行轨迹，很容易让人联想到福特汽车具有太空科技和超时空的创造力。

图 3-16 水星汽车标志

水星品牌的著名产品有 Cougar、Sable、Villager、Mountainer、Mystique、GrandMarquis、Puma 等。

3.2 欧洲著名电动汽车公司

3.2.1 大众汽车公司

大众汽车公司（Volkswagen，VW）是全球领先的汽车制造商之一，是欧洲第一大汽车制造商，德国最大、最年轻的汽车公司。除生产汽车以外，大众兼营汽车销售、汽车运输、汽车租赁、汽车信贷银行等。作为汽车产品，大众以生产大众型小轿车和轻型货车著称于世。

大众汽车公司的德文 Volks Wagenwerk，意为大众使用的汽车，标志中的 VW 为全称"Volks Wagenwerk"的头一个字母。标志像是由 3 个用中指和食指作出的"V"组成，表示大众公司及其产品必胜—必胜—必胜，如图 3-17 所示。

图 3-17 大众汽车标志

1937年3月28日，费迪南·保时捷在奔驰公司的支持下创建了大众开发公司，同年9月改为大众汽车股份有限公司，总部位于德国沃尔夫斯堡。

1965年到1969年，大众汽车公司购买了汽车联盟公司和内卡苏尔姆汽车厂，专门生产"奥迪"轿车。1974年，用新技术装备起来的新型"高尔夫"车诞生。1983所，"高尔夫"车生产线创下了在不足5个月的时间里，生产10万辆轿车的世界纪录。

大众汽车公司的客车业务分为两大品牌：奥迪品牌群，包括奥迪、SEAT和兰博基尼（Lamborghini）3个品牌；大众品牌群，包括大众客车、斯柯达（Skoda）、宾利（Bentley）和布加迪（Bugatti）4个品牌。各个品牌均有其自己的标识，自主经营，产品从超经济的紧凑车型到豪华型小轿车应有尽有。

1. 奥迪汽车公司

奥迪（Audi）是一个国际高品质汽车开发商和制造商，现为大众汽车公司的子公司，总部设在德国的英戈尔施塔特，主要产品有A1系列、A2系列、A3系列、A4系列、A5系列、A6系列、A8系列、Q5、Q7（SUV）、R系、敞篷车及运动车系列等。

奥迪轿车标志(见图3-18)是4个连环圆圈，它是其前身——汽车联合公司于1932年成立时即使用的统一车标。4个圆环表示公司当初是由奥迪、小奇迹（DKW）、霍希（Horch）和漫游者（Wanderer）4家公司合并而成的，每一环都是其中一个公司的象征。半径相等的4个紧扣圆环，含义是兄弟4人手挽手，象征公司成员平等、互利、协作的亲密关系和奋发向上的敬业精神。

图 3-18 奥迪汽车标志

2012年3月，在美国加州的长滩市（Long Beach）举办的一年一度的科技盛会TED上，奥迪汽车带来了17台全新奥迪A3 e-tron电动汽车。这也是奥迪汽车首次在公众面前展示全新奥迪A3 e-tron电动车。全新奥迪A3 e-tron是一款豪华电动汽车，它是顺应全球汽车工业发展趋势而诞生的。特别是对于未来都市出行的需求，节能环保的电动汽车是不二选择。全新奥迪A3 e-tron装备了一个26 kW的锂离子电池组，在电量充足的情况下，单次最大续航里程可达140 km。

全新奥迪A3 e-tron依靠一台新近研发的电动马达提供动力，最高输出功率为136 hp，最大扭矩为270 N·m，如图3-19所示。在电动机的驱动下，奥迪A3 e-tron从静止加速到100 km/h仅需要11.2 s，最高车速可达145 km/h。当电量耗尽时，可通过家用220 V电压为电池充电，9 h就可完全充满。当然，全新奥迪A3 e-tron还具备快速充电的能力，在400 V电压的充电模式下，仅需要4 h就可以完全充满。

图3-19　奥迪A3

2015年7月24日，奥迪A3e-tron在北京正式上市，该车是e-tron家族的第一款量产车型。截至2020年，奥迪旗下所有关键车型都将推出混动版，并将优先发展插电混动车，这寓意着奥迪将正式步入新能源时代。

奥迪预计在2017年推出Q6 e-tron纯电动版（见图3-20），新车将使用R8 e-tron部件，可使用感应式充电板充电，行驶里程不低于499 km，速度冠绝同级别其他车型。奥迪Q6 e-tron的电动机型号暂不得知，其最大输出功率可达372 kW，峰值扭矩为677 N·m，与同级别其他车型相比速度最快，行驶里程超过499 km。当电池电量耗尽时，车主可使用感应式充电板充电。

目前，奥迪旗下只有一款基于A3的插电式混合动力汽车在市面上出售，不过他们打算在2018年发布一款新型电动SUV，并在2018年之后的每一年都至少发布一款电动汽车。

图 3-20　奥迪 Q6

奥迪公司的首席执行官 Rupert Stadler 在大会上表示："从 2018 年开始，我们每年都会推出一款电动汽车。"而在无人驾驶汽车领域，Rupert Stadler 认为，成熟的无人驾驶汽车需要到 2025 年才能进入市场。

2. 西雅特（Seat）

西雅特（Seat）是西班牙最大的汽车公司，1950 年成立于巴塞罗那，现属于大众汽车集团旗下品牌公司。

西雅特汽车公司成立之初，以生产意大利菲亚特汽车公司的车型为主，在西班牙汽车市场占有率曾达到 60%，到 20 世纪 70 年代其市场占有率下降，亏损严重。1983 年，德国大众汽车公司买下了西雅特的大部分股份，与另一合资者——西班牙政府共同经营西亚特汽车公司，西雅特成为大众汽车公司的子公司。

西雅特归属大众麾下后，得到大众资金与技术的支持。西雅特采用大众的零部件，由大众设计一些车型的底盘、转向及悬挂系统，经营状态日趋好转，到 20 世纪 90 年代初，西雅特年产量已达 36 万辆以上，成为西班牙效益最好的汽车公司。

目前，西雅特多是以中、小型轿车为主，比较知名的品牌轿车有科多巴（Cordoba）、依比萨（Ibiza）等。其中，Cordoba 轿车对中国人来说并不陌生，一汽大众"都市高尔夫"（City Golf）车型就是引进 Cordoba 生产的，西雅特汽车的标志如图 3-21 所示。

图 3-21　西雅特汽车标志

2011年11月，大众汽车集团旗下西雅特品牌发布了其首款纯电动汽车——Altea XL电动经济环保原型车，它与此前发布的Leon Twin Drive Ecomotive双动力原型车，一同专供政府机构。西雅特Altea XL电动Ecomotive车型所搭载的电动机具有85 kW（114 hp）的最大功率和270 N·m的峰值扭矩，可以驱动车辆达到135 km/h的车速，单次续航里程最大135 km。2015年，西雅特推出了上述车型的插电式混合动力量产版本，同时纯电动车型也实现量产。该车型采用纯电力驱动时可行驶52 km，最高车速120 km/h。同时，采用汽油和电动机时，该车的最高速度就可以达到170 km/h。

图3-22 西雅特电动汽车

3. 兰博基尼（Lamborghini）

兰博基尼"Lamborghini"又译作朗博基尼、林宝坚尼，现属大众汽车集团旗下品牌公司。

兰博基尼汽车公司的标志（见图3-23）是一头浑身充满了力气、正准备向对手发动猛烈攻击的犟牛。据说兰博基尼本人就有这种不甘示弱的牛脾气，也体现了兰博基尼公司产品的特点，因为公司生产的汽车都是大功率、高速的运动型轿车。车头和车尾上的商标省去了公司名，只剩下一头犟牛。

图3-23 兰博基尼汽车标志

4. 斯柯达（Skoda）

斯柯达（Skoda）汽车公司是世界上历史最悠久的4家汽车生产商之一，其总部位于捷克姆拉达-博莱斯拉夫（意为年轻的城市）。姆拉达-博莱斯拉夫现在是捷克名副其实的汽车城。大众汽车集团买下斯柯达公司后于1995年建造了新厂区，专门生产欧雅（Octavia）和法比亚（Fabia）两款车型。

1991年4月16日，斯柯达公司成为德国大众集团公司的一个子公司。大众集团在2000年购了其余30%的股份，使斯柯达成为德国大众旗下继大众（VW）、奥迪（Audi）、Seat（西雅特）后的第四大品牌。

"斯柯达"商标（见图3-24）的含义：巨大的圆环象征着斯柯达为全世界无可挑剔的产品；3支羽毛象征着斯柯达的翅膀，意味着斯柯达将不断把技术创新的产品带到全世界，而斯柯达对汽车技术的执着追求也将永不停歇；飞翔的箭则象征着无限的想象力和创造力，以及斯柯达所代表的先进的汽车生产工艺，这支飞翔之箭也表达出斯柯达永不停留的创新精神和实现最高目标的强烈愿望；外环中朱黑的颜色象征着斯柯达公司百余年汽车历史浓缩的浓厚的汽车文化底蕴；标志中绿色的底色寓意无限活力与生命力，向人们表明斯柯达血脉中那份强烈的社会责任感。正是这种品牌内涵使其经过了百年的风霜洗礼，却依然青春永驻。

图3-24 斯柯达汽车标志

斯柯达汽车以高性价比、坚实耐用、高安全性、优良的操控性及舒适性，成功地打入了欧洲、亚洲、中东、南美洲、非洲等地区。

2010年9月30日，斯柯达推出其全球首款电动车——绿动版明锐电动概念车（Green E Line），并在巴黎国际车展亮相。绿动版明锐电动车展示了斯柯达汽车公司在这一增长领域的创新潜力和技术实力。首批绿动版明锐电动车队试用计划已于2011年开始。

为消费者打造一辆环保清洁轿车，是斯柯达汽车公司一直以来的承诺。"绿动版明锐电动车（Green E Line）完美地体现了斯柯达的品牌价值——人类对尊享座驾的挑剔与环保目标的完美结合。"斯柯达汽车公司董事长范安德博士说。

（1）绿动版明锐电动车（Green E Line）0~100 km/h 加速时间仅为 12 s。

Green E Line 概念车是在斯柯达汽车明锐旅行版（Octavia Combi）的基础上开发的。概念车采用了模块化底盘设计，从蓄电池排列，电子控制单元和恒定功率为 60 kW、最高功率为 85 kW 的电动发动机等方面来说，它都将是一个理想选择。车辆一启动，高达 270 N·m 的最大扭矩将为车辆提供充足的动力，立即加速，具备非常好的敏捷性和响应性，驾驶者在拥挤的城市路况下将非常直观地感受到这一点。明锐 Green E Line 0~100 km/h 加速时间仅为 12 s，车辆的最高车速限制在 135 km/h。

（2）绿动版明锐电动车（Green E Line）的电能由一款现代的锂离子蓄电池提供。

每次充电的最大行程为 140 km，可以充分满足欧洲大多数日间通勤一族的需求。蓄电池位于地板中后部的下面，还有一部分延伸至后备箱，蓄电池电量为 26.5 kW·h 时，由 180 个锂离子电池（直径 150 mm，长 650 mm）组成，重 315 kg。但是，蓄电池对乘坐空间和后备箱空间几乎不会产生任何影响，乘坐空间与装配内燃发动机的明锐旅行版几乎是一样的。

（3）智能化程度非常高的仪表板保证驾驶者可以对车辆有非常好的控制。

计算机显示屏持续提供包括瞬时功率输出、电源消耗、蓄电池充电和剩余行程等信息。导航显示屏则描述能源流，如通知驾驶者电动发动机正在由蓄电池为其供电；或者相反，在汽车减速或下坡时，电动发动机正在发电。

（4）绿动版明锐电动车（Green E Line）（见图 3-25）的外观传递了其电动驱动的环保性信息。

图 3-25　绿动版明锐电动车（Green E Line）

珍珠白外部颜色、车身前后部以及车轮上的优雅铬条装饰都与整合了可产生能量的光电镶嵌板的黑色车顶产生了显著对比。

斯柯达汽车公司在 2011 年实施了明锐 Green E Line 车队试用，其目标是获得更多与这款电动车的进一步开发相关的信息。

5. 布加迪（Bugatti）

布加迪（Bugatti）是法国最具有特色的超级跑车车厂之一。目前，它是大众集团旗下的一个品牌。

1909年，意大利人埃托尔·布加迪（Ettore Bugatti）在德国创建布加迪公司，专门生产运动跑车和高级豪华轿车。

1998年，德国大众公司购买了布加迪的商标权。2001年，布加迪推出威龙16.4概念车，并宣布它将以世界上最快马力、最强劲的车型上市。

布加迪商标（见图3-26）中的英文字母即布加迪，上部EB即为埃托尔·布加迪英文拼音的缩写，周围一圈小圆点象征滚珠轴承，底色为红色。

图3-26 布加迪汽车标志

6. 宾利（Bentley）

宾利（Bentley）是一家发迹于英国的豪华房车和GT车的制造商，是由沃尔特·欧文·本特利在1919年7月于英格兰创立的。1919年，宾利的第一辆汽车诞生。

宾利轿车的标志（见图3-27）是以公司名的第一个字母"B"为主体，生出一对翅膀，似凌空翱翔的雄鹰。那个展翅腾飞的"B"字是宾利最强劲、永不妥协的标志，呈现给世人的永远是动力、尊贵、典雅、舒适与精工细做的完美结合。

图3-27 宾利汽车标志

英国克鲁已经拥有数十年为英皇室制造专用车辆的历史和经验。从2002年开始，宾利取代了劳斯莱斯，作为英国皇室唯一指定的汽车品牌，并且成为英女王登基50周年庆典的座驾。

大众从 2003 年起在克鲁厂房生产宾利豪华轿车，正式将其收归大众旗下。

2016 年，Fresh 表示宾利电动汽车的款型将按照 EXP 10 Speed 6 概念跑车打造，小体型的 Speed 6 在续航里程上将有所限制。考虑到这个因素以及宾利对打造大车型的偏好，它有可能走更加偏向传统的路线，最终造型可能与 Mulsanne Speed 车型相似，但搭载的是由电力驱动的动力系统。

3.2.2 保时捷汽车公司

保时捷（Porsche）汽车公司是世界上最著名的研究、设计和生产运动汽车的厂家。

1930 年 12 月，保时捷汽车公司由费迪南德·波尔舍（Ferdinand Porsche）博士在德国的斯图加特市创立。

1899 年，24 岁的费迪南德·保时捷发明了电动轮套马达。

1948 年，第一辆以"保时捷"（保时捷"356"）命名的跑车问世。

保时捷的英文车标（见图 3-28）采用德国保时捷公司创始人费迪南德·保时捷的姓氏。图形车标采用公司所在地斯图加特市的盾形市徽。"PORSCHE"字样在商标的最上方，表明该商标为保时捷设计公司所拥有；商标中的"STUTTGART"字样在马的上方，说明公司总部在斯图加特市；商标中间是一匹骏马，表示斯图加特这个地方盛产一种名贵种马；商标的左上方和右下方是鹿角的图案，表示斯图加特曾是狩猎的好地方；商标右上方和左下方的黄色条纹代表成熟了的麦子颜色，喻指五谷丰登，黑色代表肥沃土地，红色象征人们的智慧和对大自然的钟爱，由此组成一幅精湛意深、秀气美丽的田园风景画，展现了保时捷公司辉煌的过去，并预示了保时捷公司美好的未来。

图 3-28 保时捷汽车标志

2009 年 8 月，大众汽车集团宣布已与保时捷就合并成一家新的汽车集团达成了综合协议，大众将出价 40 亿欧元收购保时捷，双方的合并已于 2011 年完成。一家拥有十大品牌的年产 640 万辆的汽车集团正式诞生，控制保时捷、大众、奥迪、兰博基尼、斯柯达、西雅特、宾利、布加迪、斯堪尼亚和大众商用车，10 个品牌。

2015年9月15日，在法兰克福车展的"大众之夜"上，有一颗超级明星，那就是保时捷全新 Mission E 概念电动汽车（见图3-19）。从外观看，这款车是和 Panamera 一样的四门四座轿跑车设计，但它还是一款具备保时捷运动基因的纯电动汽车。

图 3-29　保时捷全新 Mission E 概念电动汽车

尽管被冠以了"概念车"的称号，实际上 Mission E 已经十分接近于量产。

Mission E 概念车采用保时捷全新的 800 V 超级充电技术，支持在 15 min 内充电 80%，可以行驶 400 km，在满电情况下可以行驶 500 km。两台电动机分别驱动前、后轮，形成四轮驱动系统，合并输出功率为 600 hp，可以让 Mission E 概念车在 3.5 s 内完成 0～100 km/h 的加速。

Mission E 概念车在车身线条上接近保时捷911，车身很多地方都能找到保时捷911家族的影子，当然其性能也超越 Panamera，更接近于保时捷911的顶级版型号。

为了在操控上达到更优，Mission E 概念车进行了大量的优化，如采用大量的空气动力学套件，按照重心设计在底部安装全新的锂离子电池组等措施，并加上 130 mm 的最小离地间隙。

Mission E 概念车的内部更加富有吸引力，从中控台延伸到副驾驶座的液晶显示屏将带来极佳的信息娱乐体验；而实际上，中控台的大屏幕被移动到了更低的位置，竖屏的设计更像接近于人们早已习惯使用的智能手机。此外，换档杆像一个迷你的飞机操纵杆一样。

Mission E 概念车还配备了眼球识别系统，即可以用车内摄像头监视驾驶者眼球的位置，来判断相应功能的控制……这一切的一切都在突破着人们对于保时捷的极限认知。

虽然不知道保时捷 Mission E 在量产后，将会卖什么价，但它在技术上的雄厚储备，特别是 15 min 充电可以跑 400 km，让人觉得电动车的春天或许真的并不遥远。

3.2.3　戴姆勒-克莱斯勒汽车公司

1998年5月7日，德国的戴姆勒-奔驰汽车公司与美国的克莱斯勒汽车公司宣布合并，新公司称为戴姆勒-克莱斯勒汽车公司，成为当时世界第五大汽车制造商。合并后，戴姆勒-奔驰公司的股东占有新公司股份的57%，克莱斯勒公司的股东则占有43%。

2007年5月14日，戴姆勒-克莱斯勒汽车公司收购克莱斯勒集团80.1%的股份。同年10月4日，戴姆勒-克莱斯勒正式完成拆分程序，在通过股东大会投票表决后，其正式更名为戴姆勒股份公司，并继续拥有克莱斯勒公司余下19.9%的股份。

1. 戴姆勒-奔驰

戴姆勒-奔驰公司创立于1926年，创始人是卡尔·奔驰和戈特利布·戴姆勒，总部设在德国斯图加特。

它的前身是1886年成立的奔驰汽车厂和戴姆勒汽车厂。1926年，两厂合并后，称戴姆勒-奔驰汽车公司。奔驰汽车公司是豪华汽车、著名的大客车和重型载重汽车的生产厂家。

奔驰公司是世界上资格最老的厂家，也是经营风格始终如一的厂家。从1926年至今，公司不追求汽车产量的扩大，而只追求生产出高质量、高性能的高级别汽车产品。在世界十大汽车公司中，奔驰公司产量最小，不到100万辆，但它的利润和销售额却名列前五名。

奔驰的载重汽车、专用汽车、大客车品种繁多，仅载重汽车一类，就有110多种基本型。奔驰也是世界上最大的重型车生产厂家，其全轮驱动3850AS载重汽车最大功率可达368 kW，拖载能力达220 t。1984年，奔驰公司投放市场的6.5～11 t新型载重汽车，采用空气制动、伺服转向器、电子防刹车抱死装置，使各大载重汽车公司为之震动。

1886年，戈特利布·戴姆勒和卡尔·奔驰几乎同时发明了汽车。1909年6月，戴姆勒公司申请登记了三叉星作为轿车的标志，象征着陆上、水上和空中的机械化。1916年，在原标志四周加上了一个圆圈，在圆的上方镶嵌了4个小星，下面有"MERCEDES"字样。"MERCEDES"是幸福的意思，意为戴姆勒生产的汽车将为车主们带来幸福。

卡尔·奔驰公司的商标最初是月桂枝包围的"BENZ"字样。1926年，两家最古老的公司合并后，自然也将商标合在一起，中间是三叉星，上面是"MERCEDES"，下面是"BENZ"，两者之间用月桂枝连接，如图3-30所示。

图3-30 奔驰汽车标志演变

现在奔驰汽车的标志是简化了的形似汽车方向盘的一个环形圈围着一颗三叉星（见图3-31）。三叉星表示在陆海空领域全方位的机动性，环形图显示其营销全球的发展势头，喻示向海陆空发展。"奔驰"标志历经多次演化，终于形成现在这样简洁、生动、易记的世界著名商标。奔驰车标有金、银之别，在德国本部生产的高级车，三角星标志都是银色的，而金色标志车都是国外组装的。

图 3-31　奔驰汽车标志

2016 年 6 月，戴姆勒首席研发官托马斯·韦伯（Thomas Weber）在斯图加特出席活动时，向记者指出，其公司将推出一款续航里程达 500 km（310 mile）的奔驰电动车，该车已于同年 10 月亮相巴黎车展。韦伯当时表示，"车身已经建好，公司内部团队正在开展测试工作，将很快发布道路测试的初始结果。"不过，该总监并未指明上述车型何时能够上路，但是表示或许在 2020 年前实现这一目标。

戴姆勒等车企为了符合欧盟新污染限额，以及与特斯拉竞争，均加大了对电动车的投资。德国政府也宣布对购买电动车及其他低排量的汽车的购车者提供补贴。而大众集团旗下奥迪和保时捷品牌已经推出了长续航的电动原型车。

韦伯也称，戴姆勒第 4 代 Smart 两座版及四座版均将会推出电动版。目前，该集团旗下 Smart 和 B 级车已有纯电动版，同时该集团还推出了一系列配备电池动力和内燃动力发动机的插电式混动车。韦伯表示，戴姆勒计划到 2020 年电动车年销量达 10 万辆。

戴姆勒正在研制燃料电池驱动的汽车，可将氢气转成电能，最初计划在 2014 年推出上述车型，但是因定价问题而延迟推出时间。燃料电池车 GLC SUV（见图 3-32）预计将在 2017 年投入生产。

图 3-32　梅赛德斯奔驰电动汽车预计 2019 年量产

2. 克莱斯勒

克莱斯勒汽车公司是美国第三大汽车工业公司，创立于1925年，公司总部在美国底特律，创始人名叫沃尔特·克莱斯勒。

1924年，通用旗下别克分部生产经理沃尔特·克莱斯勒在事业的顶峰时期，出人意料地离开通用汽车公司进入威廉斯·欧夫兰公司，开始生产克莱斯勒牌汽车。1925年，他买下破产的马克斯维尔公司组建自己的公司。随后凭借自己的技术和财力，又先后买下了道奇、布立格和普利茅斯公司，逐渐发展成为美国第三大汽车公司。

随着经营的扩大，克莱斯勒开始向海外扩张，先后在澳大利亚、法国、英国、巴西建厂和收买当地汽车公司股权，并购买了意大利的玛莎拉蒂公司和兰博基尼公司，从而成为一个跨国汽车公司。20世纪30年代是它的黄金时期，克莱斯勒曾一度超过福特公司。20世纪70年代，公司因管理不善濒于倒闭，著名企业家李·雅柯卡接管了该公司。雅柯卡上任后大胆起用新人，裁减员工，争取政府资助，并把主要精力投入到市场调研和产品开发上，并在产品广告上出奇制胜。20世纪80年代初，克莱斯勒又奇迹般地活了过来，继续排在世界前5名汽车公司行列，进入90年代，因日本汽车公司的进攻，克莱斯勒再次陷入困境，在汽车公司排名中一降再降。

1998年春，克莱斯勒传出了一则令人震惊的消息，与戴姆勒-奔驰合并，这为克莱斯勒和戴姆勒-奔驰双方的发展积蓄了更多的优势和实力。然而，事与愿违，合并后的克莱斯勒品牌销售依然不理想，亏损严重。

2007年，克莱斯勒被戴姆勒-克莱斯勒汽车公司出售，德国和美国两大汽车公司的合并正式宣告破裂。

2009年4月30日，陷入困境的克莱斯勒公司发表声明，宣布申请破产保护，旨在精简该公司的业务运营，并通过与意大利汽车制造商菲亚特（FIAT）结盟等方式来削减公司债务和进行重组。同年5月，克莱斯勒进入破产程序，按协议，菲亚特将在重组的新克莱斯勒公司中持有20%的股份，价值80亿~100亿美元。其后，菲亚特还将以提供高效节能发动机和开放菲亚特经销网给克莱斯勒等为筹码，分3次再增持15%的克莱斯勒股权。这样，破产后的克莱斯勒组成部分为菲亚特拥有35%的股份，美国政府占8%，加拿大政府占2%，最大的股东是克莱斯勒的原有工会，他们的健康基金占新公司的55%股份。此前的大股东Cerberus资金管理公司的股权将不复存在。

在2010年北美国际车展上，菲亚特与克莱斯勒联盟展出了挂着克莱斯勒标志的蓝旗亚Delta车型。菲亚特的Delta平台成为克莱斯勒PT漫步者和铂锐等后续车型的开发生产平台。2010年，克莱斯勒在北美以外地区共销售汽车11 465辆，与2009年同期相比增长9%，这是公司近20个月以来的首次同比增长。值得一提的是，中国已经成为克莱斯勒北美以外国际市场中销量最高的地区。

克莱斯勒汽车的车标（见图3-33）像一枚五角星勋章，它体现了克莱斯勒家族和公司员工们的远大理想和抱负，永无止境的追求和在竞争中获胜的奋斗精神。五角星的5个部分分别表示五大洲。

图 3-33　克莱斯勒汽车标志

戴姆勒-奔驰与克莱斯勒合并后,五角星就不再作为克莱斯勒集团的企业标志出现,克莱斯勒品牌产品也全部使用带有飞翼的克莱斯勒品牌标志(见图 3-34)。图案中雄鹰展翅表现出鹰的风格、气质、勇敢等,象征着公司开拓进取、不断腾飞、走向辉煌的形象,标志着汽车工程与汽车设计从此进入了一个崭新的时代。

图 3-34　戴姆勒－奔驰与克莱斯勒合并后克莱斯勒汽车标志

道奇电动汽车为人们对电动汽车的期望设定了新的标准。新的电动汽车技术使充满驾驶乐趣的高性能电动运动型轿车成为可能,有助于重新定义道奇品牌环保车辆的发展远景。

其电力驱动系统由 3 个主要部件组成:一台 200 kW(268 hp)的电动马达、一套先进的锂离子电池以及一部集成式动力控制器。

200 kW 的电动马达可以产生 650 N·m(480 p·ft)的扭矩。电动马达的瞬间最高扭矩很大,0~60 mile/h 的加速可在 5 s 之内完成,只需 13 s 就能驶出 0.25 mile。道奇 EV 的最高速度可超过 120 mile/h。

配合最新的高级锂离子电池技术,道奇 EV 的连续行驶里程可达 150~200 mile,是大多数消费者平均上下班旅程的 3 倍。汽车充电非常简单,只需一步操作:将充电插头插到 110 V 家用插座中,充电 8 h 即可。而如果在标准电压为 220 V 的国家,使用标准家用电器电源插座,可将充电时间缩短一半,4 h 即可充满。

道奇 EV(见图 3-35)为驾驶爱好者提供了一辆可以每天驾驶的运动型轿车,不会消耗汽油或产生有害尾气。

图 3-35　道奇 EV 电动车

作为一款增程型电动汽车，Jeep EV（见图 3-36）展示了如何在未来车型上体现牧马人"无往不至、无所不能"的特质。

图 3-36　Jeep EV（电动车）

Jeep EV 具备牧马人无人能比的越野性能，并秉承 Jeep 品牌保护自然的环保理念，让 Jeep 爱好者能在享受自然的同时，更好地保护自然。

Jeep EV 增程型电动汽车使用电动马达、高级锂离子电池系统以及一台集成发电机的小型汽油发动机（可在需要时，为电动系统提供额外电力）。200 kW（268 hp）的电动马达可以产生 400 N·m（480 p·ft）的扭矩。灌满 30 L 汽油，Jeep EV 的行驶里程可达 400 mile，其中 40 mile 可采用全电动的模式运行，实现真正的零油耗、零排放。

Rhodes 先生表示,"我们还在研究四轮驱动、轮内电动马达,以充分展示 ENVI 先进电力驱动技术的实力。

电动马达可以产生瞬间最高扭矩,并能够精确地独立控制每个车轮,这一能力造就出十分适合 Jeep 品牌的越野性能,同时不会降低车辆的路面行驶性能。

克莱斯勒 EV(见图 3-37)车辆是一款增程型电动汽车,通过克莱斯勒在 MPV 领域首屈一指的 Town & Country 系列上的应用,展现出 ENVI 电动技术的又一项潜在应用。

图 3-37 克莱斯勒 EV(电动车)

Rhodes 先生说:"克莱斯勒 EV 可以同时兼顾 7 位乘员的载客性能以及克莱斯勒 Town & Country MPV 的豪华感受,其电力驱动技术展现出出色的实用性,无须任何牺牲,就能充分满足家庭所需。ENVI 的电动开发车辆显示出我们正加快速度,将电动系统应用到克莱斯勒未来的各个车型系列。"

克莱斯勒 EV 综合了电动车辆的电力驱动组件,并搭配集成式小排量发动机与发电机,以便在需要时为电子驱动系统提供额外的电力。这为电动汽车带来了众多好处,并延长了驾驶里程,使其等同于目前的汽油动力车辆,性能毫不逊色。

克莱斯勒 EV 采用 190 kW(255 hp)的电动马达,可产生 350 N·m(258 p·ft)的扭矩,从 0 加速至 60 mile/h 仅需约 9 s。克莱斯勒 EV 增程型电动汽车可全电驱动驾驶,在装 30 L 汽油的情况下,行驶里程可增至 400 mile。这使克莱斯勒 EV 成为最具燃油效率的家用汽车之一。

同时,克莱斯勒可将其在克莱斯勒 EV 上获得的知识与经验,应用到克莱斯勒产品组合中的其他前轮驱动产品上。

克莱斯勒联手通用电气正在寻求参与美国能源部项目的机会，以开发先进的能量存储技术。

Klegon 先生表示，"克莱斯勒与通用电气携手合作，融合克莱斯勒电动汽车所展现的电力驱动技术以及通用电气在先进能源存储系统领域的研发成果。我们的共同目标是与美国能源部合作，开发一种新型集成式能量存储系统，以便使电动汽车的电池组件相比目前的设计更小巧、更便宜。"

克莱斯勒与通用电气将在通用电气独家技术的基础上，开发并评估双电池解决方案。

Klegon 先生说："电动汽车的难题之一就是寻找可以更好地平衡动力输出的电池，例如，车辆加速期间所需动力与车辆平稳行驶时所需能量。我们认为将两种独特电池的化学特性（分别偏向于动力和能量）融入一块电池中，对于未来克莱斯勒电动汽车而言，具有非常光明的前景。"

3.2.4 宝马汽车公司

宝马（BMW）全称为巴伐利亚机械制造厂股份公司（Bayerische Motoren Werhe AG），是驰名世界的汽车企业，也被认为是高档汽车生产业的先导。

宝马轿车的标志（见图 3-28）选用了内外双圆圈，在双圆圈环的上方标有"BMW"字样，这是公司全称 3 个词的首位字母缩写。宝马标志中间的蓝白相间图案，代表蓝天、白云和旋转不停的螺旋桨，喻示宝马公司渊源悠久的历史，象征该公司过去在航空发动机技术方面的领先地位，象征公司一贯的宗旨和目标：在广阔的时空中，以先进的精湛技术、最新的观念，满足顾客的最大愿望。宝马标志反映了公司蓬勃向上的气势和日新月异的新面貌。

图 3-38 宝马汽车标志

宝马公司创建于 1916 年，总部设在德国慕尼黑，它由最初的一家飞机引擎生产厂，发展成为今天以高级轿车为主导并生产享誉全球的飞机引擎、越野车和摩托车的企业集团。

宝马作为德系三大豪华品牌之一，不仅在国内的新车市场占有较高的市场占有率和知名度，而且在二手车领域也推出了品牌二手车服务——宝马"尊选"，其是宝马集团于2003年在全球豪华品牌中首推的全球统一的二手车认证项目。2005年12月，宝马在中国启动了宝马尊选二手车认证项目。目前，中国已有40家宝马授权经销商提供这项服务。

BMW集团拥有BMW、MINI和Rolls-Royce（劳斯莱斯）3个品牌。这些品牌占据了从小型车到顶级豪华轿车各个细分市场的高端，使BMW集团成为世界上唯一一家专注于高档汽车和摩托车的制造商。

40多年来，BMW始终致力于可持续交通的发展，并稳步取得了多项关键性成功。BMW不断将梦想付诸实践，从各种类型的原型车和测试车辆中积累了宝贵的经验。

BMW电动化梦想始于1969年，当时开发了一辆BMW1602电动车，该车曾在1972年慕尼黑奥林匹克运动会上亮相。

产于1991年的BMW E1就是测试车辆之一，它展示了许多现代电动车的特点，并用于在实践中探索电力驱动的优点和缺点。

然而，直到2004年开发出锂离子蓄电池技术，电力驱动才真正投入应用：这种新型电池已在笔记本电脑和充电电池中得以应用，它解决了循环稳定和负载电阻等由来已久的问题。BMW集团抓住这个机遇，通过启动旨在开发可持续交通解决方案的BMW i——朝气蓬勃的小型"智囊团"——新技术，以满足全球驾驶者将来的需求。其首创成果之一便是MINI E，自2009年中期开始，宝马便一直致力于收集客户的试驾体验。

2012年，BMW通过BMW Active E启动了第二个规模更大的驾驶活动，从而为更多驾驶者提供体验机会。

可持续交通的兴起将以位于莱比锡（Leipzig）的BMW高技术工厂为核心进行全新开发，BMW i3工厂也将在此兴建。

1. 迷你（MINI）

迷你（MINI）诞生于英国，是20世纪60年代英国的标志之一。1994年，德国宝马（BMW）集团从它原来的生产商Rover接手过来，致力于迷你车的改良工作。新MINI的诞生，代表着高技术含量、高水准的生产工艺、突出的产品特点，还有强大的品牌形象。

在BMW的集团范围内，迷你（见图3-39）是一个独特、独立的品牌。1961年，赛车工程师John Cooper将赛车血统注入汽车性能内，使实用别致的小车摇身变成赛车场上的传奇，自此成为英国车坛之宝。

图 3-39　迷你汽车标志

　　BMW MINI E（见图 3-40）是 BMW Project i 的首项成果，该计划的任务是为超大城市用车而设计的车型研发出多个解决方案。

图 3-40　BMW MINI E

　　MINI E 装备了一台输出功率高达 204 hp 的电动马达，电机几乎毫无噪声地将动力传至前轮，因为车辆可以在零转速下获得最大扭矩。MINI E 日常驾驶的巡航里程可达 170 km，并可在 8.5 s 内从 0 加速到 100 km/h，最高车速被电子系统限定在 152 km/h。不管车型配备何种动力形式，它们都具备 MINI 品牌典型的直接快速的反应和杰出的操控性能。

　　MINI E 不仅为用户提供体验全新个人交通的机会，还与合作伙伴一起开发了必要的基础设施。例如，能源公司现在可为客户提供以"绿色"可再生电力驱动车辆。试运行的最初成果令人备受鼓舞，清晰地表明电动车已适合日常使用。

　　BMW Active E 环境之悦，是与自然零排放相处。科技之悦，是让续航 160 km 成为现实。未来之悦，是使清洁能源汽车走进我们的生活。

　　BMW Active E 概念车是基于 Projecti 项目研发成果上的延续，在 2011 年首次亮相。BMW Active E 是以 BMW 1 系双门轿跑车为基础研发的纯电力驱动车，是 BMW 运动驾驶风格与绿色环保理念的完美结合。

　　Active E 采用了最新一代的传动和电池技术，为客户提供更加出色的日常驾驶性能。凭借先进的电力驱动系统，BMW Active E 能在 9 s 内完成 0~100 km/h 的加速；

而由 BMW 独立研发的全新动力传动系，可以实现高达 160 km 的续航能力。这款车有 4 个座位和一个实用的 200 L 的后备箱。它装备了一台专门为其研发的同步电动机，最大输出功率达 125 kW（170 hp）。

BMW i 代表了未来的车辆、交通服务、激动人心的设计与全新的可持续性发展的豪华车理念。宝马集团正致力于通过 BMW i 系列重新定义定制化的个人交通，着眼于贯穿整个价值链的可持续性发展及互补的全新城市交通理念。

采用 eDrive 技术的 BMW i3 概念车专为城市交通设计，是不折不扣的环保汽车。它纯粹由电力驱动，完全满足绿色低碳、零排放的交通要求，是城市交通智能化的体现。

凭借革新的 eDrive 技术，此款概念车不仅实现了零排放和无与伦比的驾驶体验，而且驾驶人可全程尽享宁静安逸，续航能力也达到了单次充电可连续行驶 160 km（100 mile）的要求。此外，由于采用了快充技术，充电 30 min 内即可达到 80% 的电量。BMW i3 概念车的电动马达输出功率达到了 125 kW（最大扭矩为 250 N·m），动力通过单级变速箱传递到后桥。这一电动马达的强劲动力来自一组能量充沛的锂离子电池，该电池组与车身底盘完美地契合在一起。

流畅的车身线条，配上大视野侧窗、轻质车身、通透的乘员舱以及极佳的空气动力布局，完美诠释了 BMW i 概念车典雅的流线型设计。独具特色的 Life Drive 结构形成了该款轿跑车的基本架构，这一结构体现在其外观设计以及车身色彩的变化。"分层式"内置设计原则彰显了 Life 乘员舱模块与 Drive 动力模块之间和谐的互动关系。

自 20 世纪 70 年代初以来，可持续发展就已经对 BMW 集团的公司战略和运营起到了决定性作用。自那时起，大量生产的汽车都得到了优化，加入了很多创新的 BMW 高效动力科技，从而大大减少了在生产及车辆使用过程中的尾气排放。

但是可持性发展并不局限于环境因素。BMW 集团将可持续发展集中在 3 个重要方面：环境发展、经济发展及社会发展。BMW 集团已经在推动可持续发展方面取得了巨大成功：宝马集团连续 8 年成为世界汽车企业中可持续性发展的领导者。

2. 劳斯莱斯（Rolls-Royce）

劳斯莱斯（Rolls-Royce）有限公司是由劳斯汽车销售公司和莱斯汽车制造公司联合而成的，并以创始人亨利·莱斯（Henry Royce）与查尔斯·劳斯（Charles Rolls）的姓氏命名。1906 年，劳斯莱斯在英国正式宣告成立，次年推出的"银灵"轿车，不久这款车便被誉为"世界上最好的汽车"。第二次世界大战后，劳斯莱斯的主业之一就是生产航空发动机。1971 年，劳斯莱斯负债亏损导致破产，后在英国政府干预下将劳斯莱斯公司一分为二，分为汽车与航空发动机两家公司。

劳斯莱斯（Rolls-Royce）以一个"贵族化"的汽车公司享誉全球，同时也是目前世界三大航空发动机生产商之一。大众于 1998 年收购了劳斯莱斯汽车公司，随后大众宣布将劳斯莱斯转让给宝马，2003 年劳斯莱斯汽车公司归入宝马集团。

劳斯莱斯的平面车标（见图 3-41）是以两个重叠的"R"为中心，上面写有公司创始人劳斯（Rolls）的姓氏，下方是另一位创始人莱斯（Royce）的姓氏。两个"R"叠合在一起，说明两人紧密合作，相互支持，寓意你中有我，我中有你的团结奋进、精诚合作、共同创业的精神。双"R"车标镶嵌在发动机散热器格栅上部，与"飞天女神"雕像相呼应。当两位创始人先后去世后，公司的继承人将双"R"车标由红色改为黑色，以示纪念。

图 3-41　劳斯莱斯平面汽车标志

劳斯莱斯（Rolls Royce）的立体车标（见图 3-42）是一位众所周知的"飞天女神"。她弯腰站立在尊贵的劳斯莱斯车头上，双臂后伸，身披轻纱，迎风前行，光彩夺目。这个标志的创意取自巴黎卢浮宫艺术品走廊的一尊有两千年历史的胜利女神雕像，她庄重高贵的身姿是艺术家们产生激情的源泉。当汽车艺术品大师查尔斯·塞克斯应邀为劳斯莱斯汽车公司设计标志时，深深印在他脑海中的女神像立刻使他产生了创作灵感，于是一个两臂后伸，身带披纱的女神像飘然而至。

图 3-42　劳斯莱斯立体汽车标志

2011年，一年一度的汽车盛宴在瑞士日内瓦吹响号角。现场各大豪车旗下杰作不断上演，而享有当年豪车第一品牌的劳斯莱斯自然也不甘寂寞，给大家带来了一辆劳斯莱斯102EX（见图3-43），而这或许也是劳斯莱斯当年"最具首创"的动作了。

图 3-43 纯电动劳斯莱斯 102EX

这款劳斯莱斯102EX基于幻影平台，在其平台上换上电动驱动系统集成而成。虽然只是简单的一个替换，却在动力上有了混合动力组合（见图3-44）。内燃机以一款6.75 L排量的发动机为主，同时协配一台输出功率在145 kW的电动马达，综合动力输出286 kW（389 hp），峰值扭矩锁定在800 N·m。0～100 km/h的加速时间在8 s内可以完成，极速定格在160 km/h。而Phantom的汽油版的性能输出为333 kW（453 hp），扭矩为749 N·m。

图 3-44 纯电动劳斯莱斯 102EX 动力源

102EX EV 所搭载的蓄电池组号称当时史上最大能量。根据劳斯莱斯的说法，在纯电动模式下，102EX 续航里程可达到 200 km 的极致。当蓄电池组电能消耗完毕时，又能在 20 h 的单相电或 8 h 的三相电前提下充满电量。最大电流为 850 A、电压为 338 V 的规格结合 NCM（Lithium Nickel Cobalt Manganese Oxide）材料技术，具有 71 kWh 的容量。除了有线连接充电外，还具备无线磁感应充电的能力。

外观上，劳斯莱斯 102EX EV 与一般 Phantom 的不同之处，在于其以四层繁复施工的淡蓝色镀铬（Atlantic Chrome）元素完成车体烤漆，让漆面显出不同于一般的色泽和质感，而别具精神象征的飞天女神车头徽饰也以 Makrolon 聚碳酸酯取代过去的镀铬材质，当然最重要的就是隐藏在油箱盖下的充电机构，在 LED 灯识别下可清楚知悉目前的充电状况。充电机构在一般状况下亮蓝灯，充电时则蓝灯闪烁，绿色灯代表充满电，而闪绿灯时则表示充电过程中插头遭移除，若红灯亮起即警示系统出现异常。

内饰中仪表的设计也突出节能和电动的模式理念。除以电池的蓄电量取代油位显示外，内装用料部分也贯彻节能的理念，不但以取材自天然植物的 Corinova 皮革为用料主题，更强调所有饰件的百分之百无"铬"处理，并以铝质漆面取代饰板大量的木料使用，强调金属质感的豪门气息。就连劳斯莱斯的车标——飞天女神徽饰也以新的 Makrolon 用料取代。

虽然公司不惜重金打造这款重量级的电动单元，但是据悉劳斯莱斯汽车至今并未对外宣布他们对于该车的量产计划。

3.2.5 标致-雪铁龙汽车公司

标致（Peugeot）汽车公司总部在法国巴黎，是世界十大汽车公司之一，法国最大的汽车集团公司，创立于 1890 年，创始人是阿尔芒·标致。

1976 年，标致公司吞并了法国历史悠久的雪铁龙公司，PSA 标致雪铁龙集团诞生了，并明确了其内部"共用平台，品牌分营"的策略，从而成为一家以生产汽车为主，兼营机械加工、运输、金融和服务业的跨国工业集团。

1976 年，标致公司以自己的经济实力收购了经营不善的雪铁龙公司 60%的股份，扩充了自己的实力，汽车总产量超过雷诺汽车公司而居法国第一。标致公司拥有 92 家国内公司和 84 家海外公司，海外公司以商业公司为主，工业公司不多，其中最大的海外工业公司有英国塔尔伯特和西班牙塔尔伯特汽车公司。20 世纪 80 年代，标致公司和中国合作在广州建立合资企业，将标致 504、505 型汽车输入到中国。标致汽车产品从微型到豪华型都有，最受欢迎的是中型汽车。标致汽车的特点是寿命长、质量好，它的 205 及 309 型汽车在历年的汽车拉力赛中独占鳌头。

雄狮形象是标致品牌的标识。作为品牌的象征，狮子的形象不断发生变化，演绎出跨越多个世纪的传奇，把企业与猫科动物所代表的灵活、力量和秀美等特质紧密地联系起来。

雄狮形象几经变化，现代标识诞生于 1980 年，1998 年加以修改，2002 年最终确立目前使用的标识。线条遒劲，棱角分明的狮子标识出现在所有的标致产品上以及销售服务店的建筑墙面上，如图 3-45 所示。

图 3-45　标致汽车标志的演变

标致 EX1 概念跑车(见图 3-46)第一次亮相是在 2010 年 10 月的巴黎国际车展上，它是标致设计师们向标致品牌 200 周年的献礼产品。这款展示标致最新科技和未来造车理念的新车，不仅外观前卫、现代，而且科技含量丰富。

图 3-46　标致 EX1 概念电动跑车

EX1 概念车前脸造型与 SR1 和 5 by Peugeot 概念车的设计有几分相似，车身仅高 900 mm、宽度为 1 770 mm，视觉效果十分前卫，同时极低的车身和流线型造型也更符合空气动力学原理。开门方式也相当有创意，采用了颠覆式的反方向开启，极具科幻意味，同时门上面的控制按钮也被集成到了桶式座椅上面。

驾驶者坐在车内几乎与地面平齐，两腿几乎可以放平，操控车子只需要两个控制手柄，驾驶 EX1 就像在驾驶飞机或是打一场真人赛车游戏那样，充满了未来感。此外，尽管车子高度并不高，但是厂方也设计了防滚梁和融入车身整体风格的挡风板，不损车身美观，而且让驾驶者驾驶它时绝对不必戴上头盔，尽享无障碍的驾驭乐趣。

EX1 的座舱充满了各种尖端的科技，座椅与车门融为一体，车载的显示装备可以根据使用者角度不同，向驾驶者与乘客展示车子的即时性能，便于驾驶者随时掌控；碳/蜂窝结构的乘客室有足够的净空高度，以容纳翻转式护杆，其高度也可以对乘坐者进行保护。

虽然是一款纯电动力跑车，可 EX1 概念车的动力系统却绝不逊于一般的跑车。动力方面，EX1 采用了锂离子电池作为这款四驱跑车的能源系统，两个电动机分别驱动前、后轮，每个轴的最大扭矩为 240 N·m，总输出功率最大达 250 kW。车顶还装有将日光能源储存在缓冲电池中的太阳能板，另配有一个可以调节所有可再生能源（风能、水能）电压的电池充电器，从而使概念车的"车厢"形成一个独立的能源再生站。结合一整套符合空气动力学的流线造型、超轻的精致的机械结构、优化的质量分配和四驱系统，令其具有闪电般快速加速的能力。有意思的是，EX1 并没有传统的变速箱，而是采用了高功率的全电动传动耦合系统。

在此前进行的一系列实验中，著名的法国探险家及电影制作人尼古拉斯·凡尼尔驾驶 EX1 概念车，打破了电动陆地车辆的诸多速度记录。在 6 种不同距离的加速测试中，1/4 mile（约 400 m）静止加速耗时 14.4 s，1 km 静止加速耗时 28.16 s，1 mile（约 1 609 m）静止加速耗时 41.09 s。从静止加速到 100 km/h 耗时 3.55 s，极速达到 260 km/h，成为当时全球加速最快的电动车。

3.2.6 雪铁龙（Citroen）

雪铁龙（Citroen）汽车公司是法国第三大汽车公司，总部设在巴黎，创立于 1915 年，创始人是安德烈·雪铁龙，主要产品是小客车和轻型载货车。雪铁龙公司创立之初，正是第一次世界大战最酣之时，因而其产品主要是炮弹和军事设备。直到战争结束之后，公司才开始从事汽车制造。雪铁龙公司是法国最早采用流水线生产的公司，因而它成立仅仅 6 年，年产量即突破 100 万辆。

1976 年，雪铁龙公司加入标致集团，成为法国标致-雪铁龙集团成员之一，但它仍然有很大的独立性，其经营活动仍然由自己把握。雪铁龙公司有 13 个生产厂家和一个研究中心，其中阿尔内·色·布瓦厂是欧洲最先进的汽车厂。阿尔内·色·布瓦厂采用计算机控制，机器人操作，可日产汽车 900 辆。近几年来，雪铁龙公司的产品有雪铁龙 AX、BX、CX、ZX 系列，还有雪铁龙 TDR 等。

1900 年，安德烈·雪铁龙发明了人字形齿轮。1912 年，安德烈·雪铁龙开始用人字形齿轮作为雪铁龙公司产品的商标。后来，雪铁龙曾组织过横穿非洲大陆和横越亚洲大陆的两次旅行，使雪铁龙汽车名声大振。法国人生性开朗，爱赶时髦，喜欢新颖和漂亮，"雪铁龙"轿车就表现了法国人这种性格，每时每刻都在散发着法国的浪漫气息。

2009 年 2 月初，雪铁龙在巴黎举行盛大仪式，正式发布其全新品牌标识（见图

3-47）。新的品牌标识以双人字标为基础，同时整体采用富有金属感的色泽，轮廓更立体圆润，极富时尚、现代气息。双人字造型是雪铁龙标识永恒的主题，以此纪念发明了人字形齿轮传动系统的雪铁龙创始人安德烈·雪铁龙。与新标识同期发布的还有雪铁龙全新的品牌口号——Creative Technologie。全新品牌标识和口号的发布，体现了雪铁龙这一拥有90年光辉历史的全球著名品牌迎来了新的发展阶段。

图 3-47　雪铁龙汽车标志

神龙汽车计划到 2020 年将产销量提升至 150 万辆，其中新能源车型占比将超过 30%。神龙汽车首款新能源车，将在成都工厂生产。作为首款新能源车，东风雪铁龙纯电动车最大续航里程有望达到 300 km 以上。

图 3-48　雪铁龙电动车

3.2.7　雷诺汽车公司

1898 年，路易斯·雷诺三兄弟在布洛涅-比扬古创建雷诺公司，它是世界上最悠久的汽车公司和世界十大汽车公司之一。公司以创始人路易斯·雷诺（Louis Renault）的姓氏命名。

雷诺汽车图形商标（见图3-49）是由4个菱形拼成的图案，象征雷诺三兄弟与汽车工业融为一体，表示"雷诺"能在无限的（四维）空间中竞争、生存、发展。

图3-49 雷诺汽车标志

1900年，雷诺公司在巴黎、柏林等车赛中接连获胜而名声大振，公司开始发展。第一次世界大战爆发期间，雷诺除了生产汽车外，还为军队生产枪支弹药、坦克和飞机。停战后的1919年，雷诺公司已成为法国最主要的私人公司，汽车产品系列齐全，柴油机技术处于世界领先地位。至第二次世界大战爆发时，已在法国、比利时、英国等地拥有多家工厂。第二次世界大战爆发后，法国被德国占领，雷诺在比扬古的工厂几乎毁于一旦。战争结束后，雷诺公司被政府收归国有，并在政府资本的支持下兼并了许多小汽车公司，开发出多种汽车产品。1975年，雷诺的年产量已达150万辆，其中大部分出口国外，雷诺公司成为了当时法国最大的汽车生产企业。

20世纪80年代初，雷诺公司迅速发展，年产量高达200万辆以上。然而高速发展导致债台高筑，亏损严重。1984年，雷诺年产量猛跌到30万辆，企业岌岌可危。从1985年起，雷诺公司进行了一系列企业改革，推行了全面质量管理，并适时推出了多用途单厢车Espace，也就是现今MPV车的鼻祖。企业改革及适销对路的产品，使雷诺公司再次起死回生。从1987年起重新盈利，此后十余年间除1996年略有亏损外，公司一直盈利，已成为世界汽车业中效益最好的公司之一。从1992年起，雷诺重新成为私营企业。

雷诺公司在中国唯一的合资企业是三江雷诺，专门生产塔菲克（Trafic）7座单厢车。为了打进亚洲市场，雷诺物色了陷于债务困境中的日产汽车公司作为合作伙伴。1999年3月27日，雷诺与日产签署了协议，雷诺以54亿美元的投资取得日产公司36.8%和日产柴油车公司22.5%的股份，同时得到5年后持日产44.4%股份的保证，并派出卡洛斯·戈恩等多位高管负责日产的经营决策。由于日产复兴计划的提前实现，2002年3月，雷诺提前在日产的持股比例提高到44.4%，而日产也在2002年5月获得雷诺汽车15%的股份。

2010年4月7日,戴姆勒公司与雷诺-日产联盟宣布建立战略联盟。戴姆勒与雷诺-日产的合作协议显示,戴姆勒将获得雷诺3.1%的股份和日产3.1%的股份,雷诺将获得戴姆勒3.1%的股份。之后雷诺会将所持1.55%的股份交换日产2%的股份。因此,雷诺和日产最终将分别获得戴姆勒1.55%的股份。

合并后形成的戴姆勒雷诺-日产联盟有望节约数十亿欧元的成本,车型平台的共同开发、研发,包括在动力系统技术上的共享,都将实现成本的下降。

2012年6月29日,欧洲人似乎真的喜欢上了雷诺出品的电动汽车,特别是在德国,雷诺电动汽车的销售数据令人刮目相看。

值得注意的是,德国消费者对动力强劲、速度更快且更加昂贵的Twizy(见图3-50)版本偏爱有加,其价格为8 490欧元(约10 500美元)。雷诺Twizy电动汽车车速可达80 km/h,但车速为45 km/h的Twizy版本相对不太受欢迎,其价格为6 990欧元(约8 600美元)。

图3-50 雷诺Twizy电动汽车

此外,每个月的电池租赁费用为50~75欧元(62~93美元),购买电动汽车仍然是一个划算的选择,因为运行成本微不足道。

雷诺是世界上电动汽车产品线最为广泛的制造商之一,目前拥有多种车型上市销售,包括Fluence、Kangoo和Twizy。

2015年,雷诺官方正式公布了2015款ZOE纯电动车(见图3-51)的信息,在换装更轻、更高效的电动机之后,ZOE的最大续航里程由现款的210 km提升至240 km。此外,其充电时间还将缩短10%。雷诺涉足新能源领域后,首先瞄准了微型车市场,此前,ZOE还在2014广州车展上亮相。雷诺ZOE前脸采用了类似"大鹏展翅"的造型,用在这样一台小车上既动感又可爱。尾灯采用菱形设计,并引入LED光源,前脸下网格与尾部黑色底护板为它增添了运动味道。ZOE搭载的电动机最大输出功率为60 kW,峰值扭矩达到222 N·m。据此前消息,ZOE或将推出搭载100 kW的电动机,峰值扭矩超过271 N·m的高性能版本。

图 3-51　2015 款 ZOE 纯电动车

3.2.8　菲亚特汽车公司

菲亚特汽车（FIAT）公司全称是意大利都灵汽车制造厂，是世界十大汽车公司之一。

菲亚特公司的标志几经变迁。1899 年，阿涅利在意大利西北城市都灵创建菲亚特公司，开始采用盾型商标；1906 年，开始采用公司的全称 4 个单词的第一个大写字母"FIAT"为商标。"FIAT"在英语中具有"法令""许可"的含义，因此在客户的心目中，菲亚特轿车具有较高的合法性与可靠性，深得用户的信赖。1921 年，曾经使用过圆形商标。1931 年，开始使用在方形中含有"FIAT"字样的商标，如图 3-52 所示。

图 3-52　菲亚特汽车标志的演变

1980年，菲亚特开始使用五根短柱斜置平行排列的新商标。菲亚特垄断着意大利全国年总产量90%以上的汽车生产量，这在世界汽车工业中是罕见的。因此，菲亚特被称为意大利汽车工业"寒暑表"，菲亚特牌汽车被喻为"意大利车"。"菲亚特"轿车的紧凑楔形造型，线条简练，优雅精巧，极富动感，充满活力，处处显现罗马拉丁民族热情、浪漫、机敏、灵活的风格。所以，"菲亚特"轿车造型总是引领世界汽车造型的潮流。

菲亚特汽车公司是世界上第一个生产微型车的汽车生产厂家。它在100多个国家有子公司和销售机构。

菲亚特轿车部门主要有菲亚特、法拉利、阿尔法和蓝旗亚等公司，工程车辆公司有依维柯公司。菲亚特汽车集团是意大利最大的综合工商金融企业集团，是所有汽车公司中涉足其他领域最多的汽车集团，在意大利几乎垄断了汽车、拖拉机、工程机械、飞机制造、生物工程、土木工程、能源工程等许多技术生产领域，并在全世界开办了许多分支机构。

2007年2月1日，菲亚特集团下的"菲亚特汽车公司"正式更名为"菲亚特集团汽车股份有限公司"。2009年6月，菲亚特收购了克莱斯勒20%的股份并赢得控股权，当时克莱斯勒刚刚摆脱破产保护。作为购股的交换，克莱斯勒获得了菲亚特的小型车技术和管理层的领导职位。依据双方的交易协议，菲亚特的发动机技术和紧凑型汽车平台归属克莱斯勒。

在2014年北京车展上，菲亚特发布了500e纯电动车（见图3-53），新车采用纯电动设计，是一款零排放环保车型，最大行驶里程可达129 km。

图3-53　菲亚特500e纯电动车

外观方面，新车采用了橙色车身作为主打色系，其外观与菲亚特500基本保持一致，前脸蜂窝状的前保险杠则采用了白色涂装。此外，该车配备的是低滚阻轮胎，力图达到节能的目的。

菲亚特 500e 搭载了 83 kW 电机，该电机荣获了 2014 年沃德十佳发动机大奖。新车采用 220 V 电压，500e 仅需 4 h 即可快速获得充足电力，拥有 140 km 超长续航，最高车速可达 137 km/h。此外，500e 还搭载了 EVIC（数字化仪表电子车载信息系统）、"魔触"电子换档、LED 电量显示、制动能量回收系统、Blue&Me 人机交互系统、TomTom 导航系统、500e 智能手机应用程序等众多彰显菲亚特尖端科技的配置。

3.3 亚洲著名电动汽车公司

3.3.1 丰田汽车公司

丰田汽车公司（Toyota Motor Corporation）简称"丰田"（TOYOTA）。1933 年，丰田创始人丰田喜一郎在"丰田自动织布机制造所"设立了汽车部。

20 世纪 30 年代和 40 年代，丰田发展缓慢，只是到了第二次世界大战之后，丰田汽车公司才加快了发展步伐。它通过引进欧美技术，在美国汽车技术专家和管理专家的指导下，很快掌握了先进的汽车生产和管理技术，并根据日本民族的特点，创造了著名的丰田生产管理模式，并不断加以完善提高，大大提高了工厂生产效率。丰田汽车于 20 世纪 60 年代末大量涌入北美市场。

20 世纪 70 年代是丰田汽车公司飞速发展的黄金期，从 1972 年到 1976 年，该公司就生产了 1 000 万辆汽车，年产汽车达到 200 多万辆。进入 80 年代，丰田汽车公司的产销量仍然直线上升，到 90 年代初，年产汽车超过 400 万辆，接近 500 万辆，击败福特汽车公司，汽车产量名列世界第二。

丰田汽车公司有很强的技术开发能力，而且十分注重研究顾客对汽车的需求，能够在不同的历史阶段创造出不同的名牌产品，而且以快速的产品换型击败欧美竞争对手。丰田汽车公司已经发展成为拥有数个车系，数十个车型和车款的庞大家族，从最低端的民用经济小汽车，到最高级的豪华轿车应有尽有。不管在世界上哪个地方制造的丰田车，都会尽力做到全球统一的丰田高质量品质，这也是为什么丰田能在全球获得成功的一个重要原因。

2008 年伊始，丰田汽车公司逐渐取代通用汽车公司成为全世界排行第一位的汽车生产厂商，旗下汽车品牌包括大发汽车公司、雷克萨斯汽车公司、塞恩汽车公司，其中雷克萨斯汽车是全美最畅销的高级轿车。

丰田公司的标志是从 1990 年初开始使用的。标志是将 3 个外形近似的椭圆环巧妙地组合在一起，使图案具有空间感，其中大椭圆代表地球。每个椭圆都是以两点为圆心绘制的曲线组成，它象征用户的心与汽车厂家的心是连在一起的，具有相互信赖感。中间由两个椭圆垂直组合成一个 T 字，这是丰田汽车公司的英文名称"TOYOTA"的第一个字母，它象征丰田汽车公司立足于未来，以及对未来的信心和雄心。

图 3-54　丰田汽车标志

据国家知识产权局信息显示,丰田在国内注册 MIRAI 专利申报图目前已得到授权使用。值得一提的是,一汽丰田官方此前公布的中期发展规划中指出,到 2020 年前将推出 17 款新产品,其中 9 款为全新车型,另外 8 款为改款或换代车型,基于一汽丰田在新能源车领域的市场基础(率先推出混动车型普锐斯),该车将有望通过一汽丰田渠道销售。

丰田首款量产氢燃料电池车(FCV)于 2014 年 12 月份在日本市场正式推出,并且命名为"MIRAI"(见图 3-55),上市首月的订单便达 1 500 辆,达到此前预计一年 400 辆的目标近 4 倍,随后还在欧洲及美国市场上市销售。据丰田汽车官方数据显示,MIRAI 续航里程将达到 650 km。

图 3-55　丰田电汽车

丰田的混合动力技术目前已得到广泛认可,普锐斯累计销量突破 300 万台,成为全球最畅销混动车型之一,而纯电动汽车不仅仅是各大车企标榜高科技的主要战场,也是汽车行业未来发展的整体趋势,显然 MIRAI 对于丰田有着战略性意义。值得一提的是,在面对目前续航里程最长的特斯拉 MODEL S 时,MIRAI 也具有很大优势,单个燃料罐能够行驶 650 km,并且加氢时间仅为 3 min。

图 3-56　丰田在华能源生产线

丰田目前在中国市场中共推出了两款新能源车型,分别是一汽丰田的普锐斯和广汽丰田的凯美瑞双擎,二者均为油电混合动力车型。据丰田在新能源市场的产品规划,之后还将推出卡罗拉混动版本,雷凌混动版本未来也将面向市场。如果说普锐斯奠定了丰田在中国新能源市场中的地位,那么,MIRAI 引入之后,将开启国内氢燃料电池车的先河。

3.3.2　本田汽车公司

本田(Honda)汽车公司全称为本田技研工业股份有限公司,是世界上最大的摩托车生产厂家,汽车产量和规模也名列世界十大汽车厂家之列,于 1948 年 9 月创立,创建人是传奇式人物本田宗一郎,公司总部设在东京。

本田公司的经营方法十分灵活。本田公司先后建立了本田美国公司、本田亚洲公司、本田英国公司。美国设立的本田分公司,在 1991 年美国市场上的销量已超过克莱斯勒汽车公司,名列第三。本田公司的雅阁和思域牌汽车历年来被用户评为质量最佳和最受欢迎的汽车之一。

本田公司素有日本汽车技术发展的"排头兵"之称。在技术开发和研究上，创始人本田宗一郎舍得花大本钱，因而科技成果颇丰。本田的电子陀螺仪是世界上最先应用在汽车上的导航装置，它可以在荧光屏上显示地图以及行车路线，还可以确定汽车的位置。本田的四轮防侧滑电子控制器、控制车身高度电子装置和复合涡流调整燃烧发动机等都是世界上汽车技术发展的领先成果。

本田汽车也是日本第一个达到美国标准的汽车公司，主要汽车产品有雅阁、思域、时韵、City以及本田NSX、S2000等。

从创业之初，本田一直本着"让世界各地顾客满意"的理念不断开拓自己的事业。以"如何让当地顾客满意"为宗旨，不仅建立了为提供适合当地的商品及服务的广阔销售服务网络，还建立了在当地生产和研发新产品的一整套体制。

目前，除日本之外，本田在全世界29个国家拥有120个以上的生产基地，通过摩托车、汽车和通用产品，每年惠顾的客户多达1 700万以上。与此同时，本田还积极地履行作为企业的社会义务，积极探索环保和安全的解决方案。

在全球环境问题日益突出的今天，本田在产品研发、生产和销售等各项企业活动中努力把解决大气污染、降低二氧化碳排放量、有效利用资源和能源等作为课题，为达到产品排放清洁化、降低燃料消耗、实现生产线的"绿色工厂化"等采取了一系列措施，为减少对地球环境的影响做出了积极贡献。作为提供移动文化的厂家，本田不仅考虑乘员也考虑行人的安全，致力于生产安全性更高的产品。

本田公司在20世纪80年代成立了商标设计研究组，从来自世界各地的2 500多件设计图稿中，确定了现在的三弦音箱式商标（见图3-57），也就是带框的"H"。这个标志体现出技术创新、职工完美和经营坚实的特点，同时还有紧张感和可以放松一下的轻松感。

图3-57 本田汽车标志

"H"是本田汽车和本田摩托车的图形商标，是本田日文拼音"HONDA"的第一个大写字母。本田汽车商标中的字母"HM"是"HONDA MOTOR"的缩写，在这两个字母上有鹰的翅膀，象征着飞跃的本田技术和本田公司，前途无量。人和车、车和环境的协调一致是本田公司的发展方向；动感、豪华、流畅是本田公司的一贯风格；

设计动力澎湃、低耗油、低公害的发动机是本田公司的技术目标；靠先进而实用的设计、卓越的制造质量和相对低廉的价格，吸引更多顾客是本田公司的宗旨。"H"这个世界著名商标，是本田公司立业之本，是本田公司成功之魂。

2015 年 9 月，本田技术研究所四轮研发中心第 5 技术开发室主任研究员冈部昌规在接受媒体采访时表示，"新车燃料电池组的输出功率达到 100 kW 以上，续航里程超过 700 km，充氢时间为 3 min 左右。"本田 FCV 量产版与 2008 年发布的 FCV "FCX CLARITY"相比，最大的不同点是实现了燃料电池单元的小型化，其采用的燃料电池单元的厚度减小了 20%，数量减少 30%，体积缩小了 33%，续航里程则将超过 700 km。此外，本田 FCV 量产车充电方式与普通插电式混合动力车型不同，采用的是加氢的方式，并且加氢时间仅为 3 min，比插电式混合动力车型少则几个小时的充电时间有了大幅度减少。图 3-58 为本田纯电动汽车。

图 3-58　本田纯电动车

纯 Model S 采用的是松下生产的锂离子电池，其续航里程达到 502 km，实属该领域当之无愧的佼佼者；本田 FCV 量产版则将凭借 700 km 的续航里程成为当之无愧的引领者。

本田 FCV 量产之后首先在日本销售，随后进入北美和欧洲市场。根据该车的车型定位，未来量产后的竞争对手将锁定为丰田 Mirai（见图 3-59），Mirai 于 2014 年年底正式在日本市场上市，续航里程约 500 km。本田 FCV 上市后将凭借更高的续航里程以及较短的加氢时间，有望成为氢燃料电池车领域的标杆。

图 3-59　本田 FCV 与丰田 Mirai

3.3.3　日产汽车公司

NISSAN 是日语"日产"两个字的罗马音形式,是日本产业的简称,其含义是"以人和汽车的明天为目标"。其图形商标(见图 3-60)是将 NISSAN 放在一个火红的太阳上,简明扼要地表明了公司名称,突出了其所在国家的形象,这在汽车商标文化中独树一帜。

图 3-60　日产汽车标志

日产汽车的历史从 1933 年生产 DATSUN(达特桑)小型货车的工厂算起,至今已有 80 余年历史。但第二次世界大战之前,日产汽车总体上仍处在初步发展阶段,无论是生产规模还是产品种类,发展都非常缓慢。1947 年以后,日产汽车逐步走上快速发展轨道,一方面从国外引进、吸收大量的汽车技术,开发自己的产品;另一方面将自己生产的产品不断输往海外市场,并不断在海外设厂,实现本地化生产。1947年以后的几十余年是日产狂飙突进的发展时期。在这一时期,日产汽车不仅成为日本仅次于丰田的第二大汽车制造商,而且也成为全球十大汽车制造商之一。

20世纪90年代对日产来说充满艰辛。由于市场的放缓以及自身产品方面的原因,日产汽车在1999年之前出现了连续7年的亏损。巨额的亏损使得闻讯前来欲行收购的福特和戴姆勒-梅塞德斯都直摇头。最终,1999年,日产汽车由法国最大的汽车工业集团——雷诺汽车购得36.8%的股份,组建雷诺-日产汽车联盟。雷诺汽车当年还迅速派出自己的副总裁、素有"成本杀手"和"商业奇才"之称的卡洛斯·戈恩出任日产汽车营业主管。

雷诺-日产联盟组建后,在卡洛斯·戈恩的领导下,日产汽车仅用两年时间就扭亏为盈完成了日产的"复兴计划",并且在日产汽车的2000年财政年度就让公司实现了"奇迹般"的27亿美元的运营利润。

2002年,日产汽车完成复兴计划后,又迅速提出了从2002年开始实施的"180计划"。2004年,日产汽车取得了11%的运营利润率,这一指标不仅远远高于通用、福特,也高于在全球范围内表现出咄咄逼人气势的丰田汽车。因此,有分析家认为,在卡洛斯·戈恩的带领下,拥有70余年历史的日产汽车,将迎来又一个发展的"黄金时代"。

2010年4月7日,法国雷诺、日本日产和德国戴姆勒3家汽车业巨头在布鲁塞尔签署协议,结成同盟。

在上海天马赛车场举行的2010年日产汽车安全与环境科技巡演活动中,备受关注的日产量产电动车型"日产聆风"(NISSAN LEAF)首次在上海亮相,如图3-61所示。

图3-61 日产LEAF电动汽车

首次亮相的纯电动汽车日产聆风,由创新型层叠式锂离子电池驱动,在完全充电的情况下实现了160 km以上的巡航里程,可满足大部分消费者在实际生活中的驾驶需求。同时,日产聆风还具备灵活的操控性及出色的加速性,以及媲美传统汽车的强劲动力性能。由于采用纯电力驱动,驾乘者将在驾驶过程中感受到其无与伦比的静谧性,享受充满乐趣的驾车体验。2010年12月,日产聆风在日本及美国市场正式上市,现在已实现全球发售。

2015年，日产汽车向全球发布续航里程为280 km的全新一代LEAF聆风（国内名：晨风）车型。这是日产汽车首次对于该车电池的升级。除了里程的提升外，电池的安全性也将进一步提升。全新的锂离子电池的使用寿命将会达到8年，16万千米。

之后，日产汽车还将对现行的电池进行改良。在保证质量以及提升续航里程的基础上，降低电池的成本，以优势价格应对日趋激烈的电动汽车市场竞争。按照"日产EV进化论2016"的战略目标，未来的日产电动汽车电池续航里程，将会超过600 km。同时，电池效能的进一步提升也是这一战略中的重要目标。日产希望未来LEAF聆风车款30 kWh的电池组，可以实现200 kW的动力输出，这也将为未来日产电动跑车提供动力基础。

3.3.4 马自达（Madza）

马自达（Madza）成立于1920年，创立之初称为东洋软木工业株式会社。1984年，公司更名为马自达公司。

1931年，马自达开始生产轻便小型三轮货车；1963年，从生产Familia轿车开始转型。20世纪60年代，马自达是日本产量最大的汽车公司，生产的所有车辆都配以马自达的名称。1979年，福特购买了该公司25%的股份，1996年继续将拥有的股份扩大到33.4%，是马自达最大的股东。多年来，马自达生产的轿车、跑车和商用车畅销日本和欧美地区，并以设计新颖、质量优异著称。马自达品牌的代表性车型有Miata、323、626、Millenia、RX-8、Econovan、Premio、MX系列等。

马自达起初使用的车标，是在椭圆之中用双手捧着一个太阳，寓意马自达公司将拥有明天，马自达汽车跑遍全球。

马自达公司与福特公司合作之后，采用了新的车标，椭圆中展翅飞翔的海鸥，同时又组成"M"字样。"M"是"MAZDA"第一个大写字母，预示该公司将展翅高飞，以无穷的创意和真诚的服务迈向新世纪，如图3-62所示。

图3-62 马自达汽车标志的演变

马自达自 2012 年开始，在日本国内启动基于"Mazda Demio"（"Mazda2"）研发的电动汽车"Demio EV"的租赁销售。"Demio EV"搭载高效锂离子电池和马自达独立开发的电动马达，同时实现了出色的加速性能、操控性、乘坐舒适性和 200 km 的续航里程（JC08 模式/内部测定值），并具备与基础车型 Demio 同样的乘坐空间及后备厢容量，如图 3-63 所示。

图 3-63 Mazda Demio 电动汽车

马自达制定的"阶段性发展战略"，首先是以提升发动机效率、减轻车身质量等方面为先导，对传统内燃机车型的基本性能和核心基础技术做出彻底改进，在此基础上，再分阶段导入制动能量回收系统以及混合动力系统等优势电气设备。在电动车方面，马自达以在未来社会整体层面上实现最为优化的能源高效利用为目标，正在开展持续性研发。通过本次租赁销售的契机，将以用户便利性以及电力驱动技术为核心考量，展开更加深入的研究探讨。

这款马自达 2 电动车的锂离子电池将提供大约 124 mile（200 km）的最大续航里程。利用普通的家用电源为电池进行充电，一次充满电需耗时大约 8 h；如果通过一个快速充电器进行充电的话，那么可以在仅仅 40 min 的时间内充上 80%的电量。

电动机安装在前引擎罩之下，这款马自达 2 电动车的电动机能够将约 150 N·m 的扭矩传输给前轮。整个动力传动系统是由马自达内部研发的。除了动力传动系统之外，这款马自达 2 电动车与常规的汽油动力版汽车几乎是一样的，两车共享了相同的外观和内饰尺寸。

3.3.5 现代汽车公司

现代（Hyundai）汽车公司是韩国汽车工业的代表性企业。现代拥有世界最大规模之一的汽车生产基地蔚山工厂、全州车厂、牙山工厂，8 个研究中心，拥有韩国唯一的具有国际水平的汽车综合试验场等。在全世界 190 多个国家和地区拥有近 4 000 家销售商，在北美、亚洲、非洲和欧洲等地区建立了汽车生产基地。现代汽车公司旗下汽车品牌——起亚汽车公司是现代收购的韩国汽车企业，也是韩国最老牌的汽车公司。

现代汽车公司的标志，椭圆内的斜字母"H"是现代公司英文名"HYUNDAI"的首个字母，椭圆既代表汽车方向盘，又可看作地球，两者结合寓意了现代汽车遍布世界，如图3-64所示。

图3-64　现代汽车标志

1967年，韩国历史上最富传奇色彩的商业巨子郑周永先生一手创办了现代汽车。与全球其他领先的汽车公司相比，现代汽车历史虽短，却浓缩了汽车产业的发展史，它从建立工厂到能够独立自主开发车型仅用了18年时间（1967—1985）。

20世纪60年代初，郑周永先生选择福特的英国分公司作为其合作伙伴，即由福特负责向现代提供生产轿车及轻型卡车所必需的技术。这个令双方收获颇丰的合作使得韩国和英国的汽车工业之间保持了长久的密切关系。然而，到了20世纪70年代早期，现代集团的管理层做出了一个至关重要的决定，即不再依赖于外国车型的授权许可，而是要自主开发现代自主拥有所有权的轿车车型。于是，现代汽车的第一个自主车型Pony投入生产并在国内市场迅速获得了巨大成功。

20世纪80年代，韩国进入了工业化阶段，并且因为汽车工业的发展而进步神速。现代公司垄断了韩国市场并做出了进军国际汽车市场的决定。在此后的几年中，这个决定的重要性日益彰显。1986年，现代公司的超小马汽车投入美国市场，当年即售出16万辆，创下汽车业销售奇迹，从而奠定了现代汽车公司的国际地位。

20世纪90年代初，现代公司发布了其首个内部独立设计的动力总成——Alpha型发动机。两年之后，公司又发布了Beta型发动机。1992年1月，现代汽车以其概念车型HCD-1向汽车世界首次描述了现代对未来的展望。这款试验车型开创了一个激动人心的概念车传统。1998年，现代汽车公司度过了艰难的一年，国内市场的销售量严重下降。然而，随着EF索纳塔（sonata）和XG车型的推出，现代汽车公司的新车型获得了成功，并在国际新闻界中获得了较高的推崇。不仅如此，由于现代出口情况有利，出口量持续迅速增长，这也部分抵消了国内市场的销量下降。这期间公司也进行了合并和工业结构重组，收购起亚（KIA）亚洲汽车厂以及与HPI和HMS合并，令现代汽车达到了在全球市场中竞争所需的经济规模。

进入21世纪，现代汽车作为世界级的汽车制造商开始飞速发展。2006年，现代汽车集团（含现代和起亚两个品牌）共销售 376 万辆，位居全球汽车公司销售排名第 6 位，这证明了现代汽车作为世界级的汽车制造商正在飞速发展。作为一个专业的汽车制造商，为达到更高的目标，现代汽车公司致力于科技研发，环保式生产，努力实现全球化的本地化的战略，现代汽车公司正在向世界一流企业大踏步地前进。

2009 年上半年，现代汽车（含起亚）以 215.3 万辆的销售量以微小的优势越过福特汽车，排位世界第 4。

2009 年 9 月 18 日，品牌咨询公司 Interbrand 与美国《商业周刊》共同发布的"2009 年度全球百强品牌排行榜"上，现代汽车以 46 亿美元的品牌价值排在第 69 位，在所有汽车厂商中排名第 8 位，击败了竞争者保时捷、雷克萨斯和日产等。

2016 年，现代推出了 IONIQ 电动汽车平台，IONIQ 是现代汽车的新型电动汽车平台，该平台在电动系统方面将推出 3 个版本：纯电动汽车（BEV）、插电式混动汽车（PHEV）和传统不插电混动汽车（HEV）3 种模式。图 3-65 为现代纯电动汽车 IONIQ。

图 3-65　现代纯电动汽车 IONIQ

现代汽车对混合动力型汽车进行了试驾。现在还没有发布有关电池组型号的信息，但现代汽车评估认为，普通电动车的续航仅 32 mile，而插电式全电动版本的车型可续航 155 mile。

现代起亚从 2016 年 6 月开始大规模量产 IONIQ 电动汽车，2018 年上半年公司还准备发布一款新的电动汽车，这款汽车充电一次可以行驶 200 mile（320 km）。未来，现代汽车还会发布电动版高端奢侈型汽车，名叫"Genesis"。

2016 年 4 月，现代起亚制定了"电动汽车长远发展三步走计划"，该计划介绍称公司准备分步提高英里数和汽车性能，并讲解了具体的开发规划。

另外，通用汽车的电池电动汽车 Bolt 已经在韩国街道上测试，Bolt 充电一次最多可以行驶 200 mile（320 km）。特斯拉 Model 3 将于 2017 年年底发布，2018 年上半年进入韩国市场。

现代希望自己推出的电动汽车可以在 2018 年上半年与竞争对手抗衡。现代还计划发布 SUV 车型，它和中型四门轿车（比如 IONIQ）不同。2020 年之前，现代还会发布奢侈电动版汽车，总计推出 26 款环保汽车。新计划确定的数字为 26 款，之前为 22 款，多了 4 款，这 4 款汽车很有可能是电动汽车。

3.3.6 起亚（KIA）

1944 年 12 月，起亚（KIA）即起亚汽车公司成立，是韩国最老牌的汽车公司，现在隶属于现代集团。其拥有完善的乘用车和商用车生产流水线，具有年产 100 万辆汽车的生产能力。

起亚的名字，源自汉语，"起"代表起来，"亚"代表在亚洲。因此，起亚的意思，就是"起于东方"或"起于亚洲"。起亚代表亚洲崛起的含义，正反映了起亚的胸襟——崛起亚洲、走向世界。

2004 年，起亚汽车公司统一在韩国和全球市场的徽标，以加强品牌形象。

起亚汽车现行的标志是由亮红色的椭圆、白色的背景和红色的"KIA"三个字母构成（见图 3-66），代表年轻及富有活力的品牌形象，跻身现在最时髦的商标之列。起亚汽车公司标志是英文"KIA"，形似一只飞鹰，象征公司如腾空飞翔的雄鹰。

图 3-66　起亚汽车标志

1997 年发生的亚洲金融风暴引发了韩国的金融危机，使得起亚汽车的投资失去可偿还能力，起亚汽车公司进入了清算状态，濒临破产后由韩国政府出面，指令现代收购起亚公司。1998 年，起亚汽车公司与韩国最大的汽车公司——现代公司签订了股权转让协定，并且在 2000 年，与现代汽车公司一起成立现代·起亚汽车集团。集团包括现代汽车、起亚汽车和现代零件供应商以及 19 个与集团产业有关的核心公司。在市场上，起亚和现代以两个公司的方式独立运行操作。

注入新的资金和管理方式后，起亚转变了原有成熟的形象，公司向着更加年轻活力的方向发展。2002 年，起亚生产了其第一千万辆小汽车。2004 年，起亚斯洛伐克工厂开工。2006 年，起亚宣布在美国建设生产线，2007 年，现代·起亚汽车集团成为世界第五大汽车生产集团。

2014 年，起亚汽车正式发布了 Soul 电动版（见图 3-67）的官图，同时这款车还在芝加哥车展进行了首发。

图 3-67　起亚 Soul 电动版

外观方面，起亚 Soul 电动版和普通版车型有所不同，采用了全新的设计，更加考虑了空气动力学的因素。其前脸和普通版车型不同，传统的格栅位置采用封闭式的长方形，周围是黑色装饰，在这里面其实是充电口。此外，Soul 电动版延续了普通版车型的多样化个性选择，有 3 种双色车身颜色（车身和车顶不同色）可供选择。

动力方面，新车搭载的电动机驱动前轮，最大功率输出 109 hp（81 kW），峰值扭矩为 285 N·m，新车 0～96 km/h 的加速时间在 12 s 内，极速为 144 km/h（电子限速）。

为电动机提供能量的是一个 27 kW·h 的电池组，充满电后，最大续航里程可达到 128～160 km。充电时间方面，该车在 120 V 充电口下需要 24 h 充满电，而在 240 V 充电口下则仅需 5 h。使用专属快充的话，可以在 33 min 内充满 80% 的电量。起亚有 3 个充电器供应商，分别是博世（Bosch）、立维腾（Leviton）和 AeroVironment。

起亚 Soul 仪表盘采用了新的专属设计。由于电池组的原因，新车后备厢容积较普通版车型减少了 144 L。此外，还配置了蓝牙、导航、后视摄像头、定速巡航、电动调节座椅、LED 尾灯以及 16 英寸轮圈等。

3.3.7　中国汽车公司

1. 北京汽车集团有限公司

北京汽车集团有限公司于 1994 年 6 月 30 日成立，经营范围包括制造汽车（含轻型越野汽车，轻、微型客货汽车，多功能车，专用车，轿车）、农用机械、农用运输车、摩托车、内燃机及汽车配件等。

北京汽车集团有限公司（简称"北汽集团"），是中国五大汽车集团之一，主要从事整车制造、零部件制造、汽车服务贸易、研发、教育和投融资等业务，是北京汽车工业的发展规划中心、资本运营中心、产品开发中心和人才中心。

北汽集团（见图 3-68）有着悠久的历史，其前身可追溯到 1958 年成立的"北京汽车制造厂"。其先后自主研制、生产了北京牌 BJ210、BJ212 等系列越野车，北京牌勇士系列军用越野车，北京牌 BJ130、BJ122 系列轻型载货汽车，以及欧曼重卡、欧 V 大客车等著名品牌产品，合资生产了"北京 Jeep"切诺基、现代品牌、奔驰品牌产品。

图 3-68 北汽集团标志

北汽集团按照"走集团化道路,实现跨越式发展"的新战略,进一步增强战略、运营、资本控制力,实现集团化;增强研发、配套、制造、服务整合,实现产业化;增强管理体制、经营机制、运营手段创新,实现平台化;增强对外开放合作中的自主发展,实现国际化。成功打造了整车制造、零部件发展、自主研发、服务贸易和改革调整等五大发展平台,是中国汽车产品门类最为齐全的汽车集团。

北京新能源汽车股份有限公司(简称"北汽新能源公司")是由世界 500 强企业北京汽车集团有限公司发起并控股,联合北京工业发展投资管理有限公司、北京国有资本经营管理中心、北京电子控股有限责任公司共同设立的新能源汽车产业发展平台,是目前国内纯电动汽车市场占有率最大、规模最大、产业链最完整的新能源汽车企业。目前,北汽新能源公司已形成辐射全国的产业布局,并与美国 Atieva 公司、德国西门子、韩国 SK 等著名企业开展了成功的合作,大大增强了技术实力和研发实力。截至目前,北汽新能源公司主要推出的车型有 E150EV、绅宝 EV、EV160、EV200、EU260、ES210 等。

目前,北汽新能源已与大洋电机、普莱德电池、爱思开电池等多家公司展开了战略合作,并与美国 Atieva 公司签订了股权认购协议,成为后者的第一大股东。

北汽新能源 E150EV 是北京汽车吸取了国际前沿的"科技、品质、安全、环保"的造车理念,融汇多年成熟经验,集成国际资源打造的一款精品自主 A0 级轿车。

北汽新能源 E150EV 定位追求技术潮流的个人用户,属于纯电动轿车,能耗低、节能效果显著,最高车速为 120 km/h,续驶里程为 150~200 km,并拥有新功能主义的设计风格、科技智能化的前瞻配置、硬朗与舒适并存的底盘调校装置、先进而丰富的娱乐系统、跃级空间享受、BOSCHABS+EBD9.0 系统以及五星安全保障,如图 3-69 所示。

绅宝 EV 同样属于纯电动新能源车,其主要市场是公务用车和商务用车,如图 3-70 所示。整车使用锂电子电池驱动,容量约 38 kWh,其最高车速超过 135 km/h。

图 3-69　北汽 E150EV　　　　图 3-70　绅宝 EV

　　EV160 是北汽新能源于 2015 年 3 月推出的一款纯电动汽车,是一款售价亲民、适合城区普通家庭使用的精品自主 A0 级轿车。

　　作为 E150EV 的垂直换代车型,EV160 轻快版在外观内饰、行驶里程及科技化配置等方面得到了全方位系统化升级,综合品质得到大幅提升,如图 3-71 所示。该车选用普莱德磷酸铁锂电池,电池蓄电量为 25.6 kWh,综合工况下续航里程超过 160 km,经济时速下,续航里程可达到 200 km。搭载北汽自主研发的高性能轻量化永磁同步电机,最大功率 53 kW,0~50 km/h 加速时间仅为 5.3 s,最高车速为 125 km/h,性能全面匹敌 2.0 L 排量的传统燃油发动机,与传统燃油车体验无异。车载中央信息系统娱乐功能丰富,拥有 8 寸大屏液晶显示器,集合娱乐、导航、蓝牙、互联等多项功能于一身,车载 GPS 采用凯立德车载导航系统。该款车型于 2015 年 3 月 20 日上市。

图 3-71　北汽 EV160

　　北汽 EV200 是北汽新能源于 2014 年底推出的一款纯电动汽车,是一款集动感时尚、超强性能、科技配置、贴身安全、健康环保五大亮点为一体的一款精品自主 A0 级轿车,如图 3-72。其中最厉害的"杀手锏"当属其超长的续航能力,综合路况下续航可超 200 km,经济时速下续航可达 260 km。即使是在北京这样的超大城市,该续航能力也完全能满足任何日常出行。该款车型已于 2015 年 3 月 20 日上市,上市短短半年时间,便在业界赢得良好口碑。

　　北汽新能源 EU260 于 2015 年 11 月 20 日在广州车展亮相。北汽 EU260 通过对控制系统的集成化、智能化设计和科学管理,车辆综合续航里程长达 260 km,最大扭矩 260 N·m,从起步加速到 50 km/h 仅需要 4 s,在 9 s 即可完成 0~100 km/h 的加速,如图 3-73 所示。借助快充技术,EU260 可在 30 min 内补充 80%的电量,出众的性能足以满足日常出行需求。

图 3-72　北汽 EV200

图 3-73　北汽 EU260

北汽 ES210 系出名门，经法拉利设计名师菲奥拉万蒂亲自操刀设计，在精艺外表之下，是北京汽车最新出品的一款拥有卓尔不群优异性能的纯电动汽车，曾获 2014 年 APEC 会议官方指定唯一纯电动轿车，2014 年国际电动方程式锦标赛北京站赛事指定工作用车，2014 年首届环青海湖（国际）电动汽车挑战赛车手推荐奖、最佳科技设计奖、最佳静音效果奖和最佳操控性能奖。该款车型于 2014 年 12 月 16 日在北京正式上市。

2014 年 5 月 10 日，北汽新能源营销公司正式成立，为适应对私人客户推广需要，北汽新能源联合庞大、北青等合作伙伴共同启动了"电动出行　环保生活——北汽新能源纯电动汽车价值品鉴之旅"大型商超、社区推广活动。

2014 年 6 月 5 日世界环境日，北汽新能源启动了卫蓝先锋行动计划。发起招募以来，一个月内，北汽 E150EV 订单数已超过 800 单，实际交车客户数超过 200 名。2014 年 7 月 13 日，北汽新能源公司在北京采育工厂举行交车仪式，向卫蓝先锋行动首批 200 名纯电动车主交付车辆，同时还聘请了潘晓婷、顾俊、高敏、杨凌等世界冠军担任"北京绿色出行大使"，并宣布成立以潘晓婷为队长的国内首支纯电动汽车女子特技表演队。同时向 200 名纯电动汽车客户交车，在国内乃至全球都算首次，对传统汽车也不多见。

北汽集团将发展新能源汽车作为全集团的战略重点，将新能源公司作为北汽集团的改革创新试验田，鼓励探索各种新能源汽车的普及和推广模式。从与京东合作试验电商卖车，到与富士康集团成立合资公司运营分时租赁业务，再到卫蓝先锋行动，北汽新能源在一步步实施既定的"战略部署"。

2. 比亚迪股份有限公司

比亚迪股份有限公司于1995年2月10日成立，经营范围包括锂离子电池以及其他电池、充电器、电子产品、仪器仪表、柔性线路板、五金制品、液晶显示器、手机零配件、模具、塑胶制品及其相关附件的生产、销售等。

2003年，比亚迪收购西安秦川汽车有限责任公司，正式进入汽车制造与销售领域，开始民族自主品牌汽车的发展征程。发展至今，比亚迪已建成西安、北京、深圳、上海、长沙、青岛六大汽车产业基地，在整车制造、模具研发、车型开发等方面都达到了国际领先水平，产业格局日渐完善并已迅速成长为中国最具创新的新锐品牌。汽车产品包括各种高、中、低端系列燃油轿车，以及汽车模具、汽车零部件、双模电动汽车及纯电动汽车等。代表车型包括F3、F3R、F6、F0、G3、G3R、L3/G6、速锐等传统高品质燃油汽车，S8运动型硬顶敞篷跑车，高端SUV车型S6和MPV车型M6，以及领先全球的F3DM、F6DM双模电动汽车和纯电动汽车E6等。

2008年10月6日，比亚迪以近两亿元收购了半导体制造企业宁波中纬，整合了电动汽车上游产业链，加速了比亚迪电动车商业化步伐。通过这次收购，比亚迪拥有了电动汽车驱动电机的研发能力和生产能力。作为电动车领域的领跑者和全球二次电池产业的领先者，比亚迪将利用独步全球的技术优势，不断制造清洁能源的汽车产品。2008年12月15日，全球第一款不依赖专业充电站的双模电动车——比亚迪F3DM双模电动车在深圳正式上市，吹响了解决能源紧缺、二氧化碳减排和环境污染三大问题的号角。在比亚迪双模电动车的过渡下，纯电动车时代亦不再遥远。比亚迪以拔得头筹的先机，开创了中国力量领跑世界的壮举！

2009年7月25日，比亚迪以6 000万元的价格，收购总部位于长沙的美的三湘客车，获得客车生产准生证。同时，比亚迪与湖南环保产业园管理委员会及长沙经委订立投资合作协议，将在湖南环保产业园投资设立新能源客车生产基地，主要从事汽车及汽车零部件生产，计划年产量为40万辆。长沙继西安、深圳之后，成为比亚迪第3个新能源汽车生产基地。至此，比亚迪新能源汽车板块上又多出一个重要序列——市场潜力庞大的客车产品。

在2010年3月日内瓦汽车展上，比亚迪与戴姆勒签订电动车和零部件领域合作备忘录，双方计划结合比亚迪在车用电池和驱动电机方面以及戴姆勒在传统汽车制造领域的经验开发电动车，最终甚至有可能成立一家全面的合资公司。

比亚迪基于铁电池核心技术实现了能源存储，形成对智能网的技术支持。依托先进的铁电池技术，比亚迪电池储能电站可以满足能源存储、削峰调谷的需求，通过均衡用电，解决智能网在建设中的储能难题，形成对智能网的技术支持，对风能、太阳能等新能源功率波动进行平滑。同时，比亚迪储能电站相比于抽水储能、压缩空气储能、飞轮储能等现有储能技术，具有明显的成本和运行寿命优势，储能效率更是高达 90%以上，远高于抽水储能的 60%~70%，经济效益突出，需求巨大，应用前景广阔。全球电力需求逐年增长，用电高峰和低谷的负荷差距越来越大，电池储能电站作为一项新兴技术，将给电网储能领域带来革命性的技术更新，具有巨大的社会效应和经济效应。

太阳能电站采用独创的技术和工艺，大幅度降低了太阳能应用成本，让太阳能发电获得与煤电相当的成本，解决了一直严重制约太阳能产业发展的硅片生产供应问题，加速了太阳能发电普及过程，对新能源产业健康发展具有重大且深远的意义。2012 年 12 月 22 日上午，陕西省榆林市人民政府在北京国际饭店举办"榆林市政府（北京）招商会"，会上时任榆林市副市长毛中胜与比亚迪股份有限公司商洛地区总经理姜占锋签订了榆林市 500 kW 光伏电站建设项目。

比亚迪是中国汽车企业中，或者也可以说是世界的汽车企业中，坚持新能源汽车发展战略最坚强的公司之一。

中国在新能源汽车战略上起起伏伏，新能源汽车的战略发展方向也有不同的探讨。但是比亚迪却一直咬定青山不放松，将新能源汽车战略始终作为其战略方向。

从最早的纯电动车 e6，到插电式混合动力汽车 F3，比亚迪几乎没有在新能源汽车发展战略上中断过。

坚持是一家汽车企业最重要的基础，没有坚持，任何企业都不可能成功。

为什么中国品牌汽车企业在传统燃油汽车市场上很难超越西方跨国公司，最主要的是跨国公司有着漫长的历史积累，这种积累其实也是一种坚持。

当几乎所有的汽车企业开始对新能源汽车战略持有怀疑态度的时候，比亚迪迎难而进。其最突出表现方式之一就是在深圳当地，自己联合其他投资者建立出租车公司。

当所有人都认为比亚迪的这种做法，是哗众取宠，或者是百害而无一利的时候，比亚迪依据坚强地努力坚持了下来。

市场的发展最终证明了比亚迪的正确，这是因为深圳市的电动车出租车业务实现了自我循环，并实现了盈利。

漫长的出租车里程，使得比亚迪的电动车得到了完全的市场验证。

中国乃至世界新能源汽车市场发展的结果，已经证明，比亚迪是新能源汽车领域的佼佼者。

2015 年上半年，比亚迪新能源车累计销售 1.98 万辆，超出第二名 70%。其中比亚迪插电式混合动力车型，2015 年 6 月销量再创历史新高，达 4 015 辆，环比增长 14%，同比增长 280.6%，1~6 月累计销量 16 477 辆，比第二名足足多出了 1.1 万辆，是国内最畅销的新能源车型。

同样，比亚迪在世界新能源汽车市场上名列前茅，仅次于特斯拉、日产聆风。

自 2015 年上市以来，比亚迪唐已收获了近 5 万车主的信赖，在 2016 年夺得中国新能源汽车销量冠军，在全球新能源汽车销量榜上名列前茅。唐 100 本次升级的最大亮点，莫过于实现了全球插电式混合动力新能源车的最长纯电续航里程 100 km，续航表现媲美纯电动汽车，"唐 100"也因此得名，如图 3-74 所示。

图 3-74　比亚迪唐 100

插混运动轿车——比亚迪秦 100 采用全新立体格栅、王朝系列中文车标、炫酷的轮毂以及 LED 导光带尾灯，这些在外观上的新设计都让秦 100 看上去更显科技感，如图 3-75 所示。在打开车门后发现，一块显眼的 12.8 英寸超大高清触控电容屏及其搭载的开放式 Car-pad 安卓车载系统才是深刻诠释秦 100 智能科技的精髓所在。

图 3-75　比亚迪秦 100

【思考与练习】

（1）通用汽车公司有哪些著名品牌？

（2）思考分析克莱斯勒衰落的原因。

4 新能源汽车动力源

【学习目标】
(1) 了解新能源电动汽车动力源的种类。
(2) 掌握新能源电动汽车动力源的优缺点。

蓄电池的作用是储存电能。蓄电池在充电过程中,电能通过蓄电池内活性物质的化学变化转变为化学能储存在蓄电池内。蓄电池在放电过程中,通过蓄电池内活性物质的化学变化逆转,将化学能转变为电能由蓄电池输出。各种蓄电池的基本工作原理是电能—化学能—电能—化学能的可逆变换过程,能够反复使用,一般称能够将化学能转换为电能的电池为蓄电池。

一般情况下,电动汽车的电力来源为动力电池,动力电池在工作中进行的是频繁、浅度的充放电循环。在充放电过程中,电压、电流可能有较大变化。针对这种使用特点,电动汽车的动力系统对电池有如下几个方面的特别要求:电动汽车要求动力电池具有更高的比功率、更高的充放电效率,以及在快速充放电和充放电过程中变工况的条件下保持性能的相对稳定性。本节将详细介绍几种常见的新型动力电池。

4.1 铅酸蓄电池

4.1.1 铅酸蓄电池的种类

以酸性水溶液为电解质的蓄电池称为酸蓄电池。由于铅酸蓄电池电极是以铅及其氧化物为材料的,因为称为铅酸蓄电池。铅酸蓄电池于1859年由法国科学家普兰特(G. Plante)发明。1881年,法国人发明的电动汽车就是以铅酸蓄电池作为动力的。铅酸蓄电池广泛用于燃油汽车的启动。铅酸蓄电池按其工作环境,可分为移动式和固定式两大类。固定式铅酸蓄电池按电池槽结构分为半密封式和密封式,半密封式又分为防酸式和消氢式。依据排气方式,密封式铅酸蓄电池可分为排气式和非排气式两种。

铅酸蓄电池的特点是开路电压高,放电电压平稳,充电效率高,能够在常温下正常工作,生产技术成熟,价格便宜,规格齐全。近十年来,国内外的第一代电动汽车广泛使用了铅酸蓄电池。

混合动力汽车的牵引用动力铅酸蓄电池(简称动力铅酸蓄电池)性能与启动铅酸

蓄电池的要求是不同的。动力铅酸蓄电池要求有高的比能量和比功率、高的循环次数和长的使用寿命,以及快速充电性能等。开口管式铅酸蓄电池具有较高的比能量,良好的循环寿命,可自动加水,少维护;阀控胶质管式铅酸蓄电池,有较高的比能量和质量比功率,良好的循环寿命,免维护;平板阀控铅酸蓄电池,有较高的比功率,免维护;薄平板阀控铅酸蓄电池,有较高的峰值功率,浅循环放电,免维护。目前,已经有很多专业公司研制和开发了多种新型铅酸蓄电池,使得铅酸蓄电池的性能有了较大提高。

4.1.2 铅酸蓄电池的构造

铅酸蓄电池的基本单元是单体电池(Battery Cell),每个单体电池都是由正极板、负极板、装在正极板和负极板之间的隔板组成。每个单体电池的基本电压为 2 V,然后将不同容量的单体电池按使用要求进行组合,装置在不同的塑料外壳中,来获得不同电压和不同容量的铅酸蓄电池。铅酸蓄电池总成经过灌装电解液和充电后,就可以从铅酸蓄电池的接线柱上引出电流。

4.1.3 铅酸蓄电池的工作原理

铅酸蓄电池放电和充电的反应过程,是铅酸蓄电池活性物质可逆进行的化学变化过程。铅酸蓄电池在放电过程时,化学反应由左向右进行,其相反的过程为充电过程的化学反应。由于在放电过程中铅酸蓄电池中的 H_2SO_4 的浓度会逐渐减小,因此,可以用密度计来测定 H_2SO_4 的密度,再由铅酸蓄电池电解液密度确定其电解液放电程度。单体铅酸蓄电池的电压为 2 V,在使用或存放一段时间后,电池的电压可能降低到 1.8 V 以下,或 H_2SO_4 溶液的密度下降到 1.29 g/cm^3。此时,铅酸蓄电池就必须充电,如果电压继续下降,铅酸蓄电池将会损坏。

铅酸蓄电池通常采用密封、无锡网隔板等技术措施,并在普通铅酸蓄电池的电解液中加入硅酸胶(Na_2SiO_3)之类的凝聚剂,使电解质成为胶状物,形成一种"胶体"电解质。采用"胶体"电解质的铅酸蓄电池,使用起来更加方便。

阀控铅酸蓄电池(VRLA)是安装了排气阀的铅酸蓄电池,其特点是带有催化剂,可以使充电时产生的氢气和氧气反应生成水流回电池,因而可以防止充电时产生的氢气和氧气逸散,控制水的消耗。阀控铅酸蓄电池与汽车用的普通铅酸蓄电池相比有两个主要特点:一是密封;二是干态。密封是指基本无酸雾排出。一般情况下,阀控铅酸蓄电池在运行(充放电)过程中是"零排放",只有在充电后期蓄电池内的气体压力超过安全阀的开放压力时,才有少量的氢和氧混合气体排放,此时用过滤材料滤去带出的少量酸雾即可。干态是指阀控铅酸蓄电池没有自由流动的电解液,可以任意方向放置,不怕颠簸、碰撞,即使外壳破裂也不会有酸漏出。车用阀控铅酸蓄电池结构如图 4-1 所示。

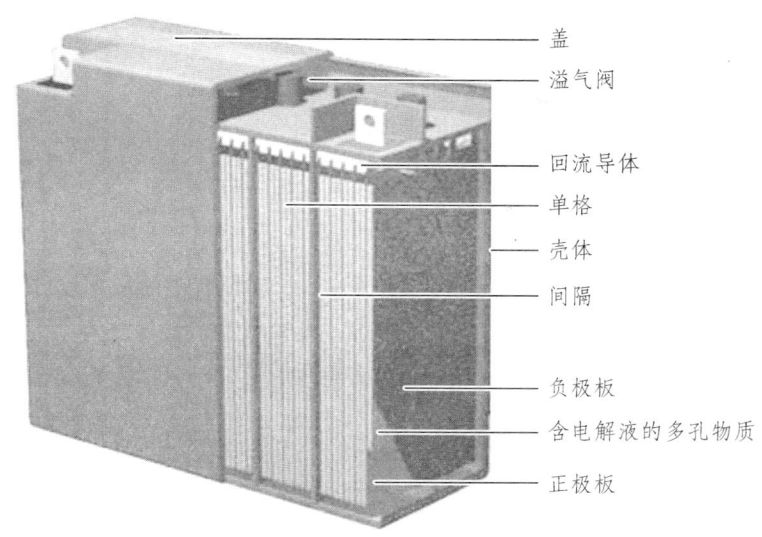

图 4-1 车用阀控铅酸蓄电池结构

玻璃微纤维蓄电池隔板是指用玻璃微纤维作为原料生产的蓄电池隔板。它不含任何有机黏结剂，将直径约 1 μm 的玻璃微纤维采用湿法制造制成。国外一般使用高碱玻璃纤维作为原料，国内则普遍采用中碱和高碱玻璃纤维混合作为原料。

玻璃微纤维隔板（AGM）是阀控式铅酸蓄电池的关键材料之一。阀控式铅酸蓄电池是一种免维护蓄电池，其结构特点是：① 免维护蓄电池的正极栅板架一般采用铅钙合金或低锑合金制作，而负极栅架均采用铅钙合金制作，降低了极板短路和活性物质脱落；② 隔板大多采用超细玻璃微纤维制作，或将其正极板装在袋式隔板内；③ 极板组都采用紧装配结构；④ 各单格极板组之间采用内连式接法，露在密封式壳体外面的只有正、负极桩；⑤ 壳体上部设有收集水蒸气和硫酸蒸气的集气室，待其冷却后变成液体重新流回电解槽内。由于免维护铅酸蓄电池在使用中不会出现极板短路、活性物质脱落、水分损失等问题，从而提高了使用寿命。

虽然 VRLA 电池的质量比能量、体积比能量不能和 Ni-Cd、Ni-MH、Li 离子、Li 聚合物电池等相比，但它的性价比仍有很大优势。VRLA 电池容量大，无记忆效应，价格便宜，目前其销售额仍居化学电源产品的首位。现在，VRLA 电池越来越多地用作电动自行车、电动滑板车及摩托车的动力电源。具有蓄电池第三电极之称的隔板对 VRLA 电池尤为重要，由于玻璃微纤维隔板（AGM）具有很大的比表面积，电池反应所产生的氢和氧在负极板附近重新合成水，这样电池的水就可以做到基本不损失，也就不必要加水了，也就是所谓的免维护，产生少量没有重新化合成水的氧在达到一定压力时通过安全阀排除。

4.2 镍-氢电池

4.2.1 镍-氢电池特性

镍-氢电池也是一种碱性电池,其标称电压为1.2 V,比能量可达到70~80 Wh/kg,有利于延长混合动力汽车的续航里程,比功率可达到200 W/kg,是铅酸电池的两倍,能够提高车辆的启动性能和加速性能。镍-氢电池有高倍率的放电特性,短时间可以以3C(为按额定电流放电时的实际放电容量)放电,瞬时脉冲放电率很大。镍-氢电池的过充电和过放电性能好,能够带电充电,并可以快速充电,在15 min内可充60%的容量,1 h内可以完全充满,应急补充充电的时间短。在80%的放电深度下,循环寿命可达到1 000次以上,是铅酸电池的3倍。采用全封闭外壳,可以在真空环境中正常工作。低温性能较好,能够长时间存放。镍-氢电池中没有Pb和Cd等重金属元素,不会对环境造成污染。镍-氢电池随充随放,不会出现镍-镉在没有放完电后即充电而产生的"记忆效应"。镍-氢电池的比功率和放电能力不及镍-镉电池。镍-氢电池在使用时还应充分注意各个单体电池之间的一致性(均匀性),特别是在高速率、深放电情况下,各个单体电池之间的容量和电压差较明显,并注意对电池组在充、放电过程中的导热管理和电池安全装置的设计。

4.2.2 镍-氢(Ni-MH)电池的工作原理

如图4-2所示,镍-氢电池的正极,是球状氢氧化镍粉末与添加剂等金属、塑料和黏合剂等制成的涂膏,用自动涂膏机涂在正极板上,然后经过干燥处理成发泡的氢氧化镍正极板。在正极材料(NiOH)中添加Ca、Co、Zn或稀土元素,对稳定电极的性能有明显的改进。采用高分子材料作为黏合剂或用挤压和轧制成的泡沫镍电极,并采用镍粉、石墨等作为导电剂时,可以提高大电流时的放电性能。

$$2NiOOH + KOH + H_2 \underset{充电}{\overset{放电}{\rightleftharpoons}} Ni(OH)_2 + KOH + Ni(OH)_2$$

正极　　负极　　　　　　正极　　负极

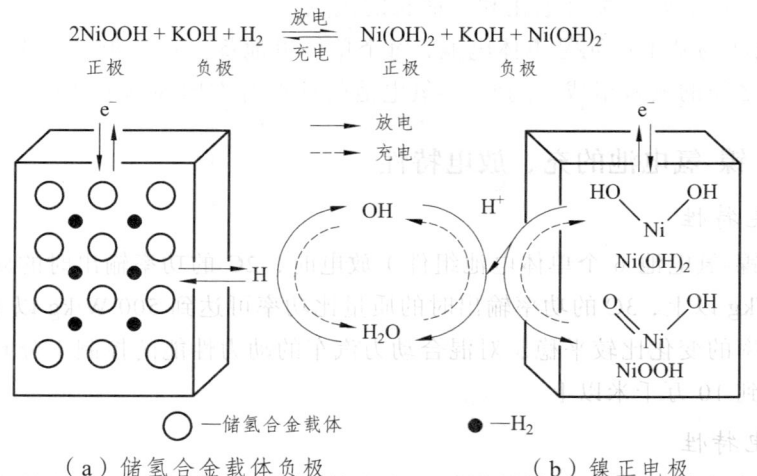

(a)储氢合金载体负极　　　(b)镍正电极

图4-2　镍-氢电池在碱性电解液中进行反应的模型

镍-氢电池负极的关键技术是储氢合金,要求储氢合金能够稳定地经受反复的储气循环和放气循环。储氢合金是一种允许氢原子进入或分离的多金属合金的晶格基块,用铁、钒、锆、镍、铬(Ti、V、Co、Cr、Ni)5种基本元素,并与钴、锰等金属元素烧结的合金,经过加氢、粉碎、成型烧结成负极板。储氢合金的种类和性能,对镍-氢电池的性能有直接的影响。负极在充电或放电过程中既不溶解,也不再结晶,电极不会有结构性的变化,在保持自身化学功能的同时,还保证本身的机械坚固性。储氢合金一般需要进行热处理和表面处理,以增加储氢合金的防腐性能,这有利于提高镍-氢电池的比能量、比功率和使用寿命。

电解质是水溶性氢氧化钾和氢氧化锂的混合物。在电池充电过程中,水在电解质溶液中分解为氢离子和氢氧离子,氢离子被负极吸收,负极从金属转化为金属氢化物。在放电过程中,氢离子离开了负极,氢氧离子离开了正极,氢离子和氢氧离子在电解质氢氧化物中结合成水,并释放电能。

4.2.3　镍-氢电池的构造

镍-氢电池正极是活性物质氢氧化镍 $Ni(OH)_2$,负极是储氢合金,用氢氧化钾作为电解质,在正负极之间有隔膜,共同组成镍-氢单体电池。在金属铂的催化作用下,完成充电和放电的可逆反应。镍-氢电池的特性与镍-镉电池基本相同,但氢气是没有毒性的物质,无污染,安全可靠,使用寿命长,而且不需要补充水分。

镍-氢电池的极板有发泡体和烧结体两种,发泡体极板的镍-氢电池在出厂前必须进行预充电,且放电电压不能低于 0.9 V,工作电压也不太稳定,特别是在存放一段时间后,会有近 20% 的电荷流失,老化现象比较严重,为避免发泡镍-氢电池老化所造成的内阻增高,镍-氢电池在出厂前必须进行预充电。经过改进的镍-氢电池的烧结体极板本身就是活性物质,不需要进行活性处理,也不需要进行预充电,电压平衡、稳定,具有低温放电性能好、不易老化和寿命长的优点。

镍-氢电池的基本单元是单体电池,每个单体电池都由正极板、负极板和装在正极板与负极板之间的隔板组成。通常镍-氢电池的外形有方形和圆形两种。

4.2.4　镍-氢电池的充、放电特性

1. 放电特性

D 型(镍-氢电池 6 个单体电池组件)放电时,2C 的功率输出时的质量比功率可达到 600 W/kg 以上,3C 的功率输出时的质量比功率可达到 500 W/kg 以上,深度范围内质量比功率的变化比较平稳,对混合动力汽车的动力性能的控制十分有利,电池的寿命可以达到 10 万千米以上。

2. 充电特性

D 型镍-氢电池的充电接受性很好,充电效率几乎达到 100%,能够有效地接受混

合动力汽车在制动时反馈的电能。另外，由于能量损耗较小，镍-氢电池的发热量被抑制在最小的极限范围内，可以有效地控制剩余电量，并用电流来显示电池的剩余电量。

3. 寿　命

混合动力汽车动力电池组经常处于充电、放电状态，而且充电、放电是不规则地进行的，这对电池的寿命影响很大。松下电池公司，用模拟混合动力汽车行驶工况对镍-氢电池进行仿真试验，证实镍-氢电池的特性几乎不发生变化，因此将其用于混合动力汽车是比较合适的。

镍-氢电池的成本很高，达 600~800 美元/（kW·h）。不同的储氢合金具有不同的储存氢的能力，价格也不相同。我国自行研制了稀土系的储氢合金，已达到世界水平，为我国生产镍-氢电池推广提供了有利条件。目前，高档电动汽车多采用镍-氢电池或锂离子电池。

本田新 Insight 的电池系统（见图4-3）是在原电动汽车电池基础上改良而成的，电池组置于行李舱底板上，由120个松下1.2 V 镍-氢电池组成，串联合计电压为144 V，支持电流输入 50 A，输出 100 A，系统限制可用 4 A 时，以延长电池寿命。新 Insight 搭载 1.3 L 发动机，本田研发的经济油耗驾驶辅助系统能够有效提高燃油经济性，起步和加速时电动系统自动调节功率输出，从而实现混合动力模式 100 km 理想油耗为 4.34 L，二氧化碳排放量低于 100 g/km。纯电动模式下，该车速度能达到 50 km/h，适合城市路况。

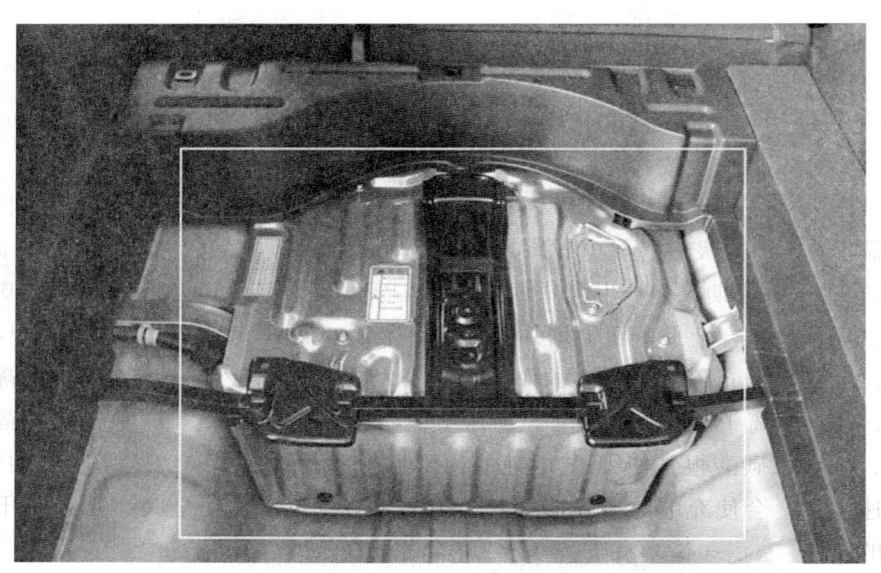

图 4-3　本田 Insight 镍-氢电池组外观及安装位置（方框内）

普锐斯电池组（见图4-4）重 53.3 kg，由 28 组松下棱柱镍-氢电池模块构成，每个模块又分别载有 6 个 1.2 V 电池（见图4-5），总计 168 个电池，串联标称电压合计 201.6 V，比第一代的 38 组 228 个电池有所减少。

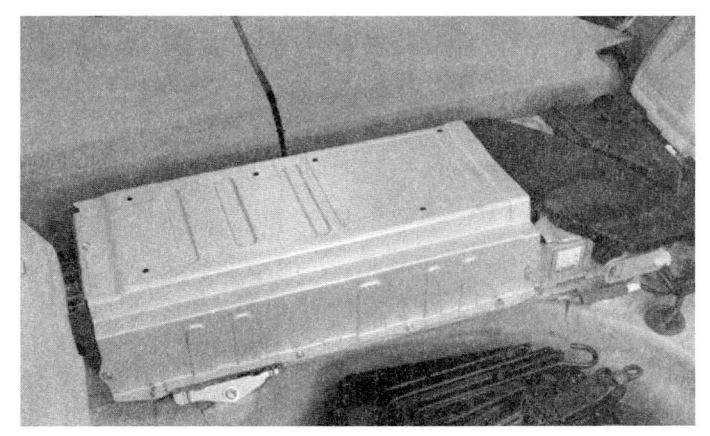

图 4-4 普锐斯电池组外观及安装位置

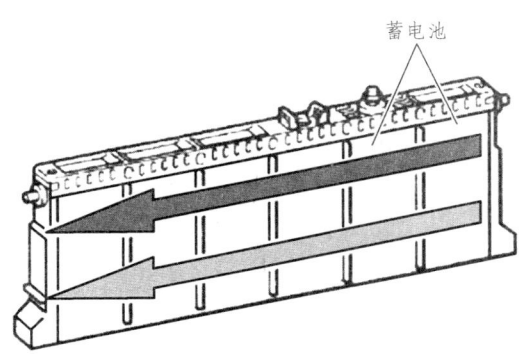

图 4-5 普锐斯 6 个 1.2 V 电池结构

镍-氢电池用于电动汽车的主要优点是启动加速性能好，一次充电后的续航里程较长，不会对周围环境造成污染，易维护，快速补充充电时间短。

镍-氢电池在充电过程中容易发热，发热产生的高温，会对镍-氢电池产生负面影响。高温状态下，正极板的充电效率变差，并加速正极板的氧化，使电池的寿命缩短。镍-氢电池在充电后期，会产生大量的氧气，在高温的环境条件下，将加速负极储氢合金氧化，并使储氢合金平衡压力增加，使储氢合金的储氢量减少，从而降低镍-氢电池的性能。尼龙无纺布隔膜在高温的作用下，会发生降解和氧化。尼龙无纺布隔膜发生降解时，产生铵离子和硝酸根离子，加速了镍-氢电池的自放电。尼龙无纺布隔膜发生氧化时，氧化成碳酸根，使镍-氢电池的内阻增加。在镍-氢电池充电的过程中，电池温度迅速升高，会使充电效率降低，并产生大量氧气，如果安全阀不能及时开启，会有爆炸的危险。

旧款丰田普锐斯（Prius）中，HV 蓄电池间为单点连接，接点在蓄电池上部，而新车型中的蓄电池间为双点连接，新增的点在蓄电池下部，这样蓄电池的内部电阻得以降低。

在镍-氢电池的制造技术上进行一些改进，例如，正极板采用多极板技术，负极板采用端面焊接技术,在电解液中适当加入 LiOH 和 NaOH,采用抗氧化能力强的聚丙烯毡做隔膜等,可以有效地提高镍-氢电池耐高温的能力。在镍-氢电池动力电池组的单体镍-氢电池之间,加大散热间隙,采取有效的散热措施和建立自动热管理系统,以保证镍-氢电池正常工作并延长使用寿命。

注:镍-氢电池通过增大冷却强度,可以让动力电池的放电功率有一定程度的提高,如由 25 kW 提高到 27 kW。

4.3 锂离子电池

4.3.1 锂离子电池的种类

锂离子电池具有极高的性能优势,是未来动力蓄电池发展的必然方向。目前,常用的二次可充电电池包括铅酸电池、镍-镉电池、镍-氢电池以及锂离子电池。相对传统的铅酸、镍-氢和镍-镉电池而言,锂离子电池的发展历史较短。

4.3.2 锂离子电池的特点

普通锂离子电池的特点:单体电池工作电压高达 3.7 V,是镍-氢、镍-镉电池的 3 倍,铅酸电池的近 2 倍;质量轻,比能量大,高达 150 Wh/kg,是镍-氢电池的 2 倍、铅酸电池的 4 倍,因此质量是相同能量的铅酸电池的 1/3~1/4;体积小,高达到 400 Wh/L,体积是铅酸电池的 1/2~1/3;提供了更合理的结构,更美观的外形设计条件、设计空间和可能性;循环寿命长,循环次数可达 1 000 次,电池组 100%充放电循环次数可以达到 600 次以上,使用年限可达 3~5 年,寿命为铅酸电池的 2~3 倍;自放电率低,每月不到 5%;允许工作温度范围宽,低温性能好,锂离子电池可在 -20~+55 ℃ 温度下工作;无记忆效应,所以每次充电前不必像镍-氢、镍-镉电池一样需要放电,可以随时随地地进行充电;电池充放电深度,对电池的寿命影响不大,可以全充全放;无污染,锂电池中不存在有毒物质,因此被称为"绿色电池",而铅酸电池和镍-镉电池由于存在有害物质铅和镉,环境污染问题严重。

磷酸铁锂($LiFePO_4$)动力电池虽在 2002 年出现,但从各种锂离子电池的性能对比看,磷酸铁锂电池是目前最适合用于电动汽车产业化的电池。$LiFePO_4$ 电池的特点:高效率输出,标准放电为 2~5 C,连续高电流放电可达 10 C,瞬间脉冲放电(10 s)可达 20 C;高温时性能良好,外部温度 65 ℃ 时,内部温度则高达 95 ℃,电池放电结束时,温度可达 160 ℃,电池的结构安全、完好;即使电池内部或外部受到伤害,电池也不燃烧、不爆炸,安全性好;经 500 次循环充放电,其放电容量仍大于 95%。

4.3.3 锂离子电池的结构及工作原理

$LiFePO_4$ 电池的结构与工作原理如图 4-6 所示。$LiFePO_4$ 作为电池的正极,由铝箔与电池正极连接；中间是聚合物的隔膜，它把正极与负极隔开，锂离子 Li^+ 可以通过而电子 e^- 不能通过；右边是由炭（石墨）组成的电池负极，由铜箔与电池的负极连接。电池的上、下端之间是电池的电解质，电池由金属外壳密闭封装。$LiFePO_4$ 电池在充电时，正极中的锂离子 Li^+ 通过聚合物隔膜向负极迁移；在放电过程中，负极中的锂离子 Li^+ 通过隔膜向正极迁移。锂离子电池就是因锂离子在充放电时来回迁移而命名的。锂离子电池内部主要由正极、负极、电解质及隔离膜组成，正、负极及电解质材料上不同工艺上的差异，使电池有不同的性能，尤其是正极材料对电池的性能影响最大。

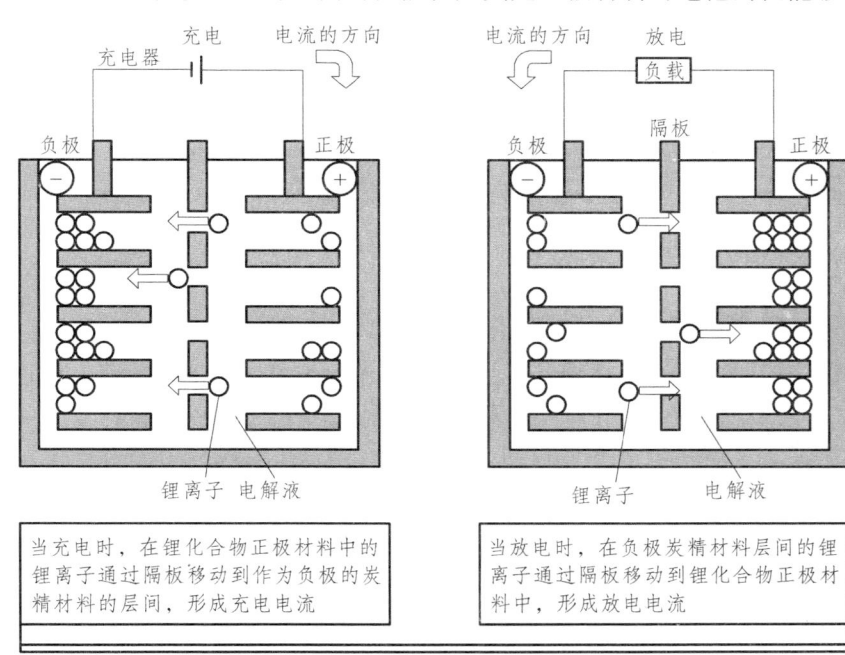

图 4-6 $LiFePO_4$ 电池的结构与工作原理示意图

目前，市场上的锂离子电池正极材料主要是氧化钴锂（$LiCoO_2$），另外还有少数采取氧化锰锂（$LiMn_2O_4$）和氧化镍锂（$LiNiO_2$）以及三元材料（$LiNiCO_2$）作为正极材料的锂离子电池。磷酸铁锂材料是最新研制的锂离子电池材料。由于锂电池比能量高，材料稳定性差，锂电容易出现安全问题，动力电池的容量是手机电池容量的上百倍以上，因此对锂电的安全性要求极高。

4.4 太阳能电池

太阳能电池又称为"太阳能芯片"或"光电池"，是一种利用太阳光直接发电的光电半导体薄片。它只要被光照到，瞬间就可输出电压及电流，其在物理学上称为太阳能光伏（PV），简称光伏。

4.4.1 工作原理

太阳光照在半导体 p-n 结上，形成新的空穴-电子对，在 p-n 结电场的作用下，光生空穴流向 p 区，光生电子流向 n 区，接通电路后就形成电流，这就是光电效应太阳能电池的工作原理。太阳能发电有两种方式，一种是光—热—电转换方式，另一种是光—电直接转换方式。

1. 光—热—电转换

光—热—电转换方式通过太阳辐射产生的热能发电，一般是由太阳能集热器将所吸收的热能转换成工质的蒸汽，再驱动汽轮机发电。前一个过程是光—热转换过程；后一个过程是热—电转换过程，与普通的火力发电一样。太阳能热发电的缺点是效率很低而成本很高，其投资至少要比普通火电站贵 5~10 倍。一座 1 000 MW 的太阳能热电站需要投资 20~25 亿美元，平均 1 kW 的投资为 2 000~2 500 美元。因此，只能小规模地应用于特殊的场合，而大规模利用在经济上很不合算，还不能与普通的火电站或核电站竞争。

2. 光—电直接转换

太阳能电池发电是根据特定材料的光电性质制成的。黑体（如太阳）辐射出不同波长（对应于不同频率）的电磁波，如红外线、紫外线、可见光等。当这些射线照射在不同导体或半导体上时，光子与导体或半导体中的自由电子作用产生电流。射线的波长越短，频率越高，所具有的能量就越高，例如，紫外线所具有的能量要远远高于红外线。但是并非所有波长的射线的能量都能转化为电能，值得注意的是，光电效应与射线的强度大小无关，只有频率达到或超越可产生光电效应的阈值时，电流才能产生。能够使半导体产生光电效应的光的最大波长同该半导体的禁带宽度相关，如晶体硅的禁带宽度在室温下约为 1.155 eV，因此必须波长小于 1 100 nm 的光线才可以使晶体硅产生光电效应。太阳电池发电是一种可再生的环保发电方式，发电过程中不会产生二氧化碳等温室气体，不会对环境造成污染。其按照制作材料分为硅基半导体电池、CdTe 薄膜电池、CIGS 薄膜电池、染料敏化薄膜电池、有机材料电池等，其中硅电池又分为单晶电池、多晶电池和无定形硅薄膜电池等。对于太阳电池来说，最重要的参数是转换效率，在实验室所研发的硅基太阳能电池中，单晶硅电池效率为 25.0%，多晶硅电池效率为 20.4%，CIGS 薄膜电池效率达 19.6%，CdTe 薄膜电池效率达 16.7%，非晶硅（无定形硅）薄膜电池效率为 10.1%。

4.4.2 工作特性

太阳能电池有极性、性能参数、伏安特性 3 个基本特性。

1. 太阳能电池的极性

硅太阳能电池一般制成 P^+/N 型结构或 N^+/P 型结构。P^+ 和 N^+，表示太阳能电池正面光照层半导体材料的导电类型；N 和 P，表示太阳能电池背面衬底半导体材料的导电类型。太阳能电池的电性能与制造电池所用半导体材料的特性有关。

2. 太阳能电池的性能参数

太阳能电池的性能参数由开路电压、短路电流、最大输出功率、填充因子、转换效率等组成。这些参数是衡量太阳能电池性能好坏的标志。

3. 太阳能电池的伏安特性

P-N 结太阳能电池包含一个形成于表面的浅 P-N 结、一个条状及指状的正面欧姆接触、一个涵盖整个背部表面的背面欧姆接触以及一层在正面的抗反射层。当电池暴露于太阳光谱时，能量小于禁带宽度 E_g 的光子对电池输出并无贡献，能量大于禁带宽度 E_g 的光子才会对电池输出贡献能量 E_g，大于 E_g 的能量则会以热的形式消耗掉。因此，在太阳能电池的设计和制造过程中，必须考虑这部分热量对电池稳定性、寿命等的影响。

4.5 超级电容器

4.5.1 超级电容器

超级电容器又叫黄金电容、法拉电容，其通过极化电解质来储能，属于双层电容的一种。由于其储能的过程并不发生化学反应，因此这种储能过程是可逆的，正因为此，超级电容器可以反复充放电数十万次。超级电容一般使用活性炭电极材料，具有吸附面积大、静电储存多的特点，在新能源汽车中应用广泛。

4.5.2 超级电容器的工作原理

多孔化电极采用活性炭粉、活性炭和活性炭纤维，电解液采用有机电解质。多孔性的活性炭有极大的表面积，在电解液中吸附着电荷，因而将具有极大的电容量，并可以存储很大的静电能量。双电层超级电容器的充放电过程始终是物理过程，没有化学反应。因此性能是稳定的，与利用化学反应的蓄电池是不同的。

目前，主要的双层结构超级电容有炭电极双电层电容器、金属氧化物电极双层电容器和有机聚合物电极双层电容器，但是由于金属氧化物（氧化钌）电极电容价格高昂，有二次污染等因素，目前主要用于军事领域。有机聚合物技术尚未成熟，因此在电动汽车上广泛使用的主要是炭电极超级电容。炭电极超级电容器的面积是基于多孔炭材料，该材料的多孔结构允许其面积达到 2 000 m^2/g，通过一些措施还可以实现更大的表面积。炭电极超级电容器电荷分离开的距离是由被吸引到带电电极的电解质离子尺寸决定的，该距离比传统电容器薄膜材料所能实现的距离更小。这种庞大的表面积再加上非常小的电荷分离距离，使得超级电容器较传统电容器而言有巨大的静电容量。超级电容器中，多孔化电极采用的是活性炭粉、活性炭或活性炭纤维，电解液采用有机电解质，如丙烯碳酸酯或高氯酸四乙氨等。工作时，在可极化电极和电解质溶液之间界面上形成的双电层中聚集电容量，其多孔化电极在电解液中吸附电荷，因而可以存储很大的静电能量，超级电容器的这一储电特性介于传统的电容器与电池之间。尽管该能量密度比电池低，但是其储存方式，具有快充、快放的特点，可以应用在传统电池难以解决的短时高峰值电流中。如图 4-7 所示为 MAXWELL 公司超级电容。

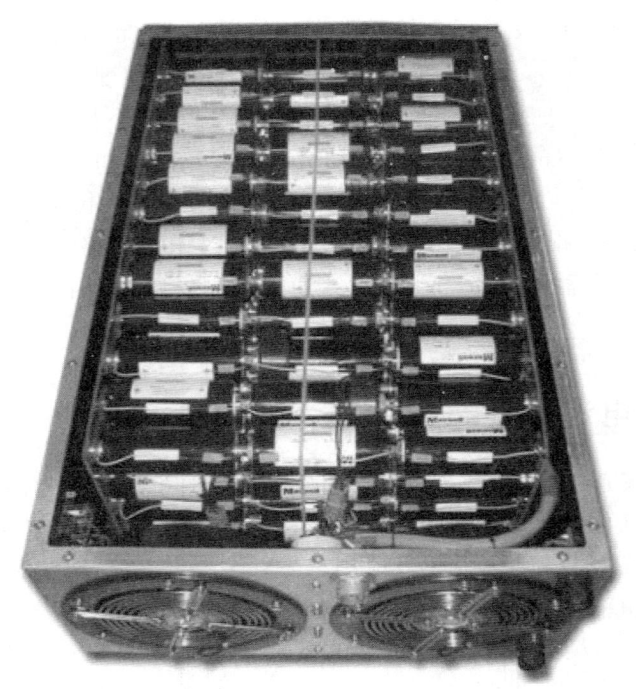

图 4-7　MAXWELL 公司超级电容外观

双电层电容本质上是一种静电型能量储存方式，目前已经研制出活性炭材料表面积可以达到 2 000 m^2/g，单位质量的电容量可达 100 F/g，并且电容的内阻还能保持在很低的水平；而且炭材料还具有成本低、技术成熟等优点，使得该类超级电容在汽车上应用最为广泛。

4.5.3　超级电容器的特点

超级电容用作汽车部件的辅助能源。除了用于动力驱动系统外，超级电容在汽车零部件领域也有广泛的应用。例如，未来汽车设计使用的 42 V 电系统（转向、制动、空调、高保真音响、电动座椅等），如果使用长寿命的超级电容，可以使得需求功率经常变化的子系统性能大大提高，另外还可以减少车内用于电制动、电转向等子系统的布线，同时减少汽车子系统对电池的功率消耗，延长电池的使用寿命。

传统的蓄电池（如铅酸电池）由于功率密度偏低，不能满足车辆频繁起步、加速和制动工况的要求，而且由于加速时浪费了过多的能量，致使车辆的续航里程也不能满足要求。加装超级电容的车辆就可以有效地解决这一问题，即可以提供较大的驱动电流，满足车辆行驶工况；又可以节省电池的能量，延长车辆的续航里程；同时减少了蓄电池频繁充放电的工作状态，提高了蓄电池的使用寿命。

4.5.4 超级电容器的使用方式

超级电容和 DC/DC 变换器系统是常用的使用方式。超级电容和蓄电池采用并联的连接方式。汽车在正常行驶的时候，电容不参与工作；但当车辆进行加速或上坡时，电容通过 DC/DC 变换器的控制提供短期的大电流，不足的部分与电池共给，两者再经过电动机控制器的调控，驱动电动机驱动车辆。例如，272 个单元，单体电压为 1.39 V，工作电压为 380～190 V，总质量约为 319 kg，电容为 18 000 F。当电容的电压低于蓄电池的端电压时，DC/DC 变换器通过工作电路降压，使得超级电容达到能量饱和状态。在蓄电池急需能量时，通过控制电路对电容能量进行升压，输出到蓄电池正、负端。

4.6 飞轮电池

在几种储能装置中，化学蓄电池仍然是最主要的储能设备；燃料电池近几年发展也很快，是电动汽车中新型电池的主要代表；超导储能装置由于其工艺不很成熟，而且价格和使用的费用也高，限制了其应用；飞轮装置发展已经比较成熟，由于其远大于化学电池的比功率和比能量，成为目前的研究重点。美国飞轮系统公司（AFS）已经生产出了以克莱斯勒 LHS 轿车为原型的飞轮电池轿车 AFS20，这是一种完全由飞轮电池供电的电动汽车。它是由 20 节飞轮电池驱动，每节电池直径为 230 mm，质量为 13.64 kg，电池充电需要 6 h，而快速充电只需要 15 min，一次充电续航路程可达 560 km，而其原型 LHS 汽油车为 520 km。其加速性能也很好，从 0 加速到 96 km/h，只需要 6.5 s，其寿命超过 321 万千米。

4.6.1 飞轮电池的基本工作原理

飞轮电池实际上是一种机电能量转换和储存装置。飞轮可以储存能量，根据飞轮能够储存和释放能量的特性研制的一种机械式蓄电池就是飞轮蓄电池。在飞轮的内部镶有永久性磁铁，外壳上装有感应线圈，这样飞轮就具有电动机和发电机的双重功能。充电时，飞轮中的电机以电动机的形式运行，在外接电源的驱动下带动飞轮旋转，达到极高的转速，从而完成电能—机械能转换的储能过程；放电时，飞轮中的电机以发电机的状态运行，在飞轮的带动下对外输出电能，从而完成机械能—电能转换的释放过程。如图 4-8 所示，将外界输送过来的电能通过电动机转化为飞轮转动的动能储存起来，当外界需要电能的时候，又通过发电机将飞轮的动能转化为电能，输出到外部负载，而空闲运转的时候要求损耗非常小。事实上，为了减少空闲运转时的损耗，提高飞轮的转速和飞轮储能装置的效率，飞轮储能装置轴承的设计一般都使用非接触式的磁悬浮轴承技术，而且将电机和飞轮都密封在一个真空容器内，以减少风阻。

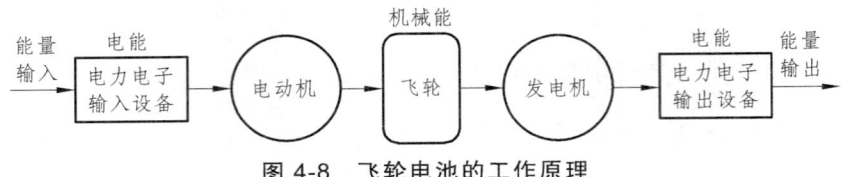

图 4-8　飞轮电池的工作原理

发电机和电动机通常通过轴承和飞轮连接在一起，这样，实际常用的飞轮储能装置主要包括飞轮、轴、轴承、电动机、真空容器和电力电子装置，如图 4-9 所示。

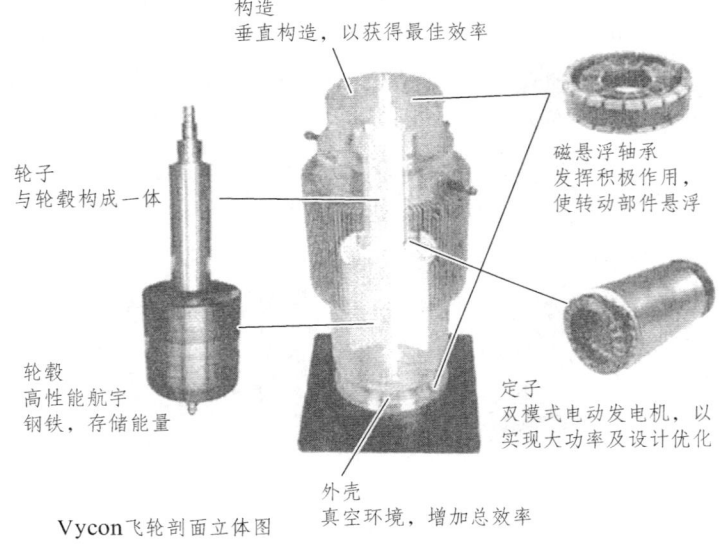

图 4-9　飞轮电池的组成

当外设通过电力电子装置给电动机供电时，电动机便起到给飞轮加速和储存能量的作用；当负载需要电能时，飞轮给电动机施加转矩，电动机又作为发电机使用，通过电力电子装置给外设供电。在整个飞轮储能装置中，飞轮无疑是其中的核心部件，它直接决定了整个装置的储能多少，它储存的能量由下式决定：

$$E = \frac{1}{2} j \omega^2$$

式中，E 为飞轮储存的能量；j 为飞轮的转动惯量，与飞轮的形状和质量有关；ω 为飞轮转动的角速度。由上式可知，飞轮储能装置储存的能量多少由飞轮的形状、质量和转速决定。电力电子装置通常是由 FET 或 IGBT 组成的双相逆变器和控制电路，它们决定了飞轮储能装置能量输入输出量的大小。

4.6.2 飞轮储能方法的发展

飞轮储能方法一直未能得到广泛的应用，其主要有 3 点原因：飞轮本身的能耗主要来自轴承摩擦和空气阻力；常规的飞轮是由钢（或铸铁）制成，储能有限；要完成电能、机械能的转换，还需要一套复杂的电力电子装置。目前，飞轮储能技术取得突破性进展是基于下述 3 项技术的飞速发展：一是高能永磁及高温超导技术的出现；二是高强纤维复合材料的问世；三是电力电子技术的飞速发展。

就目前的技术来看，飞轮电池电动汽车还不能广泛应用，根据飞轮储能装置本身的特点来讲，它更加适用于复合动力汽车和混合电动汽车技术中。复合动力汽车是靠内燃机和电动机两种方式共同提供推动力的，在汽车正常行驶和制动时，给电池充电；当汽车爬坡和加速，需要大功率时，让电池放电。

由于普通汽车在正常行驶时，功率仅为最大功率的 1/4，复合动力汽车中蓄电池和电动机的加入恰好可以解决这个问题。这样，复合动力汽车就可以不用按照汽车的最大功率来进行设计，以避免在正常行驶的过程中出现大马拉小车的现象，大幅度提高汽车的性能。复合动力汽车技术早就得到了科学家们的重视，美国和许多欧洲国家都已经开始应用，许多大公共汽车中都开始用两种发动机提供动力，而且在许多军用汽车装备中，也大量使用了混合能量技术，但是这种汽车对电池的要求很高，因此限制了复合动力汽车的发展和广泛应用。首先，在汽车的使用过程中，电池的充放电次数很多，而一般的化学电池的充放电次数很难提高；其次，在电池的使用中，电池的放电深度很不规则，对于化学电池的寿命就会有很大的影响；最后，要求电池的充放电速度快，这样才能满足汽车电动机电池的需要。这些要求对于目前应用最广泛的铅酸电池来讲，都是比较难以实现的技术。但是，对于飞轮储能装置来说却不难。

随着磁悬浮技术的发展，飞轮的充放电次数远远大于汽车电池使用的需要，而且飞轮的充放电是化学能和机械能的相互转化，它的放电深度可大可小，绝不会影响电池寿命。同时，由多台驱动电动机共同驱动的飞轮系统，可以在很短的时间内达到几万转的转速。此外，在飞轮储能装置中，决定输入输出的器件是它外接的电力电子器件，而与外部的负载没有关系，同时还可以很方便地通过控制飞轮的旋转速度来控制飞轮的充电，这种特点在化学电池中实现起来要困难得多。

混合电动汽车的原理和复合动力汽车差不多，它是将飞轮电池加到化学电池或者其他电池上，做成一块电池，称为飞轮混合电池，共同驱动汽车电动机，典型代表为保时捷 911 GT3 R Hybrid 油电混合动力车，如图 4-10 和图 4-11 所示。这套针对赛车开发的 Hybrid 油电混合动力系统，采用前轮电力驱动搭配后轮发动机驱动的油电混合四驱模式，左、右前轮传动轴的两台电动机，分别拥有 60 kW 的输出功率，搭配输出 350 kW（480 hp）的后置后驱六缸水平对置发动机，采用体积小高效能的电控飞轮电池设计，利用飞轮物理储能取代现行主流的镍-氢与锂电池组设计。飞轮电池组最高转速可达 40 000 r/min，搭配前轮轴两个电机组成充放电架构。在制动时，前轮电动机将成为发电机,将前轮制动动能转换为电能并回充至飞轮电机;当踏踩加速踏板输出动力时,飞轮电池又可供电,驱动两个电动马达。该油电混合动力车一次全力放电时,高达 120 kW 的前轮总输出动力将可维持 6~8 s。

图 4-10　保时捷 911 GT3 R Hybrid 油电混合动力车座椅下部的飞轮电池总成示意图
1—高速飞轮;2—磁悬浮轴承;3—电力电子变换装置

图 4-11　保时捷 911 GT3 R Hybrid 油电混合动力车座椅下部的飞轮电池总成实物图

【思考与练习】

(1) 新能源电动汽车动力源都有哪些?
(2) 简述新能源电动汽车动力源的优缺点。

5 新能源汽车电动机技术

【学习目标】

（1）了解新能源电动汽车动力系统的结构组成。
（2）掌握直流电动机的工作过程。
（3）理解其他类型电动机的特点。

电动机是电动汽车驱动系统的核心部件，其性能的好坏直接影响电动汽车驱动系统的性能，特别是电动汽车的最高车速、加速性能及爬坡性能等。

5.1 电动汽车动力系统概述

5.1.1 电动汽车电机驱动系统的组成

电动机驱动系统的组成及功能如图 5-1 所示，其功用是在驾驶员的控制（加速或制动踏板）下，高效率地将蓄电池（燃料电池或发电机）的能量转化为车轮的动能，或者将车轮上的动能反馈到蓄电池中。

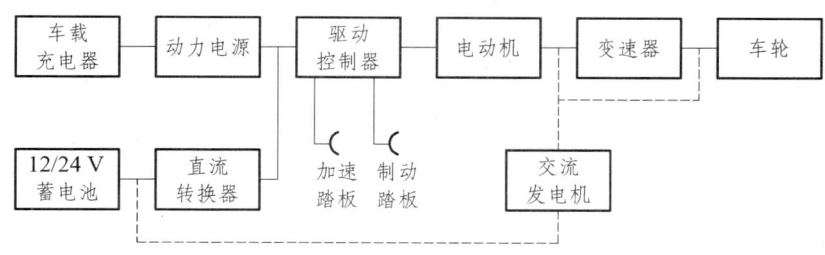

图 5-1 电动机驱动系统的组成示意图

功率转换器的作用是按所选电动机驱动电流的要求，将蓄电池的直流电转换为相应电压等级的直流、交流或脉冲电源。

检测传感器主要对电压、电流、速度、转矩以及温度等进行检测，其作用是为了改善电动机的调速特性。对于永磁无刷电动机或开关磁阻电动机还要求有电动机转角位置检测。

控制器是按驾驶员操纵变速杆、加速踏板和制动踏板等，相应输入前进、倒车、起步、加速、制动等信号，以及各种检测传感器反馈的信号，通过运算、逻辑判断、分析比较等，适时向功率转换器发出相应的指令，使整个驱动系统有效运行。

5.1.2 电动汽车电机驱动系统的特征

用于电动汽车的各种驱动电动机与普通工业用电动机有区别,通常要求能够频繁启停、加减速,在低速或爬坡时要求高转矩,高速行驶时要求低转矩,并要求变速范围大;而工业驱动电动机通常优化在额定的工作点。因此电动汽车驱动电动机应单独归为一类,其在负载要求、技术性能以及工作环境等方面的主要特征如下:

(1)电动汽车驱动电动机通常需要有 4~5 倍的过载,以满足短时加速行驶与最大爬坡度时对驱动功率的要求;而工业用驱动电动机一般有两倍的过载就可满足要求。

(2)电动汽车驱动电动机的最高转速要求达到基速的 4~5 倍;而工业驱动电动机只要求达到恒功率时基速的两倍。

(3)电动汽车驱动电动机要求有高比功率和优良的效率(在较宽的转速和转矩范围内都有较高的效率),从而能够降低车辆自重和延长续驶里程;而工业驱动电动机通常对比功率、效率及成本进行综合考虑。

(4)当有多电动机协同工作时,要求电动汽车驱动电动机可控性高、稳态精度高、动态性能好;而工业驱动电动机只满足某一种特定的性能要求。

(5)电动汽车驱动电动机往往被装在机动车上,受限于汽车的容积效率,工作在高温、恶劣天气及本底振动等工作条件下;而工业驱动电动机通常固定安装。

5.1.3 电动汽车电机驱动系统的技术特点

1. 单电动机或多电动机结构

单电动机通过变速器和差速器驱动车轮,多电动机结构是每一个驱动轮被单独驱动。单电动机结构的优点是:体积小、质量小及成本低。而多电动机结构能减少单个电动机的电流和功率的额定值,充分利用车轮内部的空间,均衡电动机的尺寸和质量。由于这两种结构各有其优点,因此在现代电动汽车上都有应用,但是单电动机结构的应用占主流。

2. 固定速比或可变速比齿轮减速

电动汽车的变速器设计通常分为单速传动和多速传动。前者采用固定速比齿轮变速传动,而后者采用带离合器和变速器的多级齿轮变速传动。对于固定速比变速传动,设计的电动机要求既能在恒转矩区提供较高的瞬时转矩(额定值的 3~5 倍),又能在恒功率区提供较高的运行速度(基速的 3~5 倍)。可变速比齿轮传动的优点是应用常规驱动电动机系统可在低档位得到较高的启动转矩,在高档位得到较高的行驶速度;但其缺点是质量及体积大,成本高,可靠性低,结构复杂。目前,在我国的电动汽车行业,还是采用多速传动,甚至采用无级变速传动装置,以弥补电机性能的不足。

3. 系统电压

电动汽车系统电压等级将大大影响驱动电动机系统的设计。采用合理的高电压电动机,可减小逆变器的成本和体积。如果所需电压过高,则需要串联许多电池,这会引起车内及行李舱空间的减小、车辆的质量及成本的增加，以及车辆性能的下降。

由于不同的车型采用不同的系统电压等级，因而电动汽车驱动电动机的设计需适合于不同的电动汽车。大体上，系统电压受蓄电池质量的限制，电池质量约占整车质量的30%。实际上，电动机的功率越大，所采用的电压等级越高。

4. 系统匹配

电动机与变换器（也称变频器）、控制器、变速装置、能源等的匹配是非常重要的。电动汽车驱动电动机的设计者应充分了解这些部件的特性，然后在给定的条件下设计电动机（应区别工业驱动电动机的设计）。

5.1.4 电动汽车电机驱动系统的类型

电动汽车电机驱动系统按所选电动机的类型，可分为直流电动机、无刷直流电动机、异步电动机、永磁同步电动机和开关磁阻电动机等。

（1）直流电动机。直流电动机具有启动加速时，驱动力大、调速控制简单、技术成熟等优点。但是直流电动机换向器容易产生电火花、烧蚀，电刷容易磨损。接触部分存在磨损，不仅使电动机效率降低，还限制了电动机的工作转速。新研制的电动汽车基本不采用直流电动机。

（2）无刷直流电动机。无刷直流电动机是一种高性能的电动机，它既有交流电动机结构简单、运行可靠、维护方便等诸多优点，又具备运行效率高、无励磁损耗、运行成本低和调速性能好等特点。因此，它在电动汽车上的应用日益广泛。

（3）异步电动机。异步电动机在电动汽车上广泛应用是因为其采用变频调速时，可以取消机械变速器，实现无级变速，使传动效率大为提高。另外，异步电动机很容易实现正反转，再生制动能量的回收也更加简单。当采用笼型转子时，异步电动机还具有结构简单、坚固耐用、价格便宜、工作可靠、效率高和免维护等优点。

（4）永磁同步电动机。永磁同步电动机结构上与无刷直流电动机相似，不同之处在于它采用正弦波驱动。所以在具备无刷直流电动机优点的同时，还具有低噪声、体积小、功率密度大、转动惯量小、脉动转矩小、控制精度高等特点，特别适用于混合动力电动汽车电机驱动系统，可以达到减小系统体积、改善汽车加速性能和行驶平稳等目的。因此，永磁同步电动机受到了全世界各大汽车生产厂家的重视。

（5）开关磁阻电动机。开关磁阻电动机是一种新型电动机，因其结构简单、坚固，工作可靠，效率高，调速系统运行性能和经济指标比普通的交流调速系统好，而具有很大的潜力，被公认为是一种极有发展前途的电动汽车驱动电动机。

随着电子技术和计算机技术的飞速发展，新的电机理论与控制方式层出不穷，推动电机驱动系统迅猛发展。高密度、高效率、轻量化、低成本、宽调速牵引电机驱动系统已成为各国研究和开发的主要热点。

5.1.5 电动汽车对电动机的要求

电动汽车在行驶过程中，经常频繁地启动、停车、加速、减速等，这就要求电动汽车中的电动机比一般工业用的电动机性能更高，基本要求如下：

（1）电动机应具有较大的启动转矩和较大范围的调速性能，以满足启动、加速、行驶、减速、制动等所需的功率与转矩；还应具有自动调速功能，以减轻驾驶员的操纵强度，提高驾驶的舒适性，并且能够达到与内燃机汽车加速踏板同样的控制响应。

（2）电动机应具有瞬时功率大、带负载启动性能好、过载能力强、加速性能好、使用寿命长的特点。

（3）电动机应在整个运行范围内，具有很高的效率，以提高一次充电的续驶里程。

（4）电动机应能够在汽车减速时实现再生制动，将能量回收并反馈给蓄电池，使得电动汽车具有最佳的能量利用率。

（5）电动机有良好的可靠性，耐温和耐潮湿，运行时噪声低，可以在恶劣的环境条件下长时期地运转。

（6）质量轻，体积小，结构简单，使用维修方便，适合批量生产。

（7）高电压，高转速，有利于提高电动机的比功率，减小电动机的尺寸，降低电动机的质量及各种控制装置和导线的截面面积；有利于在电动车辆上安装和布置，并可以降低成本。

（8）价格便宜，从而能够减少电动汽车的整体价格，提高性价比。

5.1.6 电动汽车电机驱动系统的发展趋势

（1）电机的功率密度不断提高，永磁电机应用范围不断扩大。

电机作为电动汽车动力系统中一个重要的动力输出源，其自身的性能直接影响到电动汽车的整体性能。一方面，汽车所需求的电机输出和回收功率不断提高，以满足不同工况、不同车型的需求；另一方面，这种新型机电一体的传动系统尺寸受到车内空间的限制。这就需要电动汽车用电机向高性能和小尺寸发展，不断提高电机本身的功率密度。用相对小巧的电机发挥出大的功率成为各汽车及电机厂商的发展方向。

（2）电机的工作转速不断提高，回馈制动的高效区不断拓宽。

回馈制动是混合动力机电一体化技术的一个基本特点。伴随着对混合度要求的提升，相应回馈制动范围的需求也会越来越大。采用回馈高效的电机，适当的变速系统和控制策略，可以使回馈制动的允许范围适应更多工况，使整车节能更加有效，延长行车里程，这是混合动力汽车向真正实用性必须迈出的一步。

（3）电机驱动系统的集成化和一体化趋势更加明显。

车用电机及其控制系统的集成化主要体现在电机与发动机、电机与变速器、电机与底盘系统的集成度不断提高。对于混合发动机与启动发电一体机（ISG），其发展从结构集成到控制集成和系统集成，电机与变速器的一体化越来越明显，汽车动力的电气化成分越来越高，不同融合深度的机电混合动力总成系统使得电机与变速器两者之间的联系变得越来越紧密。在高性能电动汽车领域，全新设计开发的底盘系统、制动系统、轮系将电机和动力传动装置进行一体化集成，融合程度越来越深。

（4）电机驱动系统的混合度与电功率比不断增加。

对于混合动力汽车来说，虽然目前市场上分布了轻混、中混、强混等各种混合程度的混合动力车型，但从各种混合度车型的节能减排效果来看，混合程度越高，汽车的节能能力越强。电功率占整车功率的比例正在混合动力汽车领域逐渐提高，电机已不再单单作为发动机的附属设备。各车厂正在逐渐将小排量发动机和大功率电机运用在汽车驱动上。

（5）车用电机驱动控制系统的集成化和数字化程度不断加大。

车用电机驱动控制系统集成化程度也不断加大，将电机控制器、低压 DC/DC 变换器，以及发动机控制器、变速器控制器、整车控制器等进行不同方式的集成正在成为发展趋势。

另外，高速高性能微处理器使得电机驱动控制系统进入一个全数字化时代。在高性能高速的数字控制芯片的基础上，高性能的控制算法、复杂的控制理论得以实现。同时，面向用户的可视化编程，通过代码转化和下载直接进入微处理器，可不断提高编程效率和可调试性。

5.2 直流电动机

5.2.1 直流电动机的分类

直流电动机分为绕组励磁式直流电动机和永磁式直流电动机两种。在电动汽车所采用的直流电动机中，小功率电动机采用的是永磁式直流电动机，大功率电动机采用的是绕组励磁式直流电动机。

绕组励磁式直流电动机根据励磁方式的不同，可分为他励、并励、串励和复励 4 种类型。如图 5-2 所示。

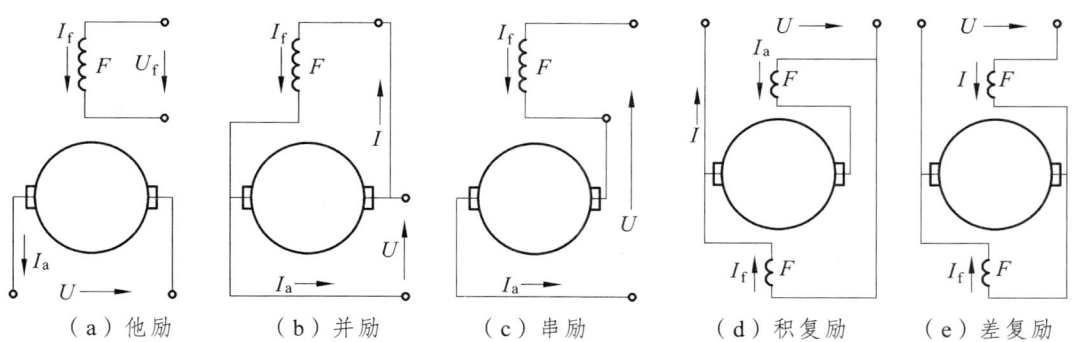

图 5-2 各种励磁方式的电动机

1. 他励直流电动机

他励直流电动机的励磁绕组与电枢绕组无连接关系，而是由其他直流电源对励磁绕组供电，因此励磁电流不受电枢端电压或电枢电流的影响。永磁式直流电动机也可看作他励直流电动机。

他励直流电动机在运行过程中，励磁磁场稳定而且容易控制，容易实现电动汽车的再生制动要求。但当采用永磁激励时，虽然电动机效率高，质量和体积较小，但由于励磁磁场固定，电动机的机械特性不理想，驱动电动机产生不了足够大的输出转矩，来满足电动汽车启动和加速时的大转矩要求。

2. 并励直流电动机

并励直流电动机的励磁绕组与电枢绕组并联，共用同一电源，性能与他励直流电动机基本相同。并励绕组两端电压就是电枢两端电压，但是励磁绕组用细导线绕成，其匝数很多，因此具有较大的电阻，使得通过它的励磁电流较小。

3. 串励直流电动机

串励直流电动机的励磁绕组与电枢绕组串联后，再接于直流电源上，这种直流电动机的励磁电流就是电枢电流。这种电动机内磁场随着电枢电流的改变有显著的变化。为了使励磁绕组中不致引起大的损耗和电压降，励磁绕组的电阻越小越好，所以串励直流电动机通常用较粗的导线绕成，它的匝数较少。

串励直流电动机在低速运行时，能给电动汽车提供足够大的转矩；而在高速运行时，电动机电枢中的反电动势增大，与电枢串联的励磁绕组中的励磁电流减小，电动机高速时的弱磁调速功能易于实现，因此串励直流电动机驱动系统能较好地符合电动汽车的特性要求。但串励直流电动机由低速到高速运行时弱磁调速特性不理想，随着电动汽车行驶速度的提高，驱动电动机输出转矩快速减小，不能满足电动汽车高速行驶时由于风阻大而需要输出较大转矩的要求。

4. 复励直流电动机

复励直流电动机有并励和串励两个励磁绕组，电动机的磁通由两个绕组内的励磁电流产生。若串励绕组产生的磁通势与并励绕组产生的磁通势方向相同，则称为积复励。若两个磁通势方向相反，则称为差复励。

5.2.2　直流电动机的基本构造

直流电动机主要由转子、定子、端盖和电刷架四部分组成，利用通电导体在磁场中受力的电磁原理制成。励磁绕组式直流电动机的结构如图 5-3 和图 5-4 所示。

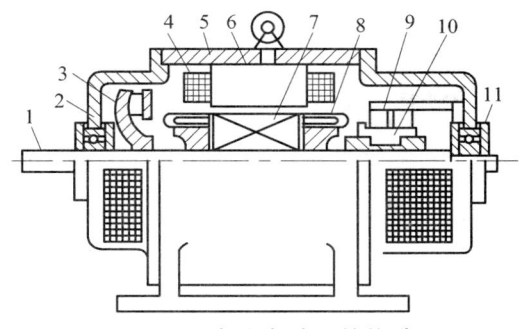

图 5-3 直流电动机的构造

1—轴；2—端盖；3—风扇；4—励磁绕组；5—机座；6—磁极；7—电枢铁心；
8—电枢绕组；9—电刷；10—换向器；11—轴承

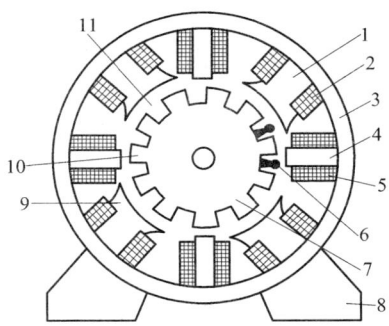

图 5-4 直流电动机的剖面图

1—极身；2—励磁绕组；3—定子磁轭；4—换向极；5—换向极绕组；6—电枢绕组；
7—电枢磁轭；8—底脚；9—极掌；10—电枢齿；11—电枢槽

定子由磁场铁心（主磁极）、磁场绕组、电动机的外壳等组成。主磁极的作用是产生气隙磁场，磁场磁极通常制成马鞍形（见图5-5）。磁场绕组绕制在磁极上，通电后形成N极或S极。转子也叫电枢，由线圈、电枢铁心、换向器、电枢轴等组成，它的作用是通电后在磁场中受力产生电磁转矩。

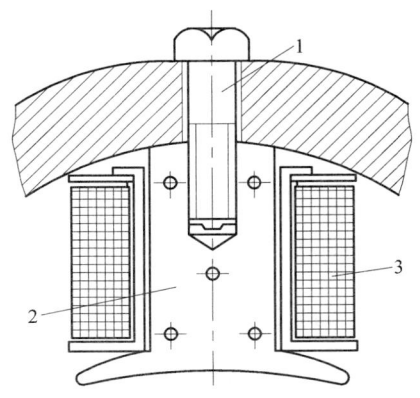

图 5-5 直流电动机的主磁极

1—固定主磁极的螺钉；2—主磁极铁心；3—励磁绕组

电枢的铁心由圆形硅钢片叠成圆柱体，构成电动机的闭合磁路，并减小涡流损失。其圆柱表面开有纵向槽，用于嵌放电枢绕组。通电后位于磁场中的电枢线圈产生电磁力，作用在电枢上形成转矩。换向器的换向片与电枢绕组的首尾端连接，与电刷配合，将电流送入和引出电枢绕组。电枢轴用于输出电磁转矩。直流电动机的电枢铁心如图5-6 所示。

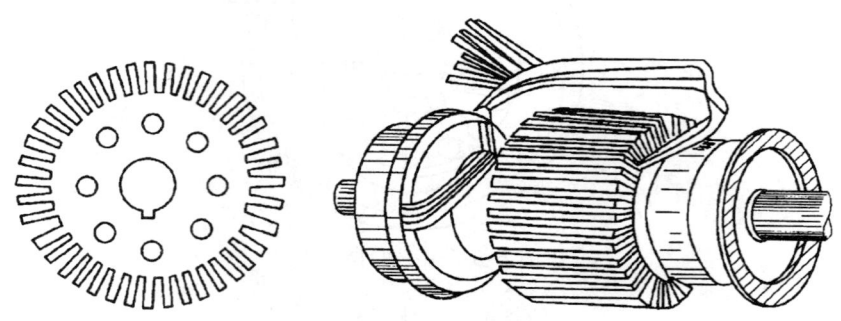

图 5-6　直流电动机的电枢铁心

换向器（见图 5-7）是直流电动机的一种特殊装置，主要由许多换向片组成，每两个相邻的换向片中间是云母绝缘片。在换向器的表面用弹簧压着固定的电刷，使转动的电枢绕组得以同外电路连接。换向器是直流电动机的结构特征，易于识别。

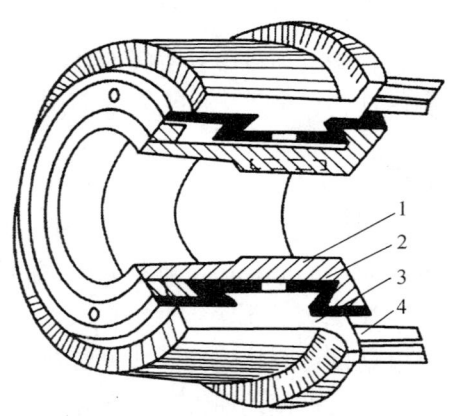

图 5-7　直流电动机的换向器
1—V形套筒；2—云母绝缘片；3—换向片；4—连接片

电刷与电枢的换向器配合，实现电枢绕组的电流换向，将蓄电池的直流电变换成电枢内部的交变电流。电刷架用于正确放置电刷，要保证位置正确，保持稳定的接触压力。用永磁体取代励磁绕组和磁极结构，励磁绕组直流电动机就变成了永磁直流电动机，如图5-8 所示。永磁直流电动机是一种小型电动机，其输出功率大多为 100 W～10 kW，它采用了在圆柱形的磁轭内部黏附两个弓形永久磁铁的结构形式。在永久磁铁的材质中，铁氧体比较廉价，如果要求小型化和高性能，钕铁硼是较好的选择。小功率以及装配空间狭小的电动机没有设置换向极，然而，在有励磁绕组的大功率电动机中，设置了帮助换向的换向极；而且，在励磁磁极铁心中，为了减少铁损，采用了叠压片的结构。

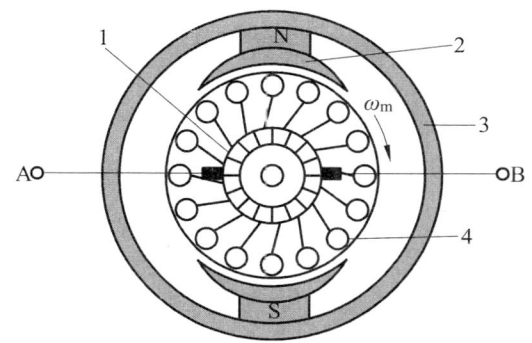

图 5-8 永磁的换向器
1—换向器；2—永久磁铁；3—磁轭；4—电枢绕组

与励磁绕组直流电动机相比，永磁直流电动机由于采用永磁体，大大节省了空间且没有磁场损失，所以它的功率密度和效率都较高。永磁体的磁导率和空气的磁导率差不多，所以电枢反应减小，电磁交换得以改善。不过，由于永磁直流电动机的励磁不能控制，所以不能从永磁直流电动机得到与励磁绕组直流电动机相似的工作特性。

由于励磁绕组式和永磁式直流电动机中都有换向器-电刷结构，所以存在着机械面接触，而且由于磨损和接触不良，也衍生了电火花等问题，其寿命就比较短。

5.2.3 直流电动机的特点

直流电动机具有以下特点：

（1）调速性能好。直流电动机可以在重负载条件下，实现均匀、平滑地无级调速，而且调速范围较宽。

（2）启动力矩大。直流电动机可以均匀而经济地实现转速调节，因此，凡是在重负载下启动或要求均匀调节转速的机械，如大型可逆轧钢机、卷扬机、电力机车、电车等，都可用直流电动机拖动。

（3）控制比较简单。直流电动机一般用斩波器控制，它具有效率高、控制灵活、质量轻、体积小、响应快等优点。

（4）有易损件。由于直流电动机存在电刷、换向器等易磨损器件，所以必须进行定期维护或更换。

电动汽车专用的直流电动机和其他通用的电动机相比，应在耐高温性、抗振动性、低损耗性、抗负载波动性以及小型轻量化、免维护性等方面给予特殊考虑。

除此之外，电动汽车用直流电动机大多在较低的电压下驱动，同时是大电流电路，因此需要注意连接线的接触电阻。

5.2.4　直流电动机的转速控制

直流电动机的转速控制方法主要有电枢调压控制、磁场控制和电枢回路串电阻控制 3 种。

电枢调压控制是指通过改变电枢的端电压来控制电动机的转速。这种控制只适合电动机基速以下的转速控制。它可保持电动机的负载转矩不变，电动机转速近似与电枢端电压成比例变化，所以称为恒转矩调速。

电枢调压控制的调速过程为：当磁通保持不变时，减小电压，由于转速不立即发生变化，反电动势也暂时不变化，因此电枢电流减小了，转矩也减小了。如果阻转矩未变，则转速下降。随着转速的下降，反电动势减小，电枢电流和转矩就随着增大，直到转矩与阻转矩再次平衡为止，但这时转速已经较原来下降了。

磁场控制是指通过调节直流电动机的励磁电流改变每极磁通量，从而调节电动机的转速。这种控制只适合电动机基速以上的控制。当电枢电流不变时，具有恒功率调速特性。

磁场控制的调速过程为：当电压保持恒定时，减小磁通，由于机械惯性，转速不立即发生变化，于是反电动势减小，电枢电流随之增加。由于电枢电流增加的影响超过磁通减小的影响，所以转矩也就增加。如果阻转矩未变，则转速上升。随着转速的上升，反电动势增大，电枢电流和转矩也随着减小，直到转矩和阻转矩再次平衡为止，但这时转速已经较原来上升了。

电枢回路串电阻控制是指当电动机的励磁电流不变时，通过改变电枢回路电阻来调节电动机的转速。这种控制方法的机械特性较软，而且电动机运行不稳定，一般很少应用。对于小型串励直流电动机，常采用电枢回路串电阻控制方式。

5.3　异步电动机

异步电动机按转子结构可以分为笼型和绕线转子电动机两类，如图 5-9 所示。在电动汽车中，使用的只有笼型异步电动机，其能够实现高速运转，且由于结构简单，所以造价便宜，坚固，而且维护起来也很容易。

（a）笼型　　　　　　（b）绕线转子

图 5-9　异步电动机类型

5.3.1 异步电动机的基本构造

三相异步电动机的种类很多，但各类三相异步电动机的基本结构是相同的，它们都由定子和转子这两大基本部分组成。定子和转子之间具有一定的气隙。此外，还有端盖、轴承、接线盒、吊环等其他附件。三相笼型异步电动机的主要结构如图 5-10 所示。

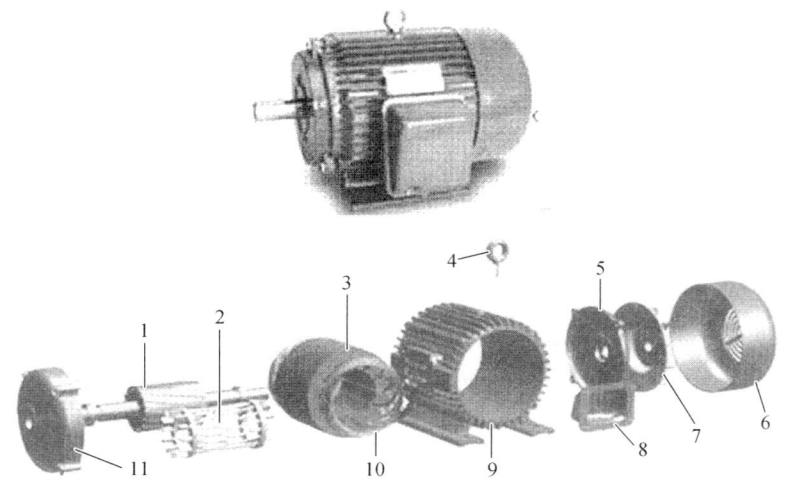

图 5-10 三相笼型异步电动机的主要结构图

1—转子铁心；2—转子绕组；3—定子前端盖；4—吊环；5—后端盖；6—风罩；
7—风扇；8—出线盒；9—机座；10—定子绕组；11—前端盖

1. 定子部分

定子是用来产生旋转磁场的。三相电动机的定子一般由外壳、定子铁心、定子绕组等部分组成。

（1）外壳。三相电动机外壳包括机座、端盖、轴承盖、接线盒及吊环等部件。

机座由铸铁或铸钢浇铸成型，其功用是保护和固定三相电动机的定子绕组。中、小型三相电动机的机座还有两个端盖支承着转子，它是三相电动机机械结构的重要组成部分。通常，机座的外表要求散热性能好，所以一般都铸有散热片。

端盖由铸铁或铸钢浇铸成型，其功用是把转子固定在定子内腔中心，使转子能够在定子中均匀地旋转。

轴承盖也是由铸铁或铸钢浇铸成型的，其功用是固定转子，使转子不能轴向移动，另外起存放润滑油和保护轴承的功用。

接线盒一般是用铸铁浇铸，其功用是保护定子绕组的引出线端子。

（2）定子铁心。异步电动机定子铁心是电动机磁路的一部分，由 0.35～0.5 mm 厚表面涂有绝缘漆的薄硅钢片叠压而成。由于硅钢片较薄且片与片之间是绝缘的，所以减少了由于交变磁通通过而引起的铁心涡流损耗。铁心内圆有均匀分布的槽口，用来嵌放定子线圈。

（3）定子绕组。定子绕组是三相电动机的电路部分。三相电动机有三相绕组，通入三相对称电流时，就会产生旋转磁场。三相绕组由3个彼此独立的绕组组成，且每个绕组又由若干线圈连接而成。每个绕组即为一相，每个绕组在空间相差120°电角度。线圈由绝缘铜导线或绝缘铝导线绕制。中、小型三相电动机多采用圆漆包线，大、中型三相电动机的定子线圈则用较大截面的绝缘扁铜线或扁铝线绕制后，再按一定规律嵌入定子铁心槽内。

2. 转子部分

转子部分主要由转子铁心、转子绕组及其他部分组成。

（1）转子铁心。转子铁心是用 0.5 mm 厚的硅钢片叠压而成，套在转轴上，其功用和定子铁心相同，一方面作为电动机磁路的一部分，另一方面用来安放转子绕组。

（2）转子绕组。异步电动机的转子绕组分为绕线型与笼型两种，由此分为绕线转子异步电动机与笼型异步电动机。这里仅介绍笼型转子绕组。

在转子铁心的每一个槽中插入一根铜条，在铜条两端各用一个铜环（称为端环）把导条连接起来，称为铜排转子，如图 5-11（a）所示；也可用铸铝的方法，把转子导条和端环风扇叶片用铝液一次浇铸而成，称为铸铝转子，如图 5-11（b）所示。100 kW 以下的异步电动机一般采用铸铝转子。

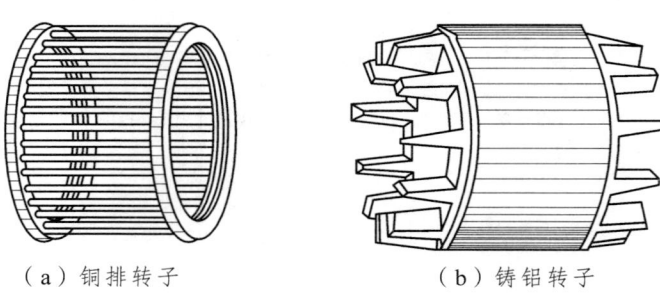

（a）铜排转子　　　　　　（b）铸铝转子

图 5-11　笼形转子绕组

（3）其他部分。

其他部分包括端盖、风扇等。端盖除了起防护作用外，在端盖上还装有轴承，用以支承转子轴。风扇则用来通风冷却电动机。三相异步电动机的定子与转子之间的空气隙，一般仅为 0.2～1.5 mm。若气隙太大，则电动机运行时的功率因数降低；若气隙太小，则使装配困难，运行不可靠，高次谐波磁场增强，从而使附加损耗增加以及启动性能变差。

5.3.2　异步电动机的特点

异步电动机成本低且可靠性高，即使逆变器损坏而产生短路也不会产生反向电动势，所以没有出现紧急制动的可能性。因此，异步电动机在大型高速的电动汽车中使用得很多。

各大公司均对异步电动机进行了研究开发,制造了如下特征的异步电动机:一般情况下,由于安装条件和小型轻量化的限制,电动机在 10 000 r/min 以上的高速运转时,大多采用一级齿轮减速器实现减速。此外,振动等工作环境是非常恶劣的,低转速状态下需要高转矩,并且要求较宽的速度范围内的恒输出功率特性,因此电动汽车用异步电动机与一般工业用的电动机不同,在设计上采用了各种新的方法。

首先,出于对工作环境的考虑,电动汽车用异步电动机大多采用全封闭式结构,同时,为了电动机框架、托座等的轻量化,采用压铸铝的方式制造,也有采用将定子铁心裸露在外表面的元框架结构。而且为了实现小型轻量化,大多采用了通过水冷却定子框架的水冷式电动机。此外,提出了无框架结构中在定子铁心内部安装冷却管道的结构。

5.4 开关磁阻电动机

开关磁阻电动机(Switched Reluctance Motor,SRM)是继直流电动机和交流电动机之后,又一种极具发展潜力的新型电动机。

5.4.1 开关磁阻电动机的结构

开关磁阻电动机由双凸极的定子和转子组成,其定子、转子的凸极均由普通的硅钢片叠压而成。定子极上绕有集中绕组,把沿径向相对的两个绕组串联成一个两级磁极,称为一相;转子既无绕组又无永磁体,仅由硅钢片叠成。

开关磁阻电动机有多种不同的相数结构,如单相、二相、四相及多相等,且定子和转子的极数有多种不同的搭配。低于三相的开关磁阻电动机一般没有自启动能力。相数多,则有利于减小转矩脉动,但结构复杂,主开关器件多,成本增高。目前,应用较多的是四相 8/6 极结构和三相 6/4 极结构。下面介绍的开关磁阻电动机的结构为四相 8/6 极结构。

5.4.2 开关磁阻电动机的工作原理

开关磁阻电动机的工作原理图如图 5-12 所示。

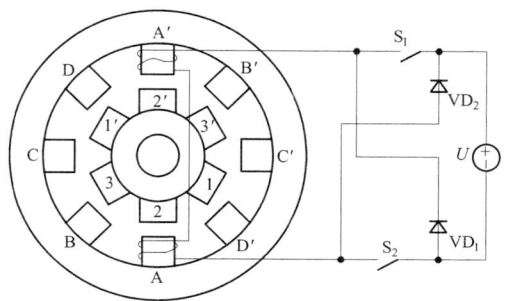

图 5-12 开关磁阻电动机的工作原理图

S_1,S_2—电子开关;VD_1,VD_2—二极管;U—直流电源

电动机的定子和转子呈凸极形状，极数互不相等。转子由叠片构成，且带有位置检测器，以提供转子位置信号，使定子绕组按一定的顺序通断，保持电动机的连续运行。

开关磁阻电动机的磁阻随着转子磁极与定子磁极的中心线对准或错开而变化。因为电感与磁阻成反比，所以当转子磁极在定子磁极中心线位置时，相绕组电感最大；当转子磁极中心线对准定子磁极中心线时，相绕组电感最小。

因为开关磁阻电动机的运行原理遵循磁阻最小原理，即磁通总要沿着磁阻最小的路径闭合，所以具有一定形状的铁心在移动到最小磁阻位置时，必须使自己的主轴线与磁场的轴线重合。从图 5-12 中可看出，当定子 D-D′极励磁时，所产生的磁力力图使转子旋转到转子极轴线 1-1′与定子极轴线 D-D′重合的位置，并使 D 相励磁绕组的电感最大。

若以图中定、转子所处的相对位置作为起始位置，依次给 D-A-B-C 相绕组通电，则转子会逆着励磁顺序以逆时针方向连续旋转；反之，若依次给 B-A-D-C 相通电，则电动机会沿着顺时针方向转动。所以开关磁阻电动机的转向与相绕组的电流方向无关，而仅取决于相绕组通电的顺序。

5.4.3 开关磁阻电动机的运行特性

开关磁阻电动机的运行特性可分为 3 个区域：恒转矩区、恒功率区、串励特性区（自然特性区），如图 5-13 所示。

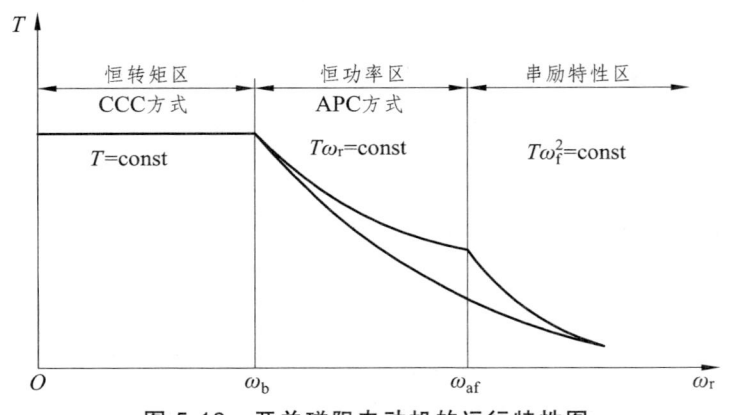

图 5-13 开关磁阻电动机的运行特性图

开关磁阻电动机一般运行在恒转矩区和恒功率区。在这两个区域内，电动机的实际运行特性可控。通过控制条件，可以实现在实线以下的任意实际运行特性。

在恒转矩区，电动机转速较低，电动机反电动势小，因此需采用电流斩波控制（CCC）方式。

在恒功率区，旋转电动势较大，开关器件导通的时间较短，因此电流较小。当外加电压和开关角一定，随着角速度的增加，转矩急剧下降，此时可采用角度位置控制

（APC）方式，通过按比例地增大导通角来补偿，延缓转矩的下降速度。

在串励特性区，电动机的可控条件都已达极限，其运行特性不再可控，呈现自然串励运行特性，因此电动机一般不运行在此区域。

电动机运行时，存在着第一、第二两个临界运行点，采用不同的可控条件匹配可得到两个临界点的不同配置，从而得到各种各样所需的机械特性。

5.4.4 开关磁阻电动机的控制

开关磁阻电动机不同于常规的感应电动机，因其自身结构的特殊性，既可以通过控制电动机自身的参数（如开通角、关断角）来实现，也可以用适用于其他电动机上的控制理论，如 PID 控制、模糊控制等，对功率变换器部分进行控制，进而实现电动机的速度调节。

针对开关磁阻电动机的自身参数进行控制，目前主要使用的几种基本控制方式有角度位置控制（APC）、电流斩波控制（CCC）和电压控制（VC）。

1. 角度位置控制

角度位置控制是在加在绕组上的电压一定的情况下，通过改变绕组上主开关的开通角和关断角，来改变绕组的通、断电时刻，调节相电流的波形，实现转速闭环控制。

根据电动势平衡方程式可知，当电动机转速较高时，旋转电动势较大，则此时电流上升率下降，各相的主开关器件的导通时间较短，电动机绕组的相电流不易上升，电流相对较小，便于使用角度位置控制方式。

角度位置控制的优点转矩调节的范围宽；可同时多相通电，以增加电动机的输出转矩，同时减小了转矩波动；通过角度的优化，能实现效率最优控制或转矩最优控制。

2. 电流斩波控制

根据电动势平衡方程式可知，电动机低速运行特别是启动时，旋转电动势引起的压降很小，相电流上升快，为避免过大的电流脉冲对功率开关器件及电动机造成损坏，需要对电流峰值进行限定，因此可采用电流的斩波控制，获取恒转矩的机械特性。电流斩波控制一般不会对开通角、关断角进行控制，它将直接选择在每相的特定导通位置对电流进行斩波控制。

目前，电流斩波控制常用的控制方案有两种：方案一，对电流上、下限进行限制的控制；方案二，限制电流上限值和恒定关断时间的控制。

电流斩波控制的优点是适用于电动机的低速调速系统，可以控制电流峰值的增长，并有很好的电流调节作用。因每相电流波形会呈现出较宽的平顶状，使得产生的转矩比较平稳，转矩的波动相应地比其他控制方式要小。

然而，由于电流的峰值受到了限制，当电动机转速在负载的扰动作用下发生变化时，电流的峰值无法做出相应的改变，使得系统的特性比较软，因此系统在负载扰动下的动态响应很缓慢。

3. 电压控制

电压控制是在保持开通角、关断角不变的前提下，使功率开关器件工作在脉冲宽度调制（PWM）方式。通过调节 PWM 波的占空比，来调整加在绕组两端电压的平均值，进而改变绕组电流的大小，实现对转速的调节。若增大调制脉冲的频率，就会使电流的波形比较平滑，电动机出力增大，噪声减小，但对功率开关器件工作频率的要求就会增大。

电压控制的优点是通过调节绕组电压的平均值进而调节电流，因此可用在低速和高速系统，且控制简单，但它的调速范围有限。

在实际的 SRD 运用中，也可以采用多种控制方式相组合的方法，如高速角度控制和低速电流斩波控制相组合，变角度电压斩波控制和定角度电压斩波控制等。这些组合方式各有优势及不足，因此必须针对不同的应用场合和不同的性能要求，合理地选择控制方式，才能使电动机运行于最佳状态。

5.4.5 开关磁阻电动机的特点

1. 优　点

（1）转子中没有磁铁和绕组，所以发热少，冷却容易。

（2）材料为容易获得的硅钢板，有可能实现大批量生产。

（3）高速情况下的运转是可能的，由于有凸极性，可以用电子的方法从电压电流等量中推算出转子的旋转角度；极低速情况下，可以实现无传感器的运转等。

2. 缺　点

（1）如果不减小气隙，就得不到高的效率和高的功率因数。

（2）磁通量变化剧烈时，会产生磁性噪声。

（3）在高振动环境中，如果气隙小就容易出现问题。

除此之外，开关磁阻电动机还有很多设计、材料上的难题尚未解决。

【思考与练习】

（1）新能源汽车电动机的类型有哪些？各有什么特点？

（2）简述直流电动机的工作原理。

（3）简述异步电动机的工作原理。

6 新能源汽车能源管理系统

【学习目标】

(1) 了解新能源汽车能源管理系统的管理项目。
(2) 掌握新能源汽车制动能量回收系统的工作原理。
(3) 理解电源转换装置的作用和要求。

6.1 蓄电池的管理系统(BMS)

6.1.1 电动汽车使用 BMS 的必需性

6.1.1.1 大容量单体电池容易产生过热

汽车动力电池采用大容量单体锂电池容易产生过热。单体电池有一定的温度耐受范围,在实际应用中如果体积过大,会产生局部过热,从而影响电池的安全和性能。因此,单体电池的大小受到限制,动力和储能电池不可能采用超大的单体锂电池。在苛刻的使用环境下,110 mm × 110 mm × 25 mm 的 20 Ah 锂电池,局部最高温度为 135 ℃;而 110 mm × 220 mm × 25 mm 的 50 Ah 锂电池,局部温度高达 188 ℃,更容易发生安全问题。所以有必要监测和控制温度。

6.1.1.2 电池的性能不完全一致

基于现有的正极材料和电池制造水平,单体电池之间尚不能达到性能的完全一致。在通过串并联方式组成大功率大容量动力电池组后,苛刻的使用条件也易诱发局部偏差,从而引发安全问题。因此,为确保电池的性能良好、延长电池使用寿命(提升 50%以上),必须使用电池管理系统(BMS)对电池组进行合理有效的管理和控制。生产和使用过程均会造成电池性能的不一致,如表 6-1 所示。

表 6-1 生产和使用过程均会造成电池性能不一致对比表

生产过程	使用过程	造成的差异
生产工艺、材质有差异	长时间使用,材质老化不同步	电压、内阻、容量
生产的批次不同		容量、内阻
个别电池内部短路	电池自放电	电流、内阻
	电池组内不同区域温度不同	电压、内阻、电流承受能力
	串并联充放电工作电流	电压分布不均匀
	系统局部漏电	SOC 变化不同

电池成组后主要的问题有以下几个方面：

1. 过充/过放

串联的电池组充电/放电时，部分电池可能先于其他电池充满/放完。继续充电/放电就会造成过充/过放，钮扣电池的内部副反应将导致电池容量下降、热失控或者内部短路等问题。

2. 过大电流

并联、老化、低温等情况，均会导致部分电池的电流超过其承受能力，降低电池的寿命。

3. 温度过高

局部温度过高，会使电池的各项性能下降，最终导致内部短路和热失控，产生安全问题。

4. 短路或漏电

因为振动、湿热、灰尘等因素造成电池短路或漏电，从而威胁驾乘人员的人身安全。

BMS 的功能之一就在于避免电池组出现上述问题。BMS 动态监测动力电池组的工作状态，实时采集每块电池的端电压和温度、充放电电流及电池包总电压，估算出各电池的荷电状态（State of Charge，SOC）、安全状态（State of Health，SOH）和电化学状态（State of Electroformation，SOE）。然后通过控制其他器件，防止电池产生过充电或过放电现象，同时能够及时给出电池状况，找出故障电池所在箱号和箱内位号，挑选出有问题的电池，保持整组电池运行的可靠性和高效性。

此外，BMS 还需要设定面向用户端的显示，将估算的剩余电量换算成可行驶里程。同时，还需要有自动报警和故障诊断功能，方便驾驶人员操作和处理。BMS 的主要工作原理可简单归纳为：数据采集电路首先采集电池状态的信息数据，再由电子控制单元（ECU）进行数据处理和分析，然后根据分析结果对系统内的相关功能模块发出控制指令，并向外界传递信息。BMS 包含多个处理模块：数据采集模块、SOC 估算模块、电气控制模块、安全管控模块、热管理模块、数据通信和显示模块等。如表 6-2 所示为 BMS 的主要任务和输入输出。

表 6-2 BMS 的主要任务和输入输出

BMS 的主要任务	输入的信号	执行部件
防止过充	电池电压、电流、温度	充电机
避免过放	电池电压、电流、温度	电动机功率转换器
温度控制	电池温度	冷热空调（风扇等）
电池组件电压和温度的平衡	电池电压和温度	平衡装置
预测电池的 SOC 和剩余行驶里程	电池电压、电流、温度	显示装置

充电站储能对性能的要求是大容量、长寿命、快速响应、可涓流充电，因此对 BMS 的要求方面有所不同，但总体功能仍与动力电池 BMS 类似，可起到监控电池 SOC 和 SOH 状态、动态充放电、智能管理和输出控制等功能。

6.1.2 电池管理系统结构

电池管理系统（Battey Management System，BMS）最基本的作用是进行电池组管理。完善的管理系统还包括热（温度）管理和电压平衡控制。

6.1.2.1 电池组管理系统

电池组管理系统管理电池的工作情况，避免出现过放电、过充、过热，对出现的故障应能及时报警，以便最大限度地利用电池的存储能力和循环寿命。电池组管理系统包括电池组电压测试、电池组电流测试、电池组和单节电池的温度测试、SOC 计算及显示技术、电池组剩余电量显示、车辆在线可行驶里程显示、自动诊断系统和报警系统、安全防护系统等。

6.1.2.2 热（温度）管理系统

热（温度）管理系统包括电池组组合方式、电池组分组和支架布置、通风管理系统和风扇、温度管理 ECU 及温度传感器、热能的管理与应用。

6.1.2.3 电压平衡控制系统

电压平衡控制系统的作用是平衡各电池的充电量，延长电池寿命，并对更换后的新电池进行容量平衡。

蓄电池管理系统主要执行以下工作：电压、电流与温度测量；计算电池 SOC；计算电池放电深度 DOD；计算最大允许放电电流；计算最大允许充电电流；预测蓄电池寿命指数和 SOH；故障诊断。

6.1.3 蓄电池测量和监控系统

纯电动汽车电池管理系统和混合动力汽车电池管理系统具有相同的设计要求。其作用是对电池的组合、安装、充电、放电，电池组中各个电池的不均衡性，电池的热管理和维护等进行监控和管理，使电池组能够提高工作效率，保证正常运转并达到最佳状态，避免发生电池的过充电和过放电，有效延长电池的寿命，并进行动力电池组的安全管理和保洁等。电池管理系统主要包括以下方面，其中 SOC 是最重要的一个指标。

6.1.3.1 电池的技术性能

不同类型、不同型号、不同使用程度的电池都具有不同的性能。电池的技术性能包括电池的容量、工作电压、终止电压、质量、外形尺寸和电池特性（包括记忆特性）等，因此，要对动力电池组建立技术档案。实际上即使是同一型号、同一批量的电池，彼此之间由于制造原因、电解质的浓度差异和使用情况的不同，都会对整个动力电池组的性能带来影响。因此，在安装电池组之前，应对各个电池进行认真检测，将性能差异不大的电池组成动力电池组。

6.1.3.2 电池状态的管理

混合动力汽车的动力电池组由多个单节电池组成，其基本状态包括在充电和放电双向作业时的电压、电流、温度、SOC 的比例等。在正常情况下，动力电池组的电压、电流、温度，SOC 的比例等应能够进行双向计量和显示。

由于多种原因，在动力电池组中个别电池会出现性能的改变，使得动力电池组在充电时不能充足，而在放电时很快地将电能放尽。这就要求电池管理系统能够及时自动检测各个单节电池的状态，当检测出某节电池出现损坏状态时，及时进行报警，以便将"坏"电池剔出、更换。

6.1.3.3 动力电池组的组合

动力电池组需要 8 ~ 32 节 12 V 的单节电池串联起来（指铅酸电池）或由更多单节（指其他电池）串联而成。为了能够分别安装在混合动力汽车的不同位置处，通常动力电池组上分为多个小的电池组分散地进行布置，这样有利于电池组的机械化安装、拆卸和检修。

如果发现某个电池的温度处于不正常状态，剩余电量（SOC）显示也不正常时，即刻向动力电池组管理系统反馈某个电池在线的响应信息，并由故障诊断系统预报动力电池组的故障。确定 SOC 是 BMS 中的重点和难点。目前，应用的各种电池组 SOC 实时在线估算方法都存在缺陷，不能完全达到实际使用的要求。这主要是因为电池组的 SOC 和很多因素相关，而且具有很强的非线性，给 SOC 实时在线估算带来很大的困难。

传统的 SOC 基本估算方法有开路电压法、内阻法和安时法等。近年来，又相继研发出许多对电池 SOC 的新型算法。各种智能算法和新型算法不够成熟，有些复杂算法在单片机系统上难以实现。为了更准确估算 SOC，在算法中还需要考虑对电池的温度补偿、自放电和老化等多方面因素，这也加大了算法的复杂程度。目前，国内实际应用的实时在线估算 SOC 的方法大多采用以电流积分为主，加上不同的电压修正的方式（开路电压法、零负载电压法），但是测量精度还达不到很好的效果。

安时法（电流积分）是目前唯一可以精确计算电池组 SOC 的方法，要求标定 SOC 初始值，需要精确计算充电效率或放电倍率，需要以恒电流对电池组进行充放电，且必须将电池组彻底放电，因此存在累计误差。

开路电压法（OCV）是电池在充分静置之后测得的开路电压值计算 SOC，正相关性容易受温度、静止时间等因素的影响；电压处于平台上，SOC 估算易造成较大误差。

直流内阻法是直流内阻在 SOC 处于 50%以下时，呈负相关性；当 SOC 处于 50%至 80%之间时，不适用。直流内阻很小，准确测量困难，易受其他很多非线性因素的影响。

电池电解液有效质量法适合铅酸电池，不适合镍-氢和锂电池。其他方法还有零负载电压法、放电法、在线辨识电池的准确模型、电化学分析法、线性模型法。

6.1.4 动力电池组的安全管理

动力电池组管理系统要承担动力电池组的全面管理，一方面保证动力电池组的正常运作，显示动力电池组的动态响应并及时报警，使驾驶员随时都能掌握动力电池组的情况；另一方面要对人身和车辆进行安全保护，避免因电池引起各种事故。

电池与电池、电池组与电池组之间需要用高压电缆连接。当动力电池组的总电压较高或采用高压直流输出时，高压电缆的截面面积比较小，有利于电线束的连接和固定，但高电压要求有更可靠的防护。

当动力电池组的总电压较低时，电流比较大，高压电缆的截面则比较粗，高压电缆很硬，不能随意形变，安装较不方便。各个电池箱之间还需要用高压电缆将各个电池箱串联起来，一般在最后输出一箱中加装手动或自动断电器，以便在安装、拆卸和检修时切断电流。

另外，在电池箱中还有各种传感器线束，因此在汽车上有尺寸很长的各种各样的电线束，要求电线之间有可靠的绝缘，并能快速进行连接。

动力电池组的总电压可以达到 90~400 V，高电压对人体会造成危害，应采取有效的隔离措施，一般是将动力电池组与车辆的乘坐区分离，将动力电池组布置在地板下面或车架的两侧。在正常的情况下，车辆停止使用时，通常会自动切断电源，只有在汽车启动时才接通电源。当汽车发生碰撞或倾覆时，电池管理系统应能立即切断电源，防止高压电引起人身事故和火灾，并防止电解液造成的伤害，以保证人身安全。同时，可以利用安全气囊触发 BMS 管理系统控制自动开关断开。

电池自身的安全问题，尤其是锂离子电池在过充电时会着火甚至爆炸，因此电池使用的安全问题是国内外各大汽车公司和科研机构当前所面临和必须解决的难题，它直接影响电动汽车是否能够普及应用。BMS 在安全方面主要侧重于对电池的保护，以及防止高电压和高电流的泄漏。其所必备的功能有过电压和过电流控制、过放电控制、防止温度过高、在发生碰撞的情况下关闭电池。这些功能可以与电气控制、热管理系统相结合来完成。许多系统都专门增加电池保护电路和电池保护芯片。例如，BMS 的智能电池模块的电路设计还具有单体电池断接功能。安全管理系统最重要的是能及时准确地掌握电池各项状态信息，在异常状态出现时及时发出报警信号或断开电路，防止意外事故的发生。

6.1.5 电池箱热管理系统

汽车上使用的动力电池组在工作时都会有发热现象，不同的蓄电池的发热程度各不相同。有的蓄电池在夏季采用自然通风即可满足电池组的散热要求，但有的蓄电池则必须采取强制通风来进行冷却，才能保证电池组正常工作并延长蓄电池的寿命。

蓄电池工作时，会产生较高的温度，理想情况下可以充分利用其产生的热量来取暖和进行风窗玻璃除霜等，使热量得到管理与应用，但实际汽车结构设计很难利用这部分热能或生产上不经济。

另外，在北方的冬季中有的蓄电池需要加保温电阻箱，并设计恒温控制系统。电池组装在一个系统中，各个蓄电池的温度应保持一致或相近。

根据动力电池组在电动车辆上的布置，动力电池组的温度管理系统中，首先应合理安排动力电池组的支架，要求便于动力电池组或其分组安装，实现机械化装卸，便于各种电线束的连接。在动力电池组的支架位置和形状确定后，设计通风管道、风扇、动力电池组 ECU 和温度传感器等。

电池在不同的温度下会有不同的工作性能，如铅酸电池、锂离子电池和镍氢电池的最佳工作温度为 25~40 ℃。温度的变化会使电池的 SOC 开路电压、内阻和可用能量发生变化，甚至会影响到电池的使用寿命。温度的差异也是引起电池均衡问题的原因之一。美国可再生能源、国家实验室的 Ahmad A. Pesaran 指出，热管理系统的主要任务为：使电池工作在适当的温度范围内，降低各个电池模块之间的温度差异。使用车载空调器可以实现对电池温度的控制，这也是电动汽车常用的温度控制方法，例如，利用空调制冷剂通入蓄电池的散热器内部。

6.1.6 动力电池组的均衡管理

电池组（PACK）有别于单体电池，在目前的电池组制造水平下，单体之间的性能差异在其整个生命周期里不可避免会存在，组合成多节串联 PACK 后若不采取技术措施，单体电池在充放电过程中的不一致会导致单体电池由于过充、过放而提前失效。要想避免单体电池由于过充、过放导致提前失效，使 PACK 的性能指标达到或者接近单体电池的水平，必须对电池组中单体电池进行均衡控制。电池组均衡的目的是将多节串联后的 PACK 内部各电池单体，充放电性能恶化减到最小或使其消失。

避免 PACK 内部各电池单体放电时产生性能恶化，采用简单的控制电路就可做到；但充电时，避免 PACK 内部各电池单体产生性能恶化，却有较大难度，这使充电均衡成为 PACK 均衡的一个主要问题。

多节动力电池组的均衡控制有两种：单独充电均衡和充放电联合均衡。一个容量及放电功率平衡设计良好的系统中，只要充电均衡控制到位，最差单体电池的性能即可达到出厂指标，事实上无须放电均衡。此时的充电均衡控制到位是指每次充电均衡控制，都可使最差单体电池的电压回复到充满就可。这一均衡方式下的 PACK 各项性能由最差单体电池的性能决定，最差单体电池的性能如果达到出厂指标，PACK各项性能就能达到设计指标。但是，如果充电均衡控制不能到位，充放电联合均衡就变得非常重要。在这一情况下，总均衡量是充放电衡量相加，但这种方式对电池非常不利，因为充电时，仍有可能出现过充。

放电均衡的目的是使PACK放电时，其放出能量为所有电池能量的平均和。放电均衡不能解决单体锂电组合成电池包后性能恶化的主要问题。

对于电池组均衡，目前在业界存在3种均衡方式：单体充电均衡、充电均衡加放电均衡、动态均衡。

动态均衡即是在锂电的使用和闲置全程中进行的充放电均衡。它可以通过延长均衡的时间，来掩盖充放电均衡量不够所产生的问题。在动态均衡下，因为电池每时每刻都在细微均衡，故在充电和放电时所需要的均衡量大幅下降。

为了克服电池不一致带来的严重影响，在电池使用中，人们强烈地提出了对电池进行均衡的要求。为此，近十几年来，许多电池管理系统的研发者，采用了各种各样的方法来进行电池的均衡。归纳起来有以下几种方法：分流法（旁路法）、切断法、并联法。

分流法（旁路法）是在充电时，当某一电池的充电电压超过设定值时，通过并联在该电池的电阻分流该电池的一部分电流，从而达到降低该电池充电电压的目的。这种方案，结构复杂，体积大，分流时发热量大，通用性差。此种分流方法，不必在电池过压后才开始分流，也可在电压比平均电压高时就开始分流平衡。

切断法是在充电时，当某一电池的充电电压超过设定值时，通过自动控制开关切断该电池的电路，同时闭合旁路开关，电流绕过这块电池，继续向下一块电池充电。切断法开关个数是电池数目的两倍。切断法需要充电器配合，要求充电器能够动态适应一个电芯到全部电芯充电的能力，且在切换电池后要能够动态地调整充电电压、充电电流，实现恒流、恒压充电以及浮充等，这对充电器的要求比较高。

并联法就是把电池按先并后串的连接方式使用。这也是一些电池生产厂家和电池的使用者，企图利用一些小容量电池组成大容量、高电压电池组所采用的方法。电池并联后，无法测量各单体电池的电压，因而就无法实施对电池组中各单体电池的监控。可见，用并联法是无法实现电池组电池的均衡效果的。

6.1.7 电池状态故障诊断

故障诊断功能是BMS的重要组成部分，其可以在动力电池组工作过程中实时掌握电池的各种状态，甚至在停机状态下也能将电池故障信息定位到动力电池系统的各个部分（包括电池模块）。BMS根据故障的级别（故障级别分为：一般故障、警告故障和严重故障）将电池状态归纳成尽快维修、立即维修和电池寿命警告等3类信息传递到仪表板，以警示驾驶者，从而保护电池不被过分使用。

6.1.7.1 BMS 的重要诊断内容

（1）启动过程的 BMS 硬件故障诊断、传感器信号的合理性诊断、电池组电压信号合理性诊断、电池模块电压的合理性诊断、启动过程电流信号的合理性诊断、启动过程温度信号的合理性诊断。

（2）行车过程的 BMS 诊断。电压波动诊断、元模块电压诊断、无电池组电压诊断、无温度信号诊断、电流故障诊断、流量传感器故障诊断、模块电压一致性故障诊断、过流故障诊断、通信系统故障诊断、通风机故障诊断、高压电控制故障诊断、模块电压的过充诊断、电池组电压的过充诊断、模块电压变化率的过充诊断、电池组电压变化率的过充诊断、SOC 的过充诊断、传感器温度的过充诊断、平均温度的过充诊断、传感器温度变化率的过充诊断、平均温度变化率的过充诊断、模块电压的过放诊断、电池组电压的过放诊断、模块电压变化率的过放诊断、电池组电压变化率的过放诊断、SOC 的过放诊断、传感器温度的过放诊断、平均温度的过放诊断、传感器温度变化率的过放诊断、平均温度变化率的过放诊断。

6.1.7.2 BMS 的诊断策略与失效处理的基本策略

BMS 的上述诊断内容分充电过程、放电过程进行，其诊断策略与失效处理的基本策略如下：

（1）根据各故障原因，对各种故障诊断分别设置了诊断程序的进入与退出条件。
（2）采用分时诊断流程，节约 CPU 的时间资源。
（3）根据电池充电倍率，动态调节充电诊断过程参数。
（4）根据电池放电倍率，动态调节放电诊断过程参数。
（5）故障诊断分 3 种不同级别进行（报警、故障与危险）。
（6）故障诊断结果通过 CAN 总线送至 VMS。
（7）故障诊断结果参与电池实际工作电流的控制。
（8）故障诊断结果参与高压电控制。

6.1.7.3 监视软件实现的功能

（1）监测动力蓄电池的单体或模块电压。
（2）监测动力蓄电池组的总电压。
（3）监测电流。
（4）监测电池组 SOC。
（5）监测电池组工作平均温度。
（6）监测模块电压极大值。
（7）监测模块电压极小值。
（8）监测温度传感器极大值。
（9）监测温度传感器极小值。

(10)监测最大允许充电电流和最大允许放电电流。
(11)监测蓄电池组故障码状态。
(12)显示工况运行时间。
(13)存储数据,采用office软件进行后处理分析。

6.2 制动能量回收系统

再生制动是指电动汽车在减速制动(或者下坡)时,将汽车的部分动能转化为电能,转化的电能储存在储存装置中,如各种蓄电池、超级电容和超高速飞轮,最终增加电动汽车的续驶里程。如果储能器已经被完全充满,则再生制动就不能实现,因此所需的制动力就只能由常规的制动系统提供。

电动汽车的再生制动/液压制动系统的基本结构如图 6-1 所示,当驾驶员踩下制动踏板后,电泵使制动液增压产生所需的制动力,制动控制与电机控制协同工作,确定电动汽车上的再生制动力矩和前后轮上的液压制动力。再生制动时,再生制动控制回收再生制动能量,并且反充到动力电池中。与传统燃油车相同,电动汽车上的 ABS 及其控制阀的作用是产生最大的制动力。

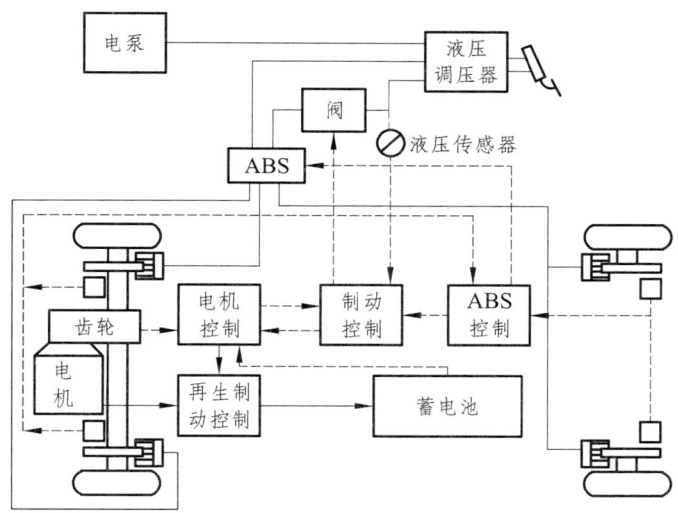

图 6-1 电动汽车的再生制动/液压制动系统的基本结构

6.2.1 再生制动能量回收的方法和类型

再生制动能量回收的基本原理是先将汽车制动或减速时的一部分机械能(动能),经再生系统转换(或转移)为其他形式的能量(旋转动能、液压能、化学能等),并储存在储能器中,同时产生一定的负荷阻力使汽车减速制动;当汽车再次启动或加速时,再生系统又将储存在储能器中的能量转换为汽车行驶所需要的动能(驱动力)。

6.2.1.1 再生制动能量回收方法

根据储能机理不同，电动汽车再生制动能量回收的方法也不同，主要有3种，即飞轮储能、液压储能和电化学储能。

飞轮储能是利用高速旋转的飞轮来储存和释放能量，能量回收系统原理如图6-2所示。当汽车制动或减速时，先将汽车在制动或减速过程中的动能转换成飞轮高速旋转的动能；当汽车再次启动或加速时，高速旋转的飞轮又将存储的动能通过传动装置转化为汽车行驶的驱动力。

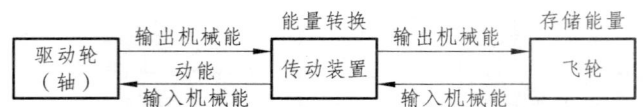

图6-2 飞轮储能式再生制动能量回收系统原理图

飞轮储能式再生制动能量回收系统主要由发动机、高速储能飞轮、增速齿轮、离合器和驱动桥组成（见图6-3）。发动机用来提供驱动汽车的主要动力；高速储能飞轮用来回收再生制动能量及作为负荷平衡装置，为发动机提供辅助的功率，以满足峰值功率的要求。

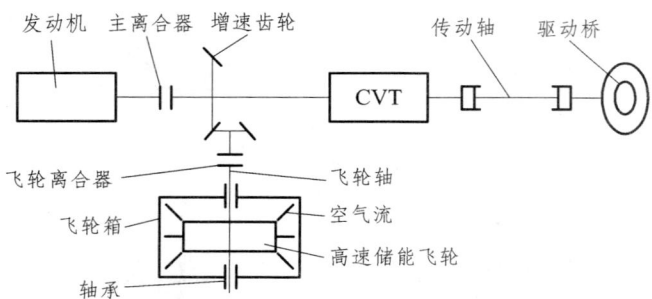

图6-3 飞轮储能式再生制动能量回收系统示意图

液压储能式再生制动能量回收系统原理图如图6-4所示。它是先将汽车在制动或减速过程中的动能转换成液压能，并将液压能储存在液压储能器中；当汽车再次启动或加速时，储能系统又将储能器中的液压能，以机械能的形式反作用于汽车，以增加汽车的驱动力。

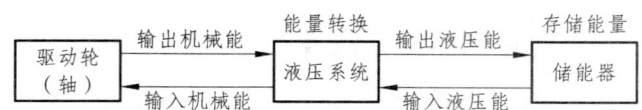

图6-4 液压储能式再生制动能量回收系统原理图

液压储能式再生制动能量回收系统由发动机、液压泵/电动机、储能器、变速器、驱动桥、离合器和液压控制系统组成（见图6-5）。汽车启动、加速或爬坡时，液控离合器接合，液压储能器与连动变速器连接，液压储能器中的液压能通过液压泵/电动机转化为驱动汽车的动能，用来辅助发动机满足驱动汽车所需要的峰值功率。减速时，电控元件发出信号，使系统处于储能状态，将动能转换为压力能储存在液压储能器内，这时汽车行驶阻力增大，车速降低，直至停车。在紧急制动或初始车速较高时，能量再生系统不工作，不影响原车制动系统正常工作。

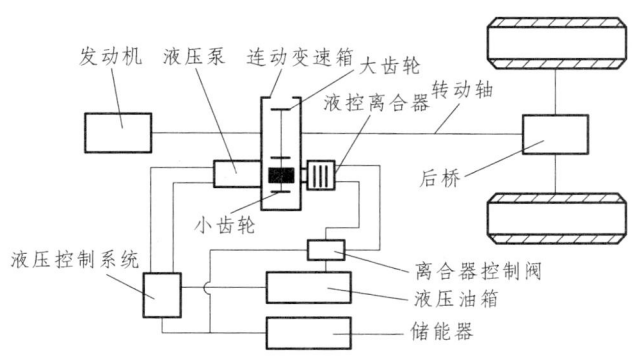

图 6-5　液压储能式再生制动能量回收系统示意图

电化学储能式再生制动能量回收系统原理图如图 6-6 所示。它是先将汽车在制动或减速过程中的动能，通过发电机转化为电能，并以化学能的形式储存在储能器中；当汽车再次启动或加速时，再将储能器中的化学能，通过电动机转化为汽车行驶的动能。储能器可采用蓄电池或超级电容，由发电机/电动机实现机械能和电能之间的转换。系统还包括一个控制单元，用来控制蓄电池或超级电容的充放电状态，并保证蓄电池的剩余电量在规定的范围内。

图 6-6　电化学储能式再生制动能量回收系统原理图

图 6-7 所示是一种用于前轮驱动汽车的电化学储能式再生制动能量回收系统示意图。当汽车以恒定速度或加速度行驶时，电磁离合器脱开。当汽车制动时，行车制动系统开始工作，汽车减速制动，电磁离合器接合，从而接通驱动轴和变速器的输出轴。这样，汽车的动能由输出轴、离合器、驱动轴、驱动轮和从动轮传到发动机和飞轮上。制动时的机械能由电动机转换为电能，存入蓄电池。当离合器再分离时，传到飞轮上的制动能，驱动发电机产生电能，存入蓄电池。在发电机和飞轮回收能量的同时，产生负载作用，作为前轮驱动的制动力。当汽车再次启动时，蓄电池的化学能，被转换成机械能，用来加速汽车。

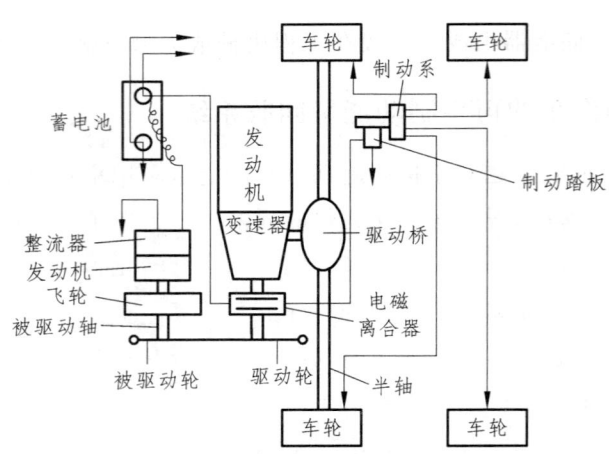

图 6-7 电化学储能式再生制动能量回收系统示意图

电动汽车实现再生制动能量回收时，采用的办法是在制动或减速时，将驱动电动机转化为发电机，各种储能方法的比较如表 6-3 所示。

表 6-3　3 种储能方法的比较

比较项	飞轮储能	液压储能	电化学储能
能量密度	＋	－	＋＋
功率密度	＋＋	＋＋	－
储能效率（短时间）	＋	＋	＋＋
储能效率（长时间）	－－	＋	0
能量转换效率			
寿命	＋＋	＋＋	－－
过负荷容量	＋	＋	－－
可靠性	＋	＋	－
维护性	＋	＋	－－
噪声	＋	＋	＋＋
成本	＋	－	－－

注：表中符号为＋＋（优秀）、＋（良好）、0（中等）、－（差）、－－（较差）。

6.2.1.2 再生制动能量回收系统的类型

再生制动能量回收系统的类型因储能方法的不同而不同，主要有电能式、动能式和液压式。电能式主要由发电机、电动机和蓄电池或超级电容组成，一般在电动汽车上使用；动能式主要由飞轮、无级变速器构成，一般在公交汽车上使用；液压式主要由液压泵/电动机、储能器组成，一般在工程机械或大型车辆上使用。

6.2.2 电动汽车的再生制动能量回收系统

再生制动能量回收问题对于提高电动汽车的能量利用率具有重要意义。在汽车制动过程中，汽车的动能通过摩擦转化为热能耗散掉，浪费了大量的能量。有关研究数据表明，在几种常见城市工况下，大量的驱动能量被转化为制动能量而消散掉。从平均数值看，制动能量占总驱动能量的50%左右。

在电动汽车上采取再生制动能量回收方法的作用有：在目前电动汽车的储能元件没有大的突破与发展的实际情况下，再生制动能量回收装置可以提高电动汽车的能量利用率，延长电动汽车的行驶里程；电制动与传统制动相结合，可以减轻传统制动器的磨损，增长其使用周期，达到降低成本的目的；可以减少汽车制动器在制动，尤其是缓速下长坡及滑行过程中产生的热量，降低汽车制动器的热衰退，提高汽车的安全性和可靠性。

再生制动系统的结构与原理如图6-8所示，其由驱动轮、主减速器、变速器、电动机、AC/DC转换器、DC/DC转换器、能量储存系统及控制器组成。

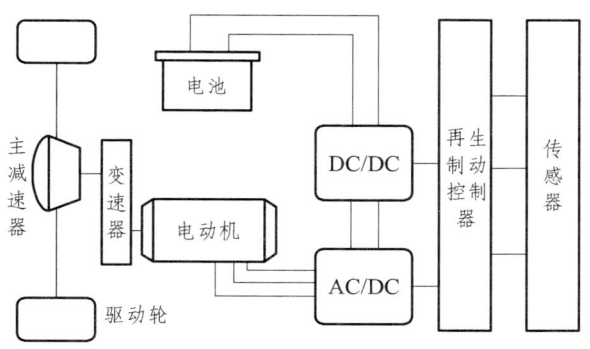

图6-8 再生制动系统的结构与原理

汽车在制动或滑行过程中，根据驾驶员的制动意图，由制动控制器计算得到汽车需要的总制动力，再根据一定的制动力分配控制策略，得到电动机应该提供的电动机再生制动力。电动机控制器计算需要的电动机电枢中的制动电流，通过一定的控制方法使电动机跟踪需要的制动电流，从而较准确地提供再生制动力矩。在电动机的电枢中产生的电流经AC/DC整流，再经DC/DC控制器反充到储能装置中保存起来。

在城市循环工况下，汽车的平均车速较低，负荷率起伏变化大，需要频繁地启动和制动。相关研究显示，汽车制动过程中，以热能方式消耗到空气中的能量，约占驱动总能量的50%，如果可以将该部分损失的能量加以回收利用，则汽车的续驶里程将会得到很大提高。有关资料显示，具有再生制动能量回收系统的电动汽车，一次充电续驶里程至少可以增加10%~30%。

下面简单介绍几种电动汽车再生制动能量回收系统。

1. Eco-Vehicle 制动控制系统

Eco-Vehicle 是日本开发的一款电动车，该车制动系统使用了传统制动系统不具有的制动压力控制阀单元，控制单元安装在主缸和前后制动器之间的液压回路中。同时，压力控制阀还包括主缸压力传感器和两个由制动控制器控制的电磁调节器，如图 6-9 所示。

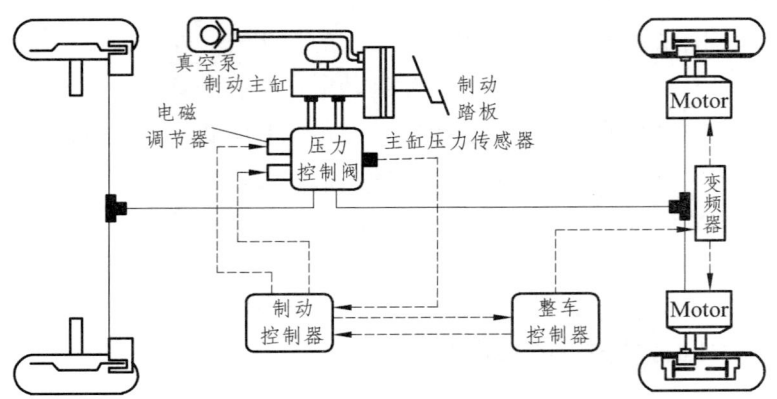

图 6-9　Eco-Vehicle 制动控制系统

压力控制阀单元包含两个阀体，且每个阀体能够独立地作用在前、后轮制动器上，同时每个阀体都有一个电磁调节器。利用电磁调节器来控制输出的压力不会直接输送到轮缸，车上的制动控制器控制输出液压制动力。在 Eco-Vehicle 制动控制系统中，使用压力控制阀减小液压制动力所占比例。压力控制阀中还有一种补偿制动液损失的机械装置，它能够在压力出现起伏波动时减轻踏板的振动。制动控制器根据接收的主缸压力信号做出判断，计算出施加的再生制动力的大小，并将结果以电信号形式发送给汽车控制器，之后汽车控制器参与到再生制动过程中，同时将结果反馈给制动控制器。制动控制器根据反馈信号决定压力控制阀的调节器应处于什么位置，从而控制制动压力的大小。

2. 本田 EV Plus 制动控制系统

本田 EV Plus 的制动控制系统与传统的液压（气压）制动系统有所区别，它使用电动真空泵给制动助力器提供动力源，在制动过程中将回收能量传递到动力电池中。

本田 EV Plus 的制动控制系统如图 6-10 所示。当驾驶员踩下制动踏板一定时间后，电机将以发电方式工作。制动回收的动能经过能量控制单元进入电池，转化为电能储存起来。在制动中，主缸产生的液压制动力矩经过补偿阀，补偿阀根据能量回收制动力矩的大小，对液压制动力矩进行相应的调节控制。

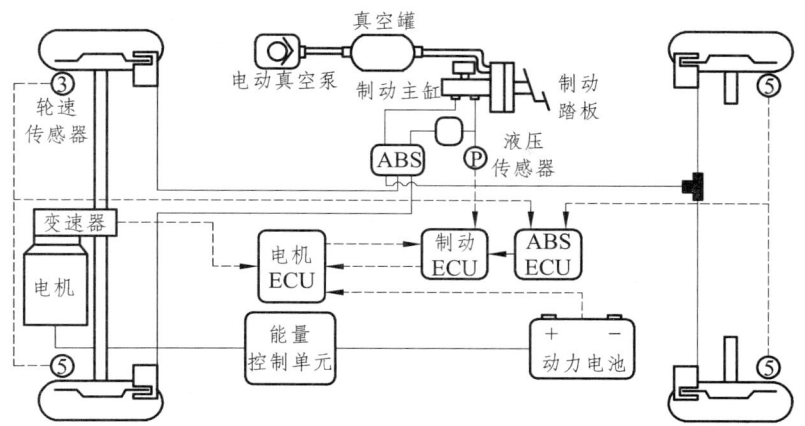

图 6-10 本田 EV Plus 的制动控制系统

3. 丰田普锐斯制动控制系统

丰田普锐斯是丰田汽车公司研制的一款混合动力轿车，它的制动系统包括能量回收制动和液压制动，能量回收制动由整车 ECU 控制，液压制动则由制动控制器控制。其液压制动系统如图 6-11 所示，它包括常规制动系统，并且加装了踏板行程模拟机构、压力传感器、压力控制单元。该车具有 ABS 的压力调节功能，4 个压力传感器分别用于检测 2 个制动力矩及 2 个轮缸压力。

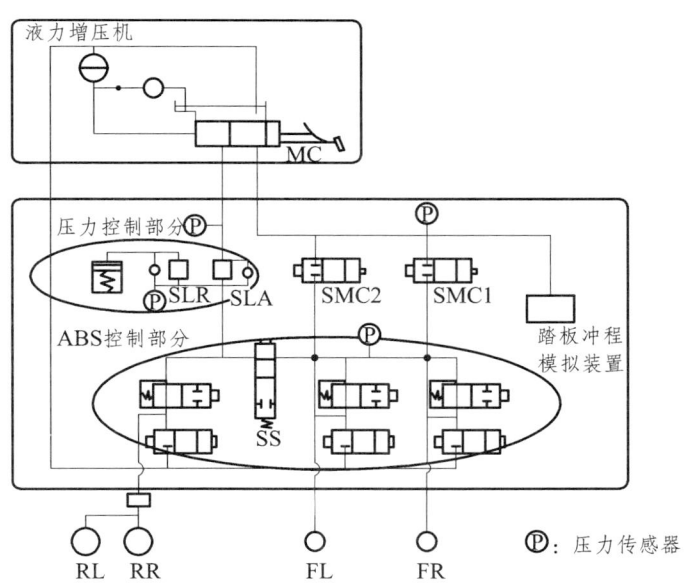

图 6-11 丰田普锐斯的液压制动控制系统

其制动过程如下：

（1）在制动开始时，制动控制器根据主缸的压力，计算出驾驶员所需的制动力矩，并将该制动力矩发送给整车 ECU，整车 ECU 通过计算得到当前所能够施加的能量回收制动力矩的大小，并将其发送给制动控制器。

（2）制动控制器根据能量回收制动力矩的大小，计算目标液压制动力矩的大小，并根据目标液压制动力矩的数值，确定电磁阀 SLA 的通电电流的大小，并通过 SLA 来控制液压制动力矩的大小。

（3）SLR 是减压电磁阀，在 ABS 不起作用的时候，可以通过 SLR 和储液器的配合来起到减压的作用。

（4）SS 为沟通前、后轮缸回路的电磁阀，当前轮的制动力完全可以由能量回收制动力矩提供时，SS 是关闭的；当能量回收制动力矩不能够满足前轮制动需要时，SS 打开，前轮也进行液压制动。

（5）踏板行程模拟机构主要用来模拟踏板行程，吸收多余的制动液，使得在确保制动安全的前提下，尽可能采用能量回馈制动，减少液压制动。

（6）SMC1 和 SMC2 为两个电磁阀，在正常情况下它们是关闭的，截断了两前轮的轮缸制动回路和制动主缸之间的连接。当制动回路出现异常情况，如 SS 阀失效，前轮无法获取液压制动力矩时，SMC1 和 SMC2 打开，连通前轮的制动轮缸和制动主缸，确保前轮制动。

（7）电磁阀 SLA 和 SLR 都是相关的机械开启装置（在一定的开启压力下可以打开），防止由于电信号失效导致制动轮缸的压力增减失效。当 ABS 系统起作用时，SLA 全开，此后制动过程由 ABS 系统控制。

（8）当 ABS 系统不再起作用时，则转换为 Pressure Control Part 工作，通过 SLA 来控制液压制动力矩。

（9）压力控制单元主要用于控制液压制动力矩，它包括液压调节阀和制动主缸，同时实现 ABS 功能。当 ABS 系统起作用时，该车不进行能量回收制动，完全由液压制动系统来完成制动过程。

4. 再生-液压混合制动系统

图 3-12 所示是某电动汽车的再生-液压混合制动系统，它只在前轮上进行再生制动能量回收，前轮上的总制动力矩大小等于电机产生的再生制动力矩与机械制动系统产生的摩擦制动力矩的和。踩下制动踏板后，电动泵使制动液压力增加以产生所需的制动力，制动控制器与电机控制器协同工作，以确定再生制动力矩和前后轮上的液压制动力矩的大小。在电机再生制动过程中，再生制动控制模块回收再生制动能量并输送到电池中，电动汽车上的 ABS 及其控制阀的作用都是产生尽可能大的制动力。

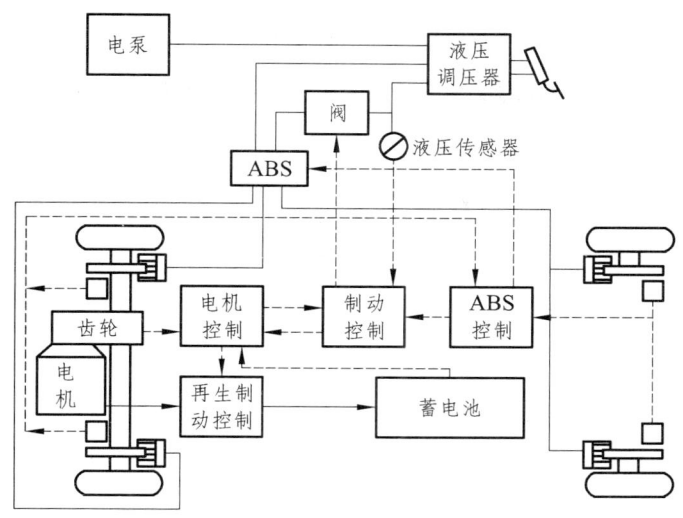

图 6-12 某电动汽车的再生-液压混合制动系统

6.3 电源转换装置

6.3.1 电动汽车电子设备对电源的要求

在电动汽车上,电子设备是极为复杂的电子系统,包含许多作用不同的功能块,各功能块对电源的要求,如所需的电压和电流的大小、功率等级、电磁兼容性、安全可靠性等指标也各不相同。为了满足各电子设备的不同需要,电动汽车必须使用各种功率变换器。目前,使用的功率变换器可分为 DC/DC、DC/AC、AC/DC 3 种类型。它们各自有不同的适用范围,使用最多的是 DC/DC、DC/AC。

6.3.2 DC/DC 功率变换器

6.3.2.1 DC/DC 功率变换器的功用

在电动汽车的电子系统中,由于直流总线不可能满足性能各异、种类繁多的元器件对直流电源的电压等级、稳定性等的要求,因此必须采用各种 DC/DC 功率变换模块。DC/DC 变换模块的直流输入电源来自系统中的电池或直流总线。例如,一个 12 V 的汽车电池在启动电动机时,电压可低至 6 V,充电时其电压可高达 15 V 以上。要使汽车电子设备正常工作,必须使用一个 DC/DC 功率变换模块,将宽范围变化的直流电压变换成稳定性能良好的直流电压。

电动汽车的 DC/DC 变换器的主要功用是给 ECU 控制单元、车灯、小型电器等汽车附属设备提供电力和向附属设备电源充电。传统燃油汽车依靠发动机带动交流发电机发电,供给附属用电设备的电源。由于纯电动汽车和燃料电池电动汽车无发动机,混合动力汽车的发动机间断地工作,并且多带有自动停止怠速装备,因此电动汽车必须靠主电池向附属用电设备及其电源供电,DC/DC 功率变换器因此成为电动汽车必不可少的设备。

6.3.2.2 DC/DC 功率变换器的分类

从开关控制方式来分,DC/DC 功率变换电路有脉宽调制式 PWM(Pulse Width Modulation)、脉冲频率调制式 PFM (Pulse Frequency Modulation)、脉宽和频率混合调制式硬开关电路,也有零电压或零电流软开关 PWM 电路和各种谐振式、准谐振式变换器。

从拓扑结构来分, DC/DC 功率变换电路有升压型、降压型、升/降压型、正激型、反激型、反相型、全桥式正激型、半桥式正激型及推挽式正激型等。

适用于电动汽车辅助子系统能量供给的两种基本的 DC/DC 变换器:非绝缘型和绝缘型,如图 6-13 所示。非绝缘型的特点是负极与车身相连,结构简单,成本低;绝缘型的特点是负极与车身绝缘,主电源的高等级电压与辅助电源的低等级电压隔离开来。这两种 DC/DC 变换器的工作效率都很高,一般为 85%~95%,并且适于商用。

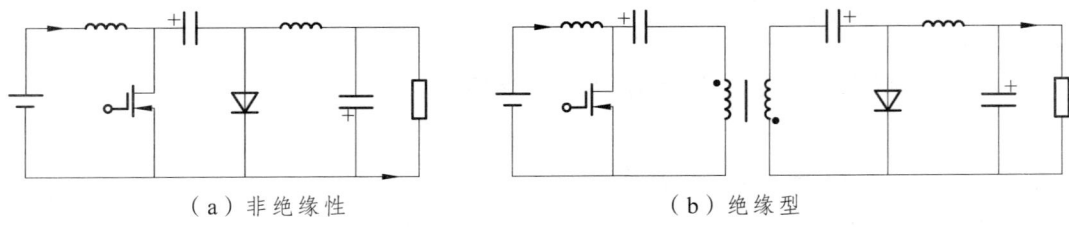

图 6-13 两种基本的 DC/DC 变换器

6.3.2.3 DC/DC 变换器的电路举例

DC/DC 变换器的构成示意图如图 6-14 所示,由功率回路和控制回路组成。

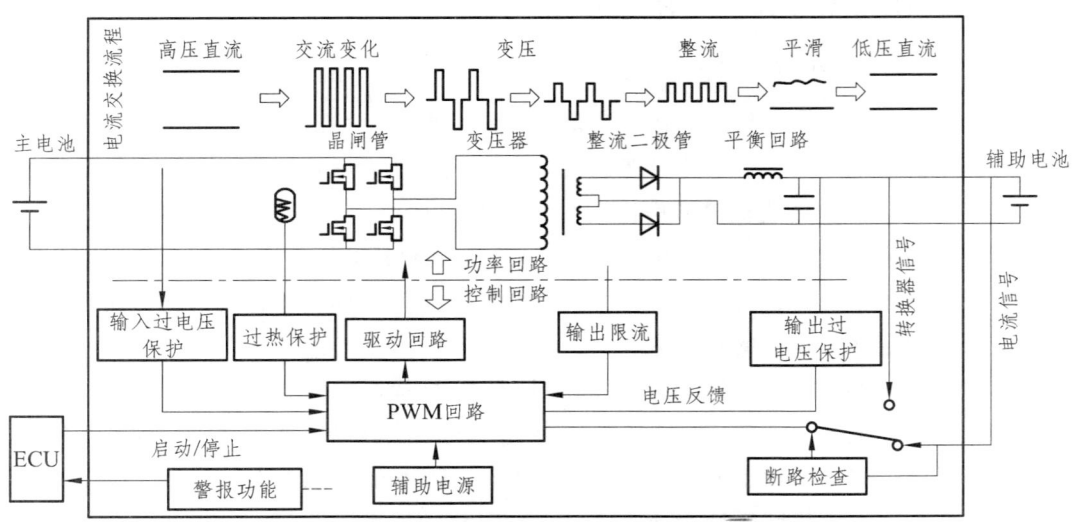

图 6-14 DC/DC 变换器构成示意图

以控制电路的驱动信号为基础,功率回路打开或者关闭晶闸管,输入直流电,供给变压器交流电压。在变压器中变压之后得到交流电压,再经过整流二极管的整流作用,得到断续直流电压,然后经平滑电路平滑后对辅助电池充电。控制回路还具有输入过电压保护、输出限流、过热保护和报警等功能。

6.3.3 燃料电池汽车的 DC/DC 功率变换器

6.3.3.1 燃料电池汽车 DC/DC 功率变换器的功用

对于燃料电池电动汽车来说,DC/DC 功率变换器的作用尤为重要,是燃料电池汽车的关键技术之一。

1. 燃料电池的特性

一般来说,燃料电池输出的电压比电动汽车动力总线的电压要低,且随着输出电流的增加,电压下降幅度比较大,也就是说特性比较软。由燃料电池的特性和其动态响应特性所决定,直接利用燃料电池作为 FCEV 的动力源有一定困难。为了实现燃料电池输出电压与动力总线电压匹配,就需要有一个 DC/DC 功率变换器。另外,为了控制燃料电池的能量输出,也需要有一个 DC/DC 功率变换装置。因此有必要引入动力 DC/DC 功率变换器,来与燃料电池配合使用。

2. 混合动力型燃料电池汽车的特点

混合动力型燃料电池汽车的动力系统通常采用燃料电池加蓄电池的混合结构。燃料电池系统的输出电压通常为 240~430 V,且燃料电池的外特性(电压随电流的变化)曲线斜率较大。相反,由于较高的动力总线电压等级,可以提高驱动系统的效率,并减小其体积及质量,蓄电池组的标称电压一般设计在 380 V 以上;而且由于蓄电池的充放电特性及其使用安全性的要求,蓄电池的端电压应在较小的范围内变化。所以燃料电池难以直接和蓄电池并联使用。解决的方法是在燃料电池的输出端串接一个对燃料电池的输出电压进行升压变换及稳压调节的 DC/DC 功率变换器,使 DC/DC 功率变换器的输出电压和蓄电池工作电压相匹配,并且控制燃料电池的最大输出电流和功率,起到保护燃料电池系统的目的。

混合型燃料电池汽车所采用的电源有不同的特性,燃料电池或发动机-发电机组只提供电能,电流的方向是单向的。而蓄电池和超级电容器在充放电时,电流的方向是可逆的。各种电源的电压和电流受工况变化影响而不稳定,但驱动电动机不能适应其变化,所以在电源与驱动电动机之间需要装置 DC/DC 功率变换器。在燃料电池或发动机-发电机组与电动机之间需要装置单向 DC/DC 功率变换器,在蓄电池和超级电容器与电动机之间需要装置双向 DC/DC 功率变换器。

6.3.3.2 DC/DC 功率变换器的工作原理

1. 双向 DC/DC 功率变换器

在以蓄电池和超级电容器组成的混合电源上，超级电容器在接收外电源充电或制动反馈的电能时，以大电流充电的形式工作；在电动汽车启动或加速时，以大电流放电的形式工作。一般蓄电池以稳态充、放电的形式工作。蓄电池、超级电容器与电力总线之间装置双向升、降压型 DC/DC 功率变换器。

双向 DC/DC 功率变换器的结构如图 6-15 所示。输入端装置有两个导通开关和两个整流器分别组成的两个大功率的直流电变换器（IGBT），以及电容 C 和电感 L_2，输出端装有电感 L_1。

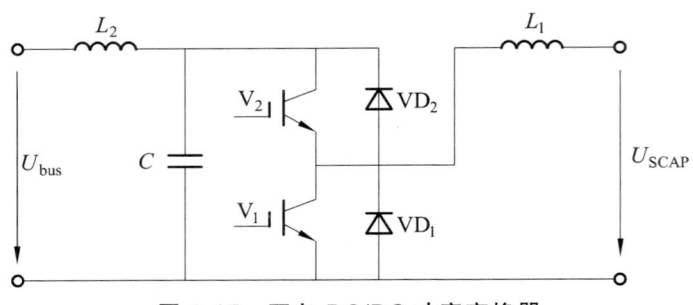

图 6-15　双向 DC/DC 功率变换器

C—电容；V_1，V_2—导通开关；VD_1，VD_2—整流二极管；L_1，L_2—电感

当双向 DC/DC 功率变换器处于充电工况时，导通开关 V_1 切断，V_2 导通，充电时的电流或者储存制动反馈时的电流，经动力总线向蓄电池或超级电容器充电，在通过电感 L_1 时，部分电流暂时存留在 L_1 中；当 V_2 关闭后，L_1 中存留的电流通过整流器 VD_2 转存在 C 中。双向 DC/DC 功率变换器在对超级电容器充电时，处于降压（Buck）状态。超级电容器电路上装置的电感 L_1 可以减小进入超级电容器线路的电流脉冲。

当双向 DC/DC 功率变换器处于放电工况时，导通开关 V_1 导通，V_2 切断，蓄电池或超级电容器放电，电容 C 中储存的电荷也同时放电，电流由超级电容器向动力总线流动，双向 DC/DC 功率变换器对外放电处于升压（Boost）状态。总线电路上装置的电感 L_2 可以减小进入总线的电流脉冲。

对超级电容进行充放电控制的双向 DC/DC 功率变换器位于电压总线与超级电容之间。当总线电压对超级电容进行充电时，它起到降压变换器的作用；当超级电容对电压总线释放能量时，它起到升压变换器的作用。

2. 单向 DC/DC 功率变换器

燃料电池汽车 DC/DC 功率变换器的关键技术之一是设计合理的输出特性，实现从燃料电池输出电压到蓄电池工作电压之间的变换，并且为了保证燃料电池的安全运行，需要限制燃料电池的输出功率和电流。

在 FCEV 上，由于燃料电池是由燃料直接产生电能，因此采用了单向 DC/DC 功率变换器。根据整车动力系统的设计要求，确定 DC/DC 功率变换器的输出电压给定值。当燃料电池电流逐渐增大时，电压基本保持平稳，通过对输出电压的闭环控制，实现变换器的恒压输出，如图 6-16 所示的 AB 段。随着燃料电池电流的继续增大，燃料电池输出电压下降，DC/DC 功率变换器实时检测燃料电池的输出电压，当该电压下降到下限值时，DC/DC 功率变换器就根据燃料电池的输出功率进行恒功率输出，如图 6-16 所示的 BC 段。由于在输出电压下限值时的燃料电池输出功率要受到反应温度、压力等外部环境条件影响，所以 BC 段的功率 U 大小不能提前确定，只能通过检测此时燃料电池输出的电压和电流，实时对 DC/DC 功率变换器的输出功率进行调节，这是保证燃料电池不发生过电流的重要措施，也是车载 DC/DC 功率变换器的关键技术。当 DC/DC 功率变换器达到最大电流输出时，电压迅速下降，图 6-16 中 CD 段为恒电流段，其电流值决定 DC/DC 功率变换器的外特性和最大输出电流。

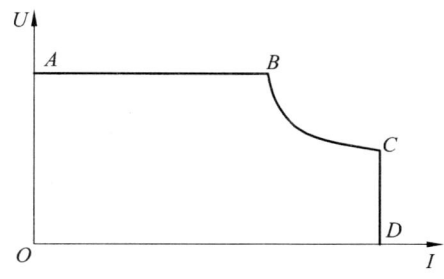

图 6-16 DC/DC 功率变换器的外特性

单向 DC/DC 功率变换器一般有两种结构：Boost 型功率变换器和全桥式功率变换器。

（1）Boost 型功率变换器。

Boost 型 DC/DC 功率变换器电路原理如图 6-17 所示，由二极管 VD_1、开关管 V_1、储能电感 L_1 和输出滤波电容 C_1 组成。当 V_1 导通时，从输入端 AO 流入能量，并储存于电感 L_1 中，由于 V_1 导通期间正向饱和管压降很小，二极管 VD_1 反偏，由滤波电容 C_1 提供变换器输出能量。当 V_1 截止时，L_1 中的电流不能突变，它所产生的感应电动势的极性为右正左负，感应电势阻止电流减小，VD_1 导通，电感 L_1 中储存的能量经二极管流入电容 C_1，并供给输出端 BO。如果开关管 V_1 周期性地导通和截止，则当开关周期不变，改变导通时间时，就能获得所需的上升的电压值。

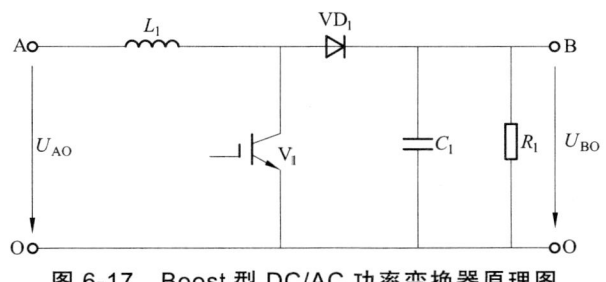

图 6-17 Boost 型 DC/AC 功率变换器原理图

C_1—电容；V_1—开关管；VD_1—二极管；L_1—电感

当开关管 V_1 导通时,其饱和压降为 2~3 V。在 V_1 截止期间,二极管 VD_1 的压降为 1 V 左右,所以 Boost 型 DC/DC 功率变换器的效率很高,可以达到 90%以上,而且具有器件少、电路结构简单的特点。

（2）全桥式 DC/DC 功率变换器。

与 Boost 电路相比,全桥式 DC/DC 功率变换器的输入和输出是通过变压器隔离的。由于变压器具有一定的频率响应带宽,在变换器输入端和变压器一次电路产生的部分高频干扰信号不能传输到变换器的输出端,因此全桥式结构具有较好的电磁兼容性能。

全桥式 DC/DC 功率变换器结构如图 6-18 所示,输入端用 4 个导通开关和 4 个整流器共同组成大功率 IGBT,中部为高频变压器 T_r,输出端用 4 个整流器共同组成整流部分。

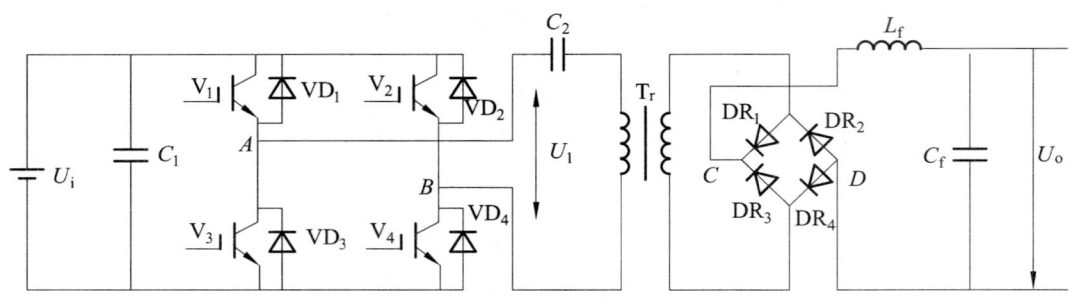

图 6-18　DC/DC 全桥变换器

① 电流转换。

全桥式 DC/DC 功率变换器的第一部分为电流转换,将燃料电池输入的直流电通过 IGBT 转换为交流电。

在输入回路上并联电容 C_1,导通开关 V_1 先导通,在延迟一定的电位角后再导通 V_4,V_2 和 V_3 截止。V_1 和 V_4 轮流导通 180°电位角,此时电压 $U_1 = U_i$。然后,V_2 先导通,在延迟一定的电位角后再导通 V_3、V_1、V_4 截止。V_2 和 V_3 轮流导通 180°电位角,此时电压 $U_1 = -U_i$。通过对 4 个开关管的轮流导通,将产生交变电压和电流,在 A、B 两个点上可以得到交流方波电压和电流。

② 电压变换和整流。

为了防止变压器的磁偏心,在交流方波电压一次电路中串联一个电容 C_2。将交流方波电压 U_1 输入到变压器 T_r 的一次电路中,变压器通过调节占空比来调节输出电压 U_o,控制和保持二次电路输出电压 U_o 的稳定。变压器的二次电路将保持稳定的输出电压 U_o 输送到一个 4 管整流器中,通过整流后在 C、D 两个点上可以得到一个直流电压。在 C、D 电路中加入由电感 L_f 和电容 C_f 组成的滤波器,将直流方波电压中的高频分量滤除,得到一个平直的直流电压。

燃料电池发动机输出的电流经过动力 DC/DC 功率变换器进行电流、电压变换后,为燃料电池汽车提供稳定的直流电源。

由于燃料电池发动机电压受温度的影响较大，另外启动时响应速度也较慢，直接用燃料电池发动机带动电动机启动有一定的困难。因此采用燃料电池与普通蓄电池组成的混合动力系统，以普通蓄电池组作为辅助电源，在启动时提供电能，并且在制动时，回收再生制动反馈的能量。

燃料电池汽车中，除了上述 3 种 DC/DC 功率变换器外，还有对 DC 24 V 低电压电池进行充电的降压变换器。由于电压变比大，输出功率较小，因此降压变换器一般采用推挽式或半桥式的电路结构形式。

DC/DC 功率变换器与其他车载电气的电磁兼容性也是燃料电池电动汽车的关键技术。采用开关技术导致了 DC/DC 功率变换器产生宽频电磁噪声。例如，频率为 20 kHz 的开关电路，产生的电磁噪声频谱范围主要为 15 kHz ~ 5MHz。电磁噪声通过分布电容及电缆与电缆之间的互感进行传输，这会对电气控制系统的正常运行产生干扰。其预防措施应该从分系统级和设备级两个层次进行。分系统级措施的原理是为噪声信号在 DC/DC 功率变换器主电路与负载之间提供一条低阻抗的泄放回路，通过泄放回路来避免噪声信号通过公共地线对电气设备造成干扰。设备级措施主要包括 DC/DC 功率变换器主电路与控制电路的隔离，应用电源、滤波电容以及控制电路板的合理布线。

6.3.4 DC/AC 功率变换器

6.3.4.1 DC/AC 功率变换器的功用

DC/AC 功率变换器是将直流电变换为交流电的装置，也称为逆变器（电源模块）。在使用交流电动机的电动汽车上，必须通过 DC/AC 功率变换器将蓄电池或燃料电池的直流电变换为交流电，才能驱动交流电动机工作。

6.3.4.2 DC/AC 功率变换器的分类及原理

逆变分为有源逆变与无源逆变，其概念如图 6-19 所示。有源逆变是把直流电逆变成与交流电源同频率的交流电，并馈送到电网中去。在逆变状态下，变换电路的交流侧如果不与交流电网连接，而直接与负载连接，则称之为无源逆变，其将直流电逆变成某一频率或可调频率的交流电直接供给负载。

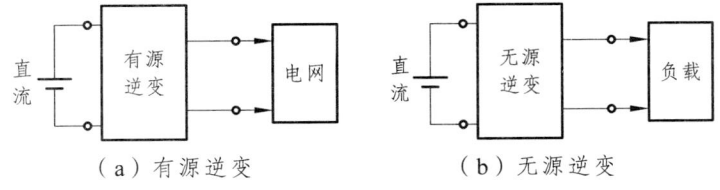

图 6-19 有源逆变与无源逆变的概念

无源逆变电路模块的典型产品有 SWG 系列 DC/AC 模块。此模块电源也称为铃流源，在通信交换设备中为用户话机提供振铃信号和工作电源，在通信系统中应用广泛。

常见的还有输出为方波或正弦波的 4NIC-NB 系列 DC/AC 模块。DC/AC 无源逆变电路模块具有体积小、质量轻、噪声低、稳定性好、工作可靠的特点，而且转换效率高，谐波失真小，有自动稳频稳压性能，保护功能完善。电动汽车中使用的 DC/AC 多为无源逆变器，除电动汽车外，DC/AC 无源逆变电路模块主要用于航天、航海及通信系统等。

6.3.5　AC/DC 功率变换器

AC/DC 功率变换器的功用是将交流电压转换成电子设备所需要的稳定直流电压。电动汽车中，AC/DC 功率变换器的功用主要是将交流发电机发出的交流电转换成直流电，提供给用电器或储能设备储存。

AC/DC 功率变换器由输入滤波电路、全波整流和滤波电路、DC/DC 变换电路、过电压和过电流保护电路、控制电路和输出整流电路组成。整流电路的功用是将交流电压变为直流脉动电压；输入滤波电路的功用是使整流后的电压更加平滑，并将电网中的杂波滤除，以免对模块产生干扰；DC/DC 变换电路和控制电路的功用是实现直流电压的转换和稳压；保护电路的功用是在模块输入电压或电流过大时，使模块关断，起到保护作用。为了解决整流后谐波畸变所导致的低功率因数问题，使模块效率进一步提高，越来越多的模块制造厂商在全波整流电路和 DC/DC 变换电路之间加入功率因数校正电路。

【思考与练习】

（1）新能源汽车能源管理系统的管理项目有哪些？
（2）简述新能源汽车制动能量回收系统的工作原理。
（3）简述电源转换装置的作用和要求。

7 纯电动汽车

【学习目标】

（1）理解新能源纯电动汽车的组成及结构原理。
（2）掌握纯电动汽车的控制原理。
（3）了解纯电动汽车的车型。

7.1 纯电动汽车的简介

纯电动汽车（Blade Electric Vehicles，BEV），是完全由可充电电池（如铅酸电池、镍镉电池、镍氢电池或锂离子电池）提供动力源的汽车，是完全以车载电源为动力，由电动机驱动车轮行驶，符合道路交通、安全法规各项要求的车辆，一般采用高效率充电蓄电池为动力源。纯电动汽车不需要再用内燃机，因此，纯电动汽车的电动机相当于传统汽车的发动机，蓄电池相当于原来的油箱。电能是二次能源，可以来源于风能、水能、热能、太阳能等多种方式。

纯电动汽车并不是一种新的汽车种类，其诞生已有100多年了。1839年，苏格兰人罗伯特安德森造出了世界上第一台"电动车"，不过并不十分成功。主要原因是，电池寿命太短，电力太小，只能挪动一个非常轻的底盘。到了19世纪后期，长效电池诞生，促进了电动车的进一步发展，人们才在伦敦的大街上见到电力驱动的出租车，不过行驶距离非常短，还必须不停地在充电站里充电。罗伯特不会预想到，历史进入到21世纪，随着全球能源危机的不断加深，石油资源的日趋枯竭以及大气污染、全球气温上升的危害加剧，各国政府及汽车企业普遍认识到节能和减排是未来汽车技术发展的主攻方向，发展电动汽车成为解决这两个技术难点的最佳途径。电动汽车也随之成为世界各国的选择和技术竞争的一个焦点。但由于各种技术上的原因，相对于使用内燃机的汽车而言，电动汽车并没有大规模地发展。一百多年来，电动汽车在汽车发展史中经历了3次重大机遇：第一次发生在一百余年前。由于当时电池和电机的发展较内燃机成熟，而且石油的运用还没有普及，使电动汽车在早期的汽车领域中占有举足轻重的位置。例如，世界上首辆车速超过18 km/h的汽车就是电动汽车。它是在1899年，由比利时工程师卡米乐·热纳茨（Camille Jenatzy）设计的名为"从不满意"（La Jamais Contente）的铝质车身汽车，现在保存在法国贡比涅（Compiegne）博物馆中。据统计，到1890年，在全世界4 200辆汽车中，有38%的汽车为电动汽车，40%为蒸汽车，22%为内燃机汽车。到了1911年，就已经有电动出租汽车在巴黎和伦敦的街头上运营。到了1912年，在美国至少有3.4万辆电动汽车。

由于石油的大量开采和内燃机的种种优越性，使电动汽车渐渐被人们忽视。直到20世纪70年代石油危机的爆发，给世界各国政界一次不小的打击，使其开始考虑替代石油的其他能源，包括风能、太阳能、电能等可再生能源。因此从政治、经济方面考虑，又给了电动汽车第二次机遇，并又一次被世人瞩目。

第三次机遇开始于若干年前，世界上除了已存在的能源问题之外，环境保护问题也逐渐成为各方面所关心的重大课题，内燃机汽车的排放污染，给全球的环境以灾难性的影响，因此开发生产零污染的交通工具成为各国追求的目标。电动汽车的无（低）污染优点，使其成为当代汽车发展的主要方向。

近几十年来，发达国家为电动车的开发投入了大量的人力和财力，电动车的各项相关技术也取得了重大的进展。从1976年美国制订电动车辆研究计划以来，通用公司和福特公司都投入大量资金进行电动汽车的研发。由于得到世界各国政府及各大汽车公司的重视，纯电动车得以快速发展。

例如，美国通用公司开发的Hy-wire车型，此车称为氢动三号，由200块相互串联在一起的燃料电池块组成的电池组产生电力，通过68 L的氢气储存罐向燃料电池组提供氢气。电池组所产生的电能输入电动机后，通过功率为60 kW的三相异步电机驱动车辆行驶，并几乎不产生任何噪声。氢储存罐分为两种：一种罐内储存的是温度为-253 ℃的液态氢；另一种罐内储存的是承受最高压力可达70 MPa的高压氢气。一次充气行驶里程分别可达400 km和270 km。

20世纪，我国已经错失了汽车工业的黄金发展期。新能源汽车无疑将成为未来汽车的发展方向。"十二五"期间，我国新能源汽车已正式迈入产业化发展阶段，在全社会已推广新能源城市客车、混合动力轿车、小型电动车。"十三五"期间（2016—2020），我国将进一步普及新能源汽车、多能源混合动力车、插电式电动轿车，氢燃料电池轿车将逐步进入普通家庭。因此，近年来我国从政府到企业都加大了新能源汽车的研发力度。当前，纯电动汽车的发展状况主要表现为：纯电动汽车技术成熟，在特定区域推广应用；混合动力汽车技术渐趋完善，进入商业化推广阶段；燃料电池汽车技术处于新的突破期，正在成为新的研发重点。

7.2 纯电动汽车的组成与结构原理

7.2.1 纯电动汽车的组成

燃油汽车主要由发动机、底盘、车身和电气四大部分组成。纯电动汽车的结构与燃油汽车相比，主要增加了电力驱动控制系统，而取消了发动机，它由电力驱动主模块、车载电源模块和辅助模块三大部分组成（见图7-1）。早期的电动汽车与传统的汽车相比，发动机由驱动电动机代替，节气门则由电子输入装置代替，油箱则由动力电池组代替。电动汽车的整车组成包括电力驱动及控制系统、驱动力传动等机械系统、完成既定任务的工作装置等。电力驱动及控制系统是电动汽车的核心，也是区别于内燃机汽车的最大不同点。电力驱动及控制系统由驱动电动机、电源和电动机的调速控制装置等组成。电动汽车的其他装置基本与内燃机汽车相同。

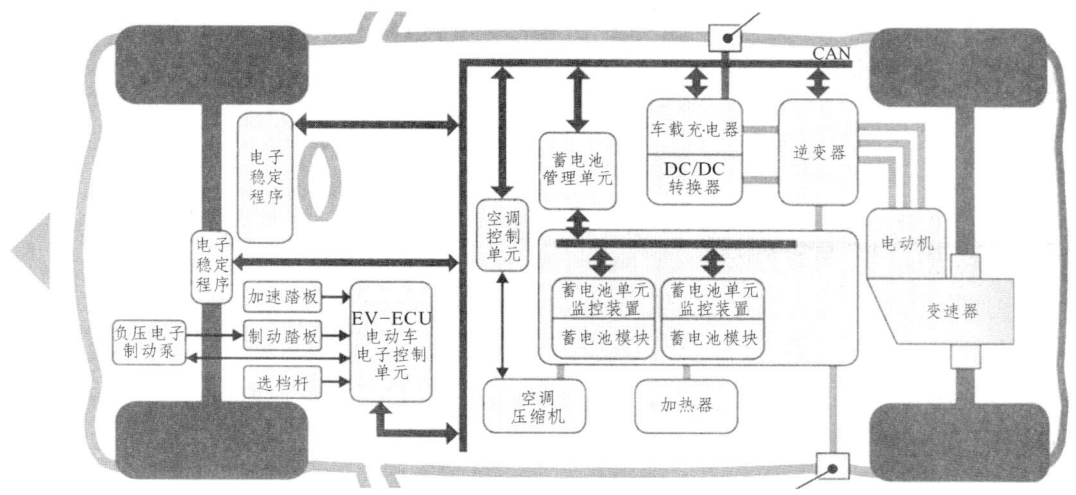

图 7-1 三菱 I-MIEV 纯电动汽车驱动系统

7.2.2 纯电动汽车的结构原理

7.2.2.1 电力驱动主模块

电力驱动主模块是电动汽车的核心，主要包括中央控制单元、驱动控制器、电动机、机械传动装置和车轮等。它的功用是将存储在蓄电池中的电能高效地转化为车轮的动能，并能够在汽车减速制动时，将车轮的动能转化为电能充入蓄电池。

中央控制单元根据加速踏板和制动踏板的输入信号，向驱动控制器发出相应的控制指令，对电动机进行启动、加速、减速、制动控制。当汽车行驶时，电力驱动系统将储存在蓄电池中的电能高效地转化为车轮的动能，控制单元根据加速踏板和制动踏板的输入信号，向驱动控制器发出相应的控制指令，对电动机进行启动、加速、减速、制动控制，并能够将汽车车轮的动能转化为电能充入蓄电池。

驱动控制器是按中央控制单元的指令、电动机的速度和电流反馈信号，对电动机的速度、驱动转矩和旋转方向进行控制。驱动控制器必须和电动机配套使用。

电动机在电动汽车中被要求承担电动和发电的双重功能，即在正常行驶时发挥其主要的电动机功能，将电能转化为机械能；在减速和下坡滑行时又被要求进行发电，将车轮的惯性动能转化为电能。

机械传动装置是将电动机的驱动转矩传输给汽车的驱动轴，从而带动汽车车轮行驶。

7.2.2.2 车载电源模块

车载电源模块主要包括蓄电池电源、能量管理系统和充电控制器等。它的功用是向电动机提供驱动电能、监测电源使用情况以及控制充电机向蓄电池充电。

纯电动汽车的常用蓄电池电源有铅酸电池、镍镉电池、镍氢电池、锂离子电池等。

纯电动汽车的能量管理主要是指电池管理系统，它的主要功用是对电动汽车用电池单体及整组进行实时监控、充放电、巡检、温度监测等。

充电控制器是把交流电转化为相应电压的直流电，并按要求控制其电流。

7.2.2.3 辅助模块

辅助模块主要包括辅助动力源、动力转向系统、驾驶室显示操纵台和辅助装置等。辅助模块除辅助动力源外，依据不同车型而不同。

辅助动力源主要由辅助电源和 DC/DC 功率转换器组成，其功用是供给电动汽车其他各种辅助装置所需要的动力电源，一般为 12 V 或 24 V 的直流低压电源，主要给动力转向单元、制动力调节控制、照明、空调、电动窗门等各种辅助装置提供所需的能源。

动力转向单元是为实现汽车的转弯而设置的，它由转向盘、转向器、转向机构和转向轮等组成。作用在转向盘上的控制力，通过转向器和转向机构使转向轮偏转一定的角度，实现汽车的转向。

驾驶室显示操纵台类同于传统汽车驾驶室的仪表盘，不过其功能根据电动汽车驱动的控制特点有所增减，其信息指示更多地选用数字或液晶屏幕显示。

辅助装置主要有照明、各种声光信号装置、车载音箱设备、空调、刮水器、风窗除霜清洗器、电动门窗、电控玻璃升降器、电控后视镜调节器、电动座椅调节器、车身安全防护装置控制器等。它们主要是为提高汽车的操控性、舒适性、安全性而设置的，可根据需要进行选用。

7.2.2.4 电　源

电源为电动汽车的驱动电动机提供电能，电动机将电源的电能转化为机械能，通过传动装置或直接驱动车轮和工作装置。目前，电动汽车上应用最广泛的电源是铅酸蓄电池，但随着电动汽车技术的发展，铅酸蓄电池由于比能量较低，充电速度较慢，寿命较短，逐渐被其他蓄电池所取代。正在发展的电源主要有钠硫电池、镍铬电池、锂电池、燃料电池、飞轮电池等，这些新型电源的应用，为电动汽车的发展开辟了广阔的前景。

7.2.2.5 电动机调速控制装置

电动机调速控制装置是为电动汽车的变速和方向变换等设置的，其作用是控制电动机的电压或电流，完成电动机的驱动转矩和旋转方向的控制。

早期的电动汽车上，直流电动机的调速采用串接电阻或改变电动机磁场线圈的匝数来实现。因其调速是有级的，且会产生附加的能量消耗或使用电动机的结构复杂，现在已很少采用。目前，电动汽车上应用较广泛的是晶闸管斩波调速，通过均匀地改变电动机的端电压，控制电动机的电流，来实现电动机的无级调速。在电子电力技术的不断发展中，晶闸管斩波调速也逐渐被其他电力晶体管斩波调速装置所取代。从技术的发展来看，伴随着新型驱动电机的应用，电动汽车的调速控制转变为直流逆变技术的应用，将成为必然的趋势。

在驱动电动机的旋向变换控制中，直流电动机依靠接触器改变电枢或磁场的电流方向，实现电动机的旋向变换，这使得控制电路复杂且可靠性降低。当采用交流异步电动机驱动时，电动机转向的改变只需变换磁场三相电流的相序即可，可使控制电路简化。此外，采用交流电动机及其变频调速控制技术，使电动汽车的制动能量回收控制更加方便，控制电路更加简单。

7.2.2.6 驱动电动机

驱动电动机的作用是将电源的电能转化为机械能，通过传动装置或直接驱动车轮和工作装置。目前，电动汽车上广泛采用直流串激电动机具有"软"的机械特性，与汽车的行驶特性非常相符。但直流电动机由于存在换向火花，比功率较小，效率较低，维护保养工作量大，随着电机技术和电机控制技术的发展，势必逐渐被直流无刷电动机、开关磁阻电动机和交流异步电动机所取代。

7.2.2.7 传动装置

电动汽车传动装置的作用是将电动机的驱动转矩传给汽车的驱动轴，当采用电动轮驱动时，传动装置的多数部件常常可以忽略。因为电动机可以带负载启动，所以电动汽车上无须传统内燃机汽车的离合器。因为驱动电机的旋向可以通过电路控制实现变换，所以电动汽车无须内燃机汽车变速器中的倒档。当采用电动机无级调速控制时，电动汽车可以忽略传统汽车的变速器。当采用电动轮驱动时，电动汽车也可以省略传统内燃机汽车传动系统的差速器。

7.2.2.8 工作装置

工作装置是工业用电动汽车为完成作业要求而专门设置的，如电动叉车的起升装置、门架、货叉等。货叉的起升和门架的倾斜通常由电动机驱动的液压系统完成。

7.2.2.9 行驶装置

行驶装置的作用是将电动机的驱动力矩通过车轮变成对地面的作用力，驱动车轮行走。它同其他汽车的构成是相同的，由车轮、轮胎和悬架等组成。

7.2.2.10 转向装置

转向装置是为实现汽车的转弯而设置的,由转向机、方向盘、转向机构和转向轮等组成。作用在方向盘上的控制力,通过转向机和转向机构使转向轮偏转一定的角度,实现汽车的转向。多数电动汽车为前轮转向,工业中用的电动叉车常常采用后轮转向。电动汽车的转向装置有机械转向、液压转向和液压助力转向等类型。

7.2.2.11 制动装置

电动汽车的制动装置同其他汽车一样,是为汽车减速或停车而设置的,通常由制动器及其操纵装置组成。在电动汽车上,一般还有电磁制动装置,它可以利用驱动电动机的控制电路实现电动机的发电运行,使减速制动时的能量转换成对蓄电池充电的电流,从而得到再生利用。

各个系统在电动汽车上的布置各式各样,这是因为在电动汽车上,能量是通过柔性的电线而不是通过刚性联轴器和转轴传输的,因此,电动汽车各个系统或各个部件的布置有很大的灵活性。

7.3 纯电动汽车驱动系统布置形式

纯电动汽车的主要部件由动力电池组及其控制器、车身与底盘、驱动电机及其控制器、传动系统组成,如图 7-2 所示。

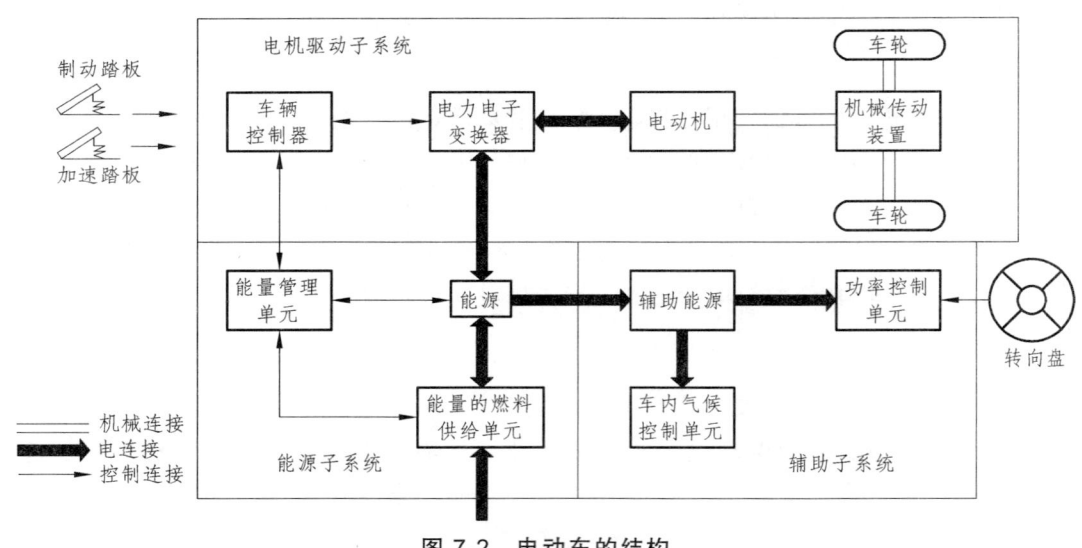

图 7-2 电动车的结构

电动汽车的驱动系统是电动汽车的核心部分,其性能决定着电动汽车运行性能的好坏。电动汽车的驱动系统布置取决于电机驱动系统的方式。由于在电驱动特性和能源方面的多样性,可有各种可能的 EV 结构形式,如图 7-3 所示。

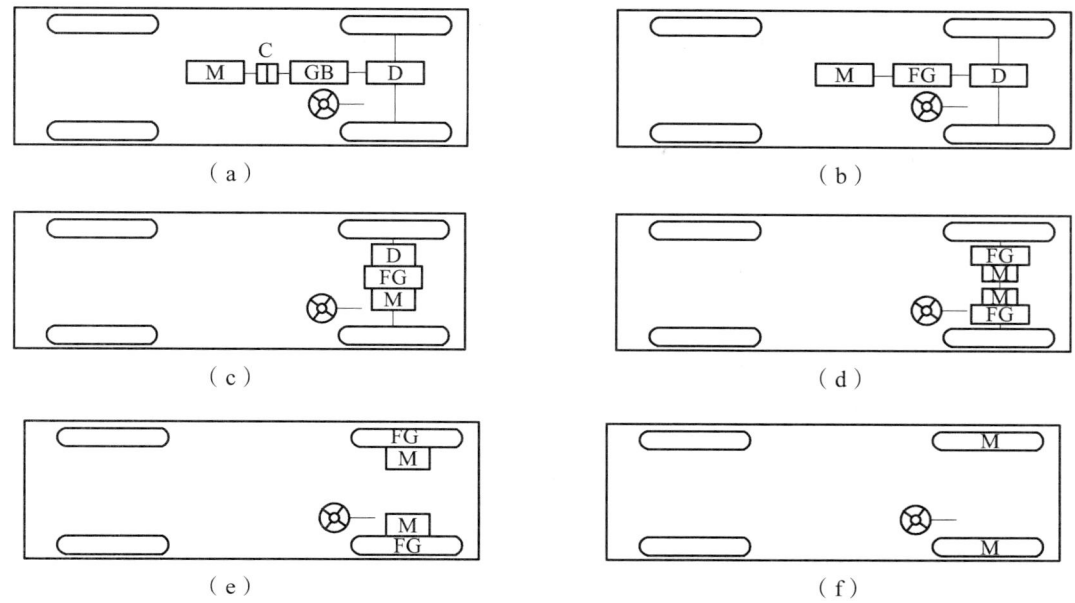

图 7-3 电动汽车结构形式

7.3.1 传统的驱动系统

传统的驱动系统[见图 7-3（a）]的主要特点如下：

（1）电动机替代发动机。

（2）仍然采用内燃机汽车的传动系统，包括离合器、变速器、传动轴和驱动桥等总成。

（3）有电动机前置、驱动桥前置（F-F），电动机前置、驱动桥后置（F-R）等各种驱动模式。

（4）结构复杂，效率低，不能充分发挥电动机的性能。

7.3.2 简化的传统驱动系统

采用固定速比减速器，去掉离合器，可减少机械传动装置的质量，缩小其体积，如图 7-3（b）所示。

7.3.3 电动机-驱动桥整体式驱动系统

电动机-驱动桥整体式驱动系统[见图 7-3（c）]的主要特点如下：

（1）与发动机横向前置、前轮驱动的内燃机汽车的布置方式类似。

（2）把电动机、固定速比减速器和差速器集成为一个整体，两根半轴连接驱动车轮。

（3）传动机构紧凑，传动效率较高，安装方便，在小型电动汽车上应用最普遍。

7.3.4 双电动机驱动系统

双电动机驱动系统[见图 7-5（d）]的主要特点如下：

（1）采用两个电动机通过固定速比减速器分别驱动两个车轮。

（2）每个电动机的转速可以独立调节控制，便于实现电子差速，不必选用机械差速器。

（3）电子差速器的优点是体积小、质量轻，在汽车转弯时可以实现精确的电子控制，提高电动汽车的性能；其缺点是由于增加了电动机和功率转换器，增加了初始成本，而且在不同条件下对两个电动机进行精确控制的可靠性需要进一步发展。

7.3.5 内转子电动轮驱动系统

内转子电动轮驱动系统[见图 7-3（e）]的主要特点如下：

（1）电动机装在车轮内，形成轮毂电动机，可进一步缩短从电动机到驱动的传递路径。

（2）采用高速转子电动机（约 10 000 r/min），需安装固定速比减速器降低车速，一般采用高减速。

（3）高速内转子电动机具有体积小、质量轻和成本低的优点，但它需要加行星齿轮变速机构。

7.3.6 外转子电动轮驱动系统

外转子电动轮驱动系统[见图 7-3（f）]的主要特点如下：

（1）采用低速外转子电动机，可完全去掉变速装置。

（2）电动机外转子直接安装在车轮轮缘上，电动机转速和车轮转速相等，车轮转速和车速控制完全取决于电动机的转速控制。

（3）低速外转子电动机结构简单，无须齿轮变速传动机构，但其体积大、质量大、成本高。

目前，我国的电动汽车大都建立在改装车的基础上，其设计是一项机电一体化的综合工程。改装后高性能的获得并不是简单地将内燃机汽车的发动机和油箱换成电动机和蓄电池便可以实现的，它必须对蓄电池、电动机、变速器、减速器和控制系统等参数进行合理匹配，而且在总体方案布置时，必须保证连接可靠、轴荷分配合理等才能获得。

7.4 纯电动汽车的控制原理

7.4.1 纯电动汽车与燃油汽车的比较

（1）纯电动汽车和燃料电池电动汽车在本质上都是一种零排放汽车，一般无直接排放污染物，间接污染物主要产生于非可再生能源的发电与氢气制取过程，其污染物可以采取集中治理的方法加以控制；电动汽车无内燃机汽车工作时产生的废气，不产生排气污染，对环境保护和空气的洁净是十分有益的，几乎是"零污染"。众所周知，内燃机汽车废气中的CO、HC及NO_x、微粒、臭气等污染物形成酸雨、酸雾及光化学烟雾。电动汽车无内燃机产生的噪声，电动机的噪声也较内燃机小。

（2）能源效率高，多样化。电动汽车的能源效率已超过汽油机汽车，特别是在城市运行、汽车走走停停、行驶速度不高时，电动汽车更加适宜。电动汽车停止时不消耗电量，在制动过程中，电动机可自动转化为发电机，实现制动减速时能量的再利用。

另一方面，电动汽车的应用可有效地减少对石油资源的依赖，可将有限的石油用于更重要的方面。向蓄电池充电的电力可以由煤炭、天然气、水力、核能、太阳能、风力、潮汐等能源转化。除此之外，如果夜间向蓄电池充电，还可以避开用电高峰，有利于电网均衡负荷，减少费用。

（3）结构简单，使用维修方便。电动汽车较内燃机汽车结构简单，运转、传动部件少，维修保养工作量小。当采用交流感应电动机时，电动机不用保养维护，更重要的是电动汽车易操纵。

（4）动力电源使用成本高，续驶里程短。目前，电动汽车尚不如内燃机汽车技术完善，尤其是动力电池的寿命短、使用成本高。电池的储能量小，一次充电后行驶里程不理想，且电动车的价格较贵。但随着电动汽车技术的发展，电动汽车存在的缺点会逐步得到解决。

7.4.2 纯电动汽车的关键技术

发展电动汽车必须解决好4个方面的关键技术：电池及管理技术、整车控制技术、整车轻量化技术、电机及控制技术。同时，也要解决好电动机额定转速及最高转速的选择、电动机额定电压的选择、电动汽车传动系的参数匹配、辅助系统的主要结构等。

7.4.2.1 电池及管理技术

电池是电动汽车的动力源，也是一直制约电动汽车发展的关键因素。要使电动汽车能与燃油汽车相竞争，关键就是要开发出比能量高、比功率大、使用寿命长、成本低的高效电池。但目前还没有任何一种电池能达到纯电动汽车普及的要求。电动汽车的电池一般称为动力电池，原因就是电动汽车对电池的功率密度与能量密度都要求很高。目前进入实用阶段的是锂离子电池与传统的铅酸蓄电池，由于铅酸蓄电池的体积与比能量等参数比较差，一直没有成为主流的电动汽车动力源，所以目前发展比较快的是锂离子蓄电池技术。近年来，锂离子电池技术在一系列的关键技术上取得了很大的进展，但由于其物理特性与制造工艺的原因，锂离子电池的性能还没有完全达到经济适用的程度，而正确地使用和管理电池系统能大大提高电动车的使用性能、电池的寿命、行驶里程，同时使用成本也会大幅下降，对于发展电动车行业有重要的意义。因此，在实际使用时，必须对电池的工作状态进行实时地监控与管理，因此，电动汽车上的动力电池系统包含电池本身及其管理系统（BMS），如图7-4所示。

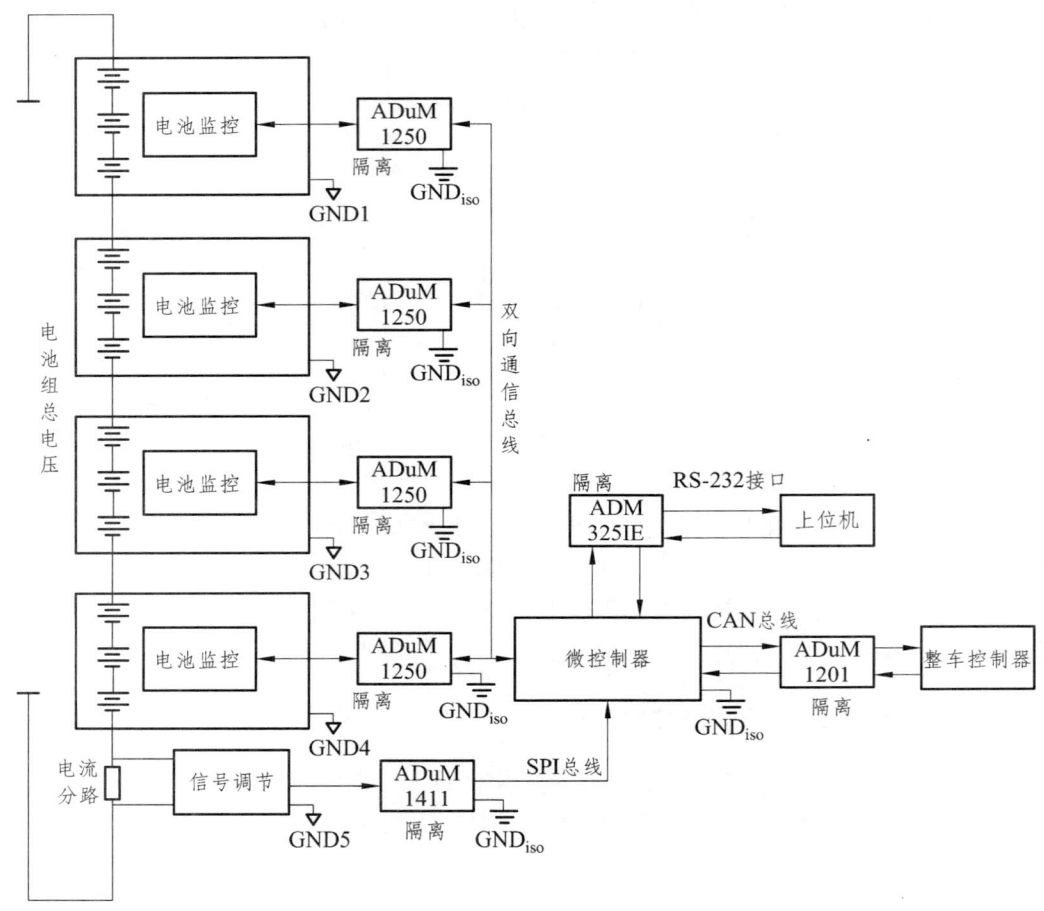

图7-4 电池组及其管理系统（BMS）的结构

电池主要是由若干个电池单体进行并联与串联而成，从而构成一定电压与工作电流的动力电池系统。

电池组性能直接影响整车的加速性能、续驶里程以及制动能量回收的效率等。电池的成本和循环寿命直接影响车辆的成本和可靠性，所有影响电池性能的参数必须得到优化。电动汽车的电池在使用中发热量很大，电池温度影响电池的电化学系统的运行、循环寿命、充电可接受性、功率和能量、安全性和可靠性等。所以，为了达到最佳的性能和寿命，需将电池包的温度控制在一定范围内，减小包内不均匀的温度分布，以避免模块间的不平衡，以此避免电池的性能下降，且可以消除相关的潜在危险。

7.4.2.2 整车控制技术

新型纯电动汽车整车控制系统是两条总线的网络结构，即驱动系统的高速 CAN 总线和车身系统的低速总线。高速 CAN 总线每个节点为各子系统的 ECU，低速总线按物理位置设置节点，基本原则是基于空间位置的区域自治。

实现整车网络化控制，其意义不只是解决汽车电子化中出现的线路复杂和线束增加问题，网络化实现的通信和资源共享能力成为新的电子与计算机技术在汽车上应用的一个基础，同时也为 X-by-Wire 技术提供有力的支撑。

7.4.2.3 整车轻量化技术

整车轻量化技术始终是汽车技术重要的研究内容。纯电动汽车由于布置了电池组，整车质量增加较多，轻量化问题更加突出，因此可以采用以下措施减轻整车质量。

（1）通过对整车实际使用工况和使用要求的分析，对电池的电压、容量、驱动电机功率、转速、转矩、整车性能等车辆参数进行整体优化，合理选择电池和电动机参数。

（2）通过结构优化和集成化、模块化优化设计，减轻动力总成、车载能源系统的质量。这里包括对电动机及驱动器、传动系、冷却系统、空调和制动真空系统的集成和模块化设计，使系统得到优化；通过电池、电池箱、电池管理系统、车载充电机组成的车载能源系统的合理集成和分散，实现系统优化。

（3）积极采用轻质材料，如电池箱的结构框架、箱体封皮、轮毂等采用轻质合金材料。

（4）利用 CAD 技术对车身承载结构件（如前后桥、新增的边梁、横梁等）进行有限元分析研究，用计算和试验相结合的方式，实现结构最优化。

当前的发展状况主要表现为：纯电动汽车技术成熟，在特定区域推广应用；混合动力汽车技术渐趋完善，进入商业化推广阶段；燃料电池汽车技术处于新的突破前期，正在成为新的研发重点。

7.4.2.4 电动机及其控制器的主要结构

电动机是纯电动汽车的唯一动力源，其性能与电动汽车整车性能密切相关，因此，对电动机的选择及参数匹配是研究设计纯电动汽车动力系统的关键之一。电动汽车的驱动电机属于特种电机，是电动汽车的关键部件。要使电动汽车有良好的使用性能，驱动电机应具有较宽的调速范围及较高的转速，足够大的启动转矩，体积小、质量轻、效率高，且有动态制动强和能量回馈的性能。电动汽车所用的电机正在向大功率、高转速、高效率和小型化方向发展。随着电机及驱动系统的发展，控制系统趋于智能化和数字化。变结构控制、模糊控制、神经网络、自适应控制、专家系统、遗传算法等非线性智能控制技术，都将各自或结合应用于电动汽车的电动机控制系统。它们的应用将使系统结构简单、响应迅速、抗干扰能力强、参数变化具有鲁棒性，可大大提高整个系统的综合性能。为了高性能地驱动电动汽车，驱动电机在性能上须达到一定的要求，通常要求驱动电机能够频繁启动/停车、加速/减速，转矩控制的动态性能要求高，在低速或爬坡时，转矩要高；而在高速行驶时，转矩要低。其次，驱动电机的调速范围要宽，既要工作在恒转矩区，又要运行在恒功率区，同时在整个调速范围内还得保持较高的电机结构，即包括电动机的转子与定子、电动机控制器两大部分。其中，电机的转子与定子的作用是实现电能与机械能之间的转换；电机控制器的作用是高效地、可控地对电机的转速、力矩进行控制，从而满足汽车各种工况的要求。适用于电动汽车的电动机可分为两大类：有换向器电动机和无换向器电动机。前者表示它们通常有换向器组件，而后者则无换向器组件。

因为汽车使用工况比较复杂，所以电动汽车对电机的要求比较高，主要的基本要求有如下几点：

（1）较大范围的调速性能。

（2）高效率，低损耗。

（3）在车辆减速时，实现制动能量回收并反馈蓄电池。

（4）电动机的质量、各种控制装置的质量和冷却系统的质量等尽可能小。

（5）电气系统和控制系统，必须符合国家（或国际）有关车辆电气控制安全性能的标准和规定，并装置高压保护设备。

（6）可靠性好，耐温和耐湿性能强，能够在较恶劣的环境下长期工作。

（7）结构简单，适合大批量生产，运行噪声低，使用维修方便，价格便宜等。

7.4.2.5　电动机额定转速及最高转速的选择

电动机的最高转速对电动机成本、制造工艺和传动系尺寸有很大的影响。转速在 6 000 r/min 以上的为高速电机，转速在 6 000 r/min 以下的为普通电机。前者成本高，制造工艺复杂，而且对配套使用的轴承、齿轮等有特殊要求，一般适用于电动轿车或 100 kW 以上大功率驱动电机，很少在纯电动客车上使用。因此应采用最高转速不大于 6 000 r/min 的低速电机。

电动机最高转速与额定转速的比值称为电机扩大恒功率区系数，随着值的增大，电动机可在低转速区获得较大的转矩，有利于提高车辆的加速和爬坡性能。但值的过多增加会导致电动机工作电流的增大，增大了逆变器的功率损耗和尺寸。因此，值一般取 2～4，计算出电动机额定转速应该在 1 500～3 000 r/min 之间选取。

7.4.2.6　电动机额定电压的选择

电动机额定电压的选择与电动汽车动力电池组电压密切相关。在相同输出功率条件下，电池组电压高，则电流小，对导线和开关等电器元件要求较低；但较高的电压需要数量较多的单体电池串联，从而引起成本及整车质量的增加，并导致动力性下降和增加布置的难度。

电动机额定电压一般由所选取的电动机的参数决定,并与电动机额定功率成正比,电动机的额定电压越高,电动机的额定功率越大。因此,考虑上述结果确定电动机的额定电压范围为 300~350 V。

7.4.2.7　电动汽车传动系的参数匹配

由于电动汽车在行驶过程中所遇到的阻力随车速的变化而变化,变化范围很宽,因此单靠电动机的力矩变化无法满足电动汽车的行驶性能要求。为了满足电动汽车的行驶性能,同时也使驱动电机经常保持在高效率的工作范围内工作,以减轻驱动电机和动力电池组的负荷,电动汽车在电动机和驱动轮之间需要安装减速器和变速器。

电动汽车的传动系参数匹配设计主要包括变速器的匹配设计和主减速器的匹配设计。在电动机输出特性一定时,传动系传动比的选择主要取决于电动汽车的动力性要求,即最大传动比取决于整车的最大爬坡度,最小传动比取决于整车的最高车速。

1. 最大传动比的选择

传动系最大传动比是变速器最低档速比与主减速器速比的乘积,由电动机的峰值转矩和车辆最大爬坡度决定。

2. 最小传动比的选择

传动系最小传动比是变速器最高档速比与主减速器速比的乘积,由电动机的最高转速和车辆最高车速决定。

随着电动机及其控制器技术的发展,高转速、宽调速范围技术得以实现。电动汽车要求电动机既能在恒转速区提供较高的瞬时转矩,又能在恒功率区提供较高的转速。

7.4.2.8　电动汽车的辅助系统

电动汽车的辅助系统与传统汽车的辅助系统类似,主要作用是提供一个安全、舒适、方便的汽车使用环境。辅助系统主要包括娱乐、通信、空调、灯光、人机交互等系统。

7.5　纯电动汽车的车型介绍

7.5.1　纯电动汽车的应用

7.5.1.1　我国自主开发的纯电动汽车

(1)天津清源纯电动汽车。天津清源电动车辆有限责任公司(以下简称清源公司)是我国纯电动汽车研发的重要企业之一,在电动汽车技术研发上取得了重要进展,在"十五"期间研发的中低速纯电动车辆已经出口美国,累计近 2 000 辆。

"十一五"期间,清源公司按照美国联邦法规和产业化要求开发了高速纯电动轿车(同时能符合我国道路车辆技术要求的车型),配置自主开发双离合器两档自动变速箱和磷酸铁锂动力电池,系统集成度、可靠性、整车性能进一步提高,产品通过了型式认证，已得到美国经销商的认可。

清源公司已建成年产能 2 万辆纯电动轿车柔性总装生产线和产能 3 万套的动力总成生产线，并开始运行。

（2）天津一汽夏利汽车股份有限公司（简称天津一汽夏利公司）生产的电动汽车。天津一汽夏利公司以夏利"幸福使者"为基础平台开发的电动轿车，采用 150 A·h 的镍氢蓄电池，用直流电动机驱动，通过 CAN 总线系统对汽车的各个总成进行控制，最高车速为 50 km/h，最大爬坡度为 15%，续驶里程为 80 km。

天津一汽"威姿"电动轿车采用 55 A·h 的锂离子蓄电池，用 15 kW 交流电动机驱动。汽车制动时，能够回收制动再生的能量。整车的电力控制中心是主控制器，通过自主开发的 CAN 总线通信系统，对整车电子、电力系统进行控制，最高车速为 100 km/h，最大爬坡度为 30%，续驶里程为 170 km。

（3）株洲时代集团的 TEG6120EV-2 型电动大客车。株洲时代集团公司长期承担我国电力机车、地铁和轻轨车辆的研究开发，所研发的 TEG6120EV-2 型电动大客车有 38 个座位。TEG6120EV-2 型电动大客车采用水平铅酸电池为电力电源，电池管理系统对电池组的 SAC 进行监控计算。驱动电动机为三相交流异步电动机，采用直接转矩/矢量控制技术进行控制，使电动机控制在最佳工况下运转。整车采用 ECU 控制器和 CAN 总线系统对整车进行全网络化控制。

此外，我国自主开发的电动轿车还有比亚迪汽车公司的全轮驱动电动轿车，北京理工大学与多个汽车企业共同研发的多种纯电动客车，哈尔滨工业大学电磁与电子技术研究所研发的超级电容器客车等。

7.5.1.2 纯电动汽车车型实例

（1）丰田 EVⅡ-FT 电动车采用线控技术，加速、制动、转向等全部功能通过控制杆来操作，因此而省下来的脚下空间可用来放置行李等。由于内燃机被电动机取代，因此有额外的空间采用降低车头高度的车头设计，并在前风窗玻璃下面设置了特别玻璃风窗，从而确保了极佳的前方视野。尾部采用了透明车尾组合灯，保证了车身周围的安全性。两侧的滑动拉门取代了传统的铰接式车门，提高了在狭小停车位上下车的方便性。EVⅡ-FTI 电动车的最高速度能达到 100 km/h 以上，锂离子蓄电池在充满电的状态下可以确保满足日常使用的 90 km 续航距离。EVⅡ-FT 全长仅 2 270 mm，比 IQ 车型还要短，是丰田为城市短途交通提出的解决方案。

（2）在 2010 年北京车展上，奇瑞公司展出了 3 款纯电动汽车：瑞麒 M1-EV、M3-EV 和 G5-EV。瑞麒 M1-EV 搭载一台 336 V、40 kW 的大功率电机驱动系统，配备 40 A·h 高性能磷酸铁锂电池。在普通 220 V 民用电源上慢充，充电时间为 4 h；利用专业充电站充到电池电量的 80%需要 0.5 h。瑞麒 M1-EV 的最高车速可以达到 120 km/h，一次充电续驶里程可以达到 120～150 km。瑞麒 M1-EV 的变速器只有 D（前进）、N（驻车）、R（倒车）3 个档位，非常容易操作，目前已经入选工业和信息化部新车目录。

（3）比亚迪 E6 是比亚迪公司自主研发的一款纯电动汽车，它兼容了 SUV 和 MPV 的设计理念，整体时尚大气。其车身尺寸为 4 554 mm×1 822 mm×1 630 mm，轴距达到 2 830 mm。较为宽大的车身内部仅设五座，保证了每个人的乘坐空间。其动力电池和启动电池均采用比亚迪自主研发生产的 ET-POWER 电池，这种电池安全性高，不会对环境造成任何危害，其含有的所有化学物质均可在自然界中被环境以无害的方式分解吸收，能够很好地解决二次回收等环保问题，是绿色环保的电池。

比亚迪 E6 设计成熟，性能良好，续驶里程超过 300 km。同时，E6 动力强劲，百千米加速时间在 10 s 以内，最高车速可达 160 km/h 以上，而每百千米耗电仅为 21.5 kW·h 左右，相当于燃油车消费价格的 30% 左右。E6 可用 220 V 民用电源进行慢充，如果选择快充的话，15 min 左右可充满电池电量的 80%。车身结构采用前后贯通式纵梁，具有良好的碰撞安全性能。

纯电动车 E6 已通过国家强制碰撞试验，并做了大量测试，包括 8 万～10 万千米道路耐久试验，以及在软件控制等方面都有了很大的改进，目前已经入选工信部新车目录。

（4）三菱 i-MiEV 纯电动汽车采用微型车的后中置引擎、后轮驱动的布局平台、长轴距设计，使地板下可容纳大容量锂离子电池，而且电动机、变频器、充电器和其他的电动汽车部件均可安装在行李箱下部空间。这些处于低位的大质量部件可以降低汽车质心，使汽车获得更高的稳定性，同时车内具有宽敞的驾乘空间和行李空间。

三菱 i-MiEV 纯电动汽车采用了三菱 Y4F1 电动引擎，最大功率为 47 kW，最大扭矩为 180 N·m。从数据上看，功率相当于一款 1.1 L 的自然吸气汽油引擎，而扭矩则相当于 2.0 L 的自然吸气汽油引擎，这也符合电动机大扭矩的特性，一次充满电大约能行驶 150 km。

三菱 i-MiEV 纯电动汽车，既可对应一般家庭等使用普通的 110 V/220 V 电源，又可在外出时利用三相 220 V 电源在短时间内进行快速充电。利用 110 V 家用电源充电时的充电时间为 14 h（220 V 时为 7 h）。另外，三菱公司与几家电力公司合作开发的快速充电系统，能够在 30 min 内充满 80% 的电量。

变速器方面，这款电动汽车配合低速大扭矩的电机性能，采用结构简单的小型轻量化的减速器，因此最高车速达到 130 km/h。车辆倒退时使电机反转，不用设置倒车机构。电机+变速器的外形尺寸及质量与一般汽油机+4 速 AT（自动变速器）相比缩短了 300 mm，质量减轻了 58 kg。变速器带有电动汽车独有的 B 档，根据来自加速踏板或制动踏板及变速器变速的信息，计算对电机的驱动扭矩或制动能量回收制动扭矩。可以选择"ECO Position"或"B Position"，使能量回收制动扭矩增加，适用于城市道路或下坡路面行驶。经计算所得的扭矩由空调/暖风器、动力蓄电池的状态/逆变器或电机的状况进行调整,以达到电机扭矩指令最优化目标。

(5) 熊猫三门纯电动汽车 EK-1 的外观与吉利熊猫只是五门与三门的差别,其他设计完全一样。整体设计吸收了国宝熊猫的设计元素,其中前照灯犹如熊猫的两只可爱的大眼睛,夸张的进气隔栅显得非常可爱。尾部设计与前脸相呼应,最大的亮点来自尾灯设计,灵感取自猫爪设计,将示宽灯、制动灯、倒车灯、转向灯形象地融入"爪子"中。

吉利熊猫纯电动汽车 EK-1 的外部尺寸为 3 598 mm×1 630 mm×1 465 mm,轴距为 2 345 mm。在动力上,熊猫 EK-1 采用 40A·h 铁锂离子电池,340 V 系统电压,最高车速为 80 km/h,续驶里程为 80 km,在 18 min 内完成快充至 80%的电量。采用吉利专利技术的双转子差速电机,其功率为 7 kW,转矩为 45 N·m,额定转速为 100 r/min,能在同样的体积下提供更高功率的扭矩,并且通过电机本身实现调速和差速,从而可以省略变速器、差速器等一系列传统动力系统必须具备的机构,使动力系统结构得到极大的简化,质量也随之有效降低。在内饰上采用的是三门四座的设计,配色为比较流行的黑米双色设计,绒布座椅与内饰完美融合,整个设计显得简单实用。熊猫的中控面板采用的是与外观相呼应的圆形设计,造型非常可爱,并集成了 CD 音响,能够满足日常的需求。

(6) 宝马 Mini E 纯电动汽车搭载了一台 152 kW、220 N·m 的直流电机,通过单级螺旋齿轮变速器将动力传输至前轮,可以实现仅用 8.5 s 左右的时间把车从静止加速到 100 km/h。而对应的电池组(48 个储电单元,由 5 088 个锂离子小电池构成)可以在 2.5 h 内就完全充满电,一次充满电允许 Mini E 连续行驶 240 km。动力传递安静平顺,而且实现了车辆的完全零排放。

同时,Mini E 在其他方面也还有进一步省电的方法,如在制动的时候,把 3/4 的动能转化为电能存储到电池组中,同时车顶可以选装太阳能电池板,通过电池板来直接给空调等车内的电器供电,从而进一步提升续驶里程。

(7) 日产 Leaf 纯电动汽车的车身尺寸为 4 445 mm×1 770 mm×1 550 mm,轴距则达到 2 700 mm。该车采用层叠式紧凑型锂离子电池驱动,电池组的最大输出功率可以达到 90 kW,驱动前轮的电动机输出功率则有 80 kW,扭矩峰值可以达到 280 N·m,最高车速为 140 km/h,在完全充电的情况下,可以实现 160 km 以上的续航里程。

日产 Leaf 纯电动汽车的充电方式有多种。在家充电时,大约需要 8 h 可以使车辆充满;在快速充电站时,Leaf 只需 30 min 即可充 80%的电量。而通过 10 min 的快速充电,就可行驶 50 km,方便消费者长途行驶。

为了最大限度地提升 Leaf 的续驶里程,日产在节能方面下了不少工夫。如使用低能耗的 LED 前照灯和尾灯;特别设计的车头轮廓,引导车头气流远离后视镜,减少风阻和风噪；由于动力系统的冷却需求较少，车头进气口面积也大幅缩减，减少了空气阻力。车厢内配有 IT 系统连接数据中心，可接收各种资讯和支援。Leaf 使用高分辨率彩色液晶屏替代传统指针式仪表，除了车速、功率、能量回收状态、电池组温度、行驶时间、单次行驶里程、时钟、车外温度等常规信息外，还能根据电池组剩余电量估计续驶里程，借助导航系统提供临近充电站的位置和距离等。

（8）奔驰 smart fortwo 纯电动汽车搭载一款输出功率为 30 kW 的电动机，峰值扭矩可达 121 N·m，由锂离子电池提供电能（最大储能 14 kW），续驶里程可达 121 km。锂离子电池安放在车身中部，而电动机安放在车尾，这使得电动版车型具有后驱车的特质，是真正适合在城市中穿梭的"零排放"理想座驾。该车从静止加速到 60 km/h 所需的时间为 6.5 s，最高车速可达 135 km/h，充电 3 h 后可供该车行驶 40 km。

（9）基于对电能驱动前景的看好，奥迪公司一直对电动车投入相当大的研发力度，而每一款"e-tron"车型的诞生都意味着技术进步的可喜收获。"e-tron"已不仅仅是一款车的名称，而将同已经成为全时四驱技术代词的"quattro"一样，成为奥迪品牌纯电动技术的标志性符号。

在2009年法兰克福车展上，奥迪纯电能驱动车辆最先出现在公众的视野中，这款概念车前、后轴分别采用两台电动机进行驱动，是一款名副其实的四驱车。在 230 kW 功率和 4500 N·m 转矩的推动下，0～100 km/h 加速仅需 4.8 s，最高车速被限定在 200 km/h。锂离子蓄电池所存储的 42.4 kW·h 的能量足够车辆行驶 248 km，如图 7-5 所示。

图 7-5　奥迪 e-tron

（10）在 2010 年的北美底特律车展上，基于全轮驱动 e-tron 概念车的后轮驱动 e-tron Detroit 概念车精彩亮相。虽然该项车减少为两个电动机，但是后轮驱动的奥迪 e-tron Detroit 具备毫不逊色的优异表现：0～100 km/h 加速仅需 5.1 s，续航里程为 250 km，如图 7-6 所示。

图 7-6 奥迪 e-tron Detroit

（11）奥迪 A1 e-tron 概念车仅依靠电力驱动，功率达 75 kW，在市区的行驶里程可以超过 50 km。行驶过程中，当蓄电池的电能耗尽时，A1 e-tron 将通过一个非常紧凑的增程装置对蓄电池重新充电，增程装置由一个单活塞转子内燃机和充电功率高达 15 kW 的发电机组成，可使 A1 e-tron 的行驶里程再增加 200 km，如图 7-7 所示。

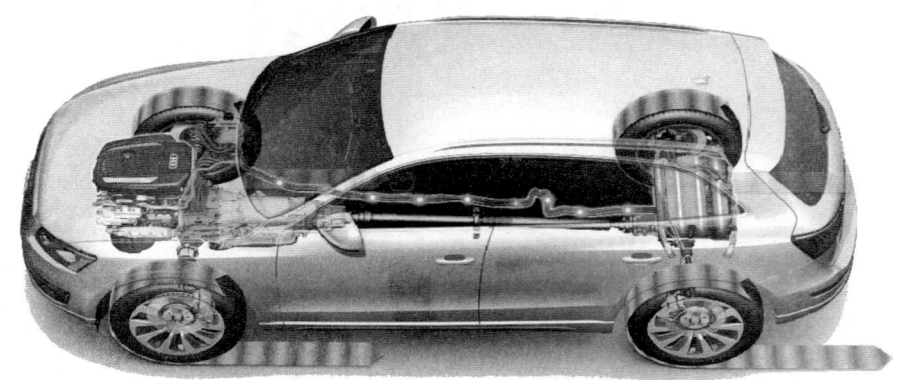

图 7-7 奥迪 A1 e-tron 概念车

【思考与练习】

（1）简述新能源纯电动汽车的组成及结构原理。
（2）简述纯电动汽车的控制原理。

8 混合动力电动汽车

【学习目标】
(1) 了解混合动力电动汽车的特点和分类。
(2) 掌握混合动力电动汽车的结构与工作原理。
(3) 了解混合动力电动汽车的车型介绍。

8.1 概 述

混合动力汽车(亦称复合动力汽车,英文为 Hybrid Power Automobile)是指车上装有两个以上动力源的汽车。其车载动力源有多种:蓄电池、燃料电池、太阳能电池、内燃机汽车的发电机组。当前混合动力汽车一般是指内燃机汽车发电机,再加上蓄电池的汽车。

混合动力汽车是介于内燃机汽车和电动汽车之间的一种车型,它是一种内燃机汽车向 EV 过渡型的车辆,同时,也是一种"独立"型车辆。混合动力汽车可分为两大类:液压蓄能式混合动力汽车 HHV(Hydraulic Hyhird Vehicle)和混合动力电动汽车 HEV(Hyhird Electric Vehicle)。

混合动力电动汽车实际上并不是新发明,世界上第一辆油电混合动力轿车是由保时捷汽车公司创始人费迪南德·保时捷(Ferdinand Porsche)在 1898 年设计的,命名为洛纳·保时捷型轿车(Loner-Porsche)。当时,年仅 18 岁的费迪南德·保时捷正在奥匈帝国皇家马车厂——洛纳公司工作。洛纳·保时捷型轿车由重达 2 t 的铅酸电池和内燃机同时提供动力,最高车速可达到 56 km/h。费迪南德·保时捷在洛纳公司工作的 8 年(1898—1906)期间,洛纳·保时捷型混合动力型轿车共售出 300 余辆。油电混合动力车型上的主要部件有发动机、电池和电动机驱动系统、机械混合系统(变速器)。混合动力汽车发动机排量从不足 1 L 的三气缸发动机到带涡轮增压的大排量 V8 发动机都有。总之,高效是各个汽车厂商为混合动力车型选择发动机时考虑的第一要素。

因此,丰田、雷克萨斯、奔驰以及福特和马自达的混合动力车型都选择使用阿特金森循环发动机。阿特金森循环发动机其实并不需要在普通发动机上做太大修改,只是改变气门开闭的时机。普通汽车发动机是基于所谓的奥托循环,它包括吸气、压缩、做功和排气 4 个行程。在奥托循环发动机里,在吸气行程中油气混合物被吸入气缸,当活塞到达下死点后,进气门关闭,油气混合物被封闭在气缸中;在压缩和做功行程中，分别被压缩和点燃。这样，膨胀比就几乎等于发动机的压缩比，很难提高。与此相对照地，在阿特金森循环中，在活塞到达下死点后上升时，吸气门仍然在打开状态，这样有一部分混合气体被推回到进气歧管，提高了充气效率，从而提高了燃油效率。阿特金森循环发动机的缺点是动力和对油门的响应都不如普通发动机。电动机的转矩很好地弥补了发动机转矩不足的缺点。同时，在低转速下，电动机提供的额外功率可以有效弥补发动机转矩不足的缺点，特别适合城市工况行驶。

8.2 混合动力电动汽车的特点和分类

8.2.1 混合动力电动汽车的特点

混合动力电动汽车采用了现代最新技术，使发动机经常工作在经济工况区，充分发挥电动机低速大转矩的特点，使发动机避开在启动、加速和爬坡时燃料消耗量增大和废气排放增多的不利工况，因此工作噪声小。这也是混合动力电动汽车 HEV 的主要特点。

混合动力电动汽车是将原动机、电动机、能量存储装置（蓄电池）等组合在一起，它们之间的良好匹配和优化控制，可充分发挥内燃机汽车和电动汽车的优点，避免各自的不足。混合动力电动汽车是当今最具实际开发意义的低排放和低油耗汽车。当前，混合动力电动汽车（Hybrid Electric Vehicle，HEV）是指车辆驱动系由两个或多个能同时运转的单个驱动系联合组成的车辆（目前，混合动力汽车一般采用两种动力源来驱动。① 热动力源：由传统的汽油机或者柴油机产生；② 电动力源：由电池与电动机产生），车辆的行驶功率依据实际的车辆行驶状态由单个驱动系单独或共同提供。混合动力车辆的节能、低排放等特点引起了汽车界的极大关注，并成为汽车研究与开发的一个重点。

8.2.2 混合动力电动汽车整个系统的组成

1. 发动机

发动机是混合动力电动机的主要动力源，可以广泛地采用四冲程内燃机（包括汽油机和柴油机）、二冲程内燃机（包括汽油机和柴油机）、转子发动机、燃气轮机和斯特林发动机等。一般转子发动机和燃气轮机的燃烧效率比较高，排放也比较洁净，采用不同的发动机就可以组成不同的混合动力电动汽车。

2. 驱动电动机

驱动电动机是混合动力电动汽车的辅助动力源。混合动力电动汽车的驱动电机可以是交流感应电动机、永磁电动机、开关磁阻电动机、直流电动机和特种电动机等。随着混合动力电动汽车的发展，直流电动机已经很少采用，多数采用感应电动机、永磁电动机和开关磁阻电动机。发动机的动力和驱动电动机的"混合"是混合动力电动汽车的动力"混合"的另一种形式。采用不同的电动机可以组成不同的混合动力电动汽车。

3. 辅助电源

混合动力电动汽车可以装备各种不同的蓄电池和超级电容等作为"辅助电源",其只有在混合动力汽车电动机启动发动机或电动机辅助驱动的时候才使用。

4. 节油控制策略

采用内燃机和电动机的混合动力电动汽车的节油控制策略如表8-1所示。

表 8-1 节油控制策略

序号	控制策略	功能具体描述	节油贡献度/%
1	发动机启停	消除停车时的发动机怠速,降低油耗	3~5
2	纯电动驱动	车辆低速行驶时,电动机驱动,解决发动机小负荷运行的低效率问题;发动机停机,达到零油耗和排放	5~10
3	电动机助力	急加速、大油门行驶时,电动机助力利于发动机维持在经济区运行,后置电动机可以保持动力无中断,改善平顺性	5~8
4	发动机单独驱动	正常行驶时,发动机单独驱动	5~10
5	发动机驱动并充电	发动机驱动,同时电机发电,维持发动机工作在经济区;电池充电,维持电量平衡	5~7
6	再生制动	滑行、制动时,电机按比例再生发电,充分回收制动能量;对轿车,更需要与ABS/EBS协调控制	7~10

5. 混合动力电动汽车的特点

采用复合动力后,可按平均需用的功率来确定内燃机的最大功率,此时处于油耗低、污染少的最优工况下工作。需要大功率内燃机功率不足时,由电池来补充;负荷少时,富余的功率可发电给电池充电。由于内燃机可持续工作,电池又可以不断得到充电,故其行程和普通汽车一样。因为有了电池,可以十分方便地回收制动时、下坡时、怠速时的能量。在繁华市区,可关停内燃机,由电池单独驱动,实现零排放。有了内燃机,可以十分方便地解决耗能大的空调、取暖、除霜等纯电动汽车遇到的难题。

可以利用现有的加油站加油,不必再投资。可让电池保持在良好的工作状态,不发生过充、过放,延长其使用寿命,降低成本。复合动力电动汽车有3种基本的工作方式,即串联式、并联式和串并联(或称混联)式。混合动力驱动汽车的缺点是有两套动力,再加上两套动力的管理控制系统,结构复杂,技术较难,价格较高。

6. 较之纯电动车,混合动力电动汽车的优点

与纯电动车比,混合动力电动汽车多了内燃机提供动力,因此电池较少,降低了

整车质量，提高了动力性。由于采用辅助动力驱动，打破了纯电动汽车续驶里程的限制，其长途行驶能力可与传统汽车相媲美。

在混合动力电动汽车上采用高度实时和动态的优化控制策略，优化控制的结果尽量使动力系统各部件工作在最佳状态和最高效率区域，大大限制了内燃机在恶劣工况下的高燃油消耗率和大量的尾气排放，大大提高了混合动力汽车的燃油经济性。在排放限制严格的地区，还可关闭辅助动力，以纯电动方式工作，成为零排放汽车。

空调系统等附件由内燃机直接驱动，有充分的能源供应，保证了汽车的乘坐舒适性。在控制策略的作用下，辅助动力可以向储能装置（一般为电池组）提供能量，从而保证混合动力电动汽车无须停车充电，因此可利用现有加油站，不需要进行专门充电设施的建设。

8.2.3　混合动力电动汽车的分类

1. 按混合动力汽车混合程度分类

微度混合动力汽车（Micro HEV）以发动机为主要动力源，电动机的峰值功率与发动机的额定功率之比＜5%，只具备停车停机功能。

轻度混合动力汽车（Mild HEV）以发动机为主要动力源，电动机作为辅助动力，电动机的峰值功率与发动机的额定功率之比为5%～15%，电动机可向车辆行驶系统提供辅助驱动力矩，但不能单独驱动车辆行驶。

中度混合动力汽车（Medium HEV）以发动机或电动机为动力源，电动机的峰值功率与发动机的额定功率之比为15%～40%，低速时电动机可独立驱动。

2. 按混合动力汽车动力系统结构类型分类

串联式混合动力汽车是指行驶系统的驱动力只来源于电动机的混合动力汽车。

并联式混合动力汽车是指行驶系统的驱动力由电动机及发动机同时或单独供给的混合动力汽车。

混联式混合动力汽车是指具备串联式和并联式两种混合动力系统结构的混合动力汽车。

8.3　混合动力电动汽车的结构与工作原理

8.3.1　串联式混合动力电动汽车

8.3.1.1　串联式混合动力电动汽车的组成

串联式混合动力电动汽车主要由发动机、发电机、电动机和蓄电池组等部件组成。

8.3.1.2　串联式混合动力电动汽车的结构原理

发动机仅仅用于发电，发电机发出的电能通过电动机控制器直接输送到电动机，由电动机产生的电磁力矩驱动汽车行驶。发电机发出的部分电能向蓄电池充电,来延长混合动力电动汽车的行驶里程。另外,蓄电池还可以单独向电动机提供电能来驱动电动汽车,使混合动力电动汽车在零污染状态下行驶,如图 8-1 所示。

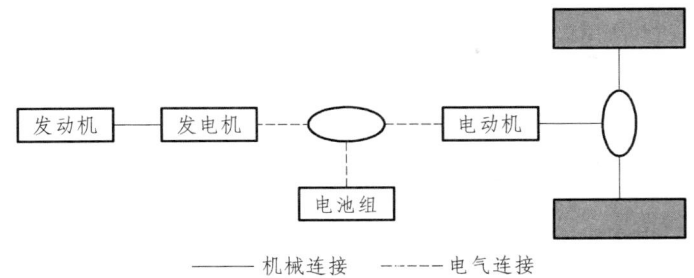

图 8-1 串联式混合动力电动汽车的结构原理示意图

8.3.1.3 串联式混合动力电动汽车的动力流程

在串联式混合动力电动汽车上,由发动机带动发电机所产生的电能和蓄电池输出的电能,共同输出到电动机来驱动汽车行驶,电力驱动是唯一的驱动模式。动力流程(见图 8-2)为:电动机直接与驱动桥相连,发动机与发电机直接连接产生电能,来驱动电动机或者给蓄电池充电,汽车行驶时的驱动力由电动机输出,将存储在蓄电池中的电能转化为车轮上的机械能。当蓄电池的荷电状态 SAC 降到一个预定值时,发动机即开始对蓄电池进行充电。发动机与驱动系统并没有机械地连接在一起,这种方式可以很大程度地减少发动机所受到的车辆瞬态响应。瞬态响应的减少可以使发动机进行最优的喷油和点火控制,使其在最佳工况点附近工作。

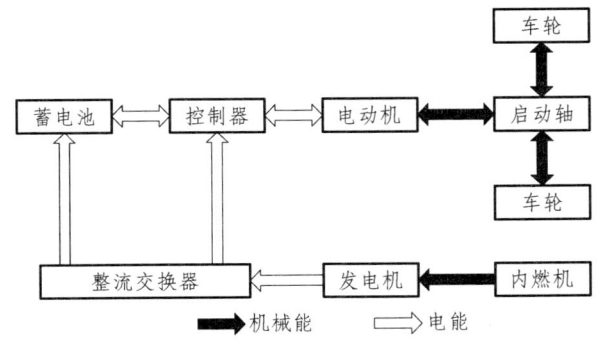

图 8-2 串联式混合动力电动汽车动力流程

串联式混合动力电动汽车的发动机能够经常保持在稳定、高效、低污染的运转状态,使有害排放气体控制在最低范围。串联式混合动力电动汽车从总体结构上看,比较简单,易于控制,只有电动机的电力驱动系统,其特点更加趋近于纯电动汽车。发动机、发电机、电动机三大部件总成在电动汽车上布置起来,有较大的自由度,但各自的功率较大,外形较大,质量也较大,在中小型电动汽车上布置有一定的困难。另外,在发动机→发电机→电动机驱动系统中的热能→电能→机械能的能量转换过程中,能量损失较大。从发动机发出的能量以机械能的形式从曲轴输出,并立即被发电机转变为电能,由于发电机的内阻和涡流,将会产生能量损失(效率为90%~95%)。电能随后又被电动机转变为机械能,在电动机和控制器中能量又进一步损失,平均效率为80%~85%。能量转换的效率要比内燃机汽车低,串联式混合动力驱动系统较适合在大型客车上使用,如美国BAE混合动力客车。

8.3.2 并联式混合动力电动汽车

8.3.2.1 并联式混合动力电动汽车的组成

并联式混合动力电动汽车主要由发动机、电动机/发电机和蓄电池等部件组成。

8.3.2.2 并联式混合动力电动汽车的结构原理

并联式混合动力电动汽车是一种以发动机为主动力,电动马达作为辅助动力的并联方式的汽车。这种方式主要以发动机驱动行驶,利用电动马达所具有的再启动时产生强大动力的特征,在汽车起步、加速等发动机燃油消耗较大时,用电动马达辅助驱动的方式来降低发动机的油耗。这种方式的结构比较简单,只需要在汽车上增加电动马达和蓄电池。它有多种组合形式,可以根据使用要求选用。并联式混合动力系统采用发动机和电动机两套独立的驱动系统驱动车轮。发动机和电动机通常通过不同的离合器来驱动车轮,可以采用发动机单独驱动、电动机单独驱动或者发动机和电动机混合驱动3种工作模式。当发动机提供的功率大于车辆所需驱动功率时或者当车辆制动时,电动机工作于发电机状态,给蓄电池充电。发动机和电动机的功率可以互相叠加,发动机功率和电动机/发电机功率约为电动汽车所需最大驱动功率的0.5~1倍,因此,可以采用小功率的发动机与电动机/发电机,使得整个动力系统的装配尺寸、质量都较小,造价也更低,行程也可以比串联式混合动力电动汽车的长一些,其特点更加趋近于内燃机汽车。并联式混合动力驱动系统通常被应用在小型混合动力电动汽车上,其结构原理如图8-3所示。

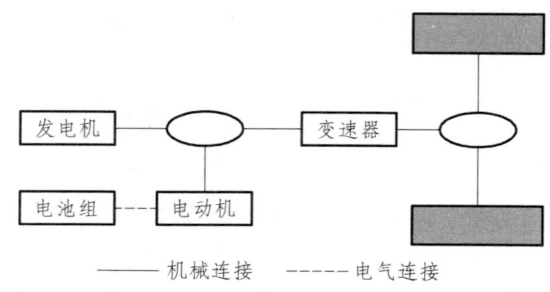

图8-3 并联式混合动力电动汽车的结构原理

8.3.2.3 并联式混合动力电动汽车的动力流程

并联式混合动力电动汽车驱动系统的动力流程（见图 8-4）为：发动机和电动机通过某种变速装置同时与驱动桥直接相连接。电动机可以用来平衡发动机所受的载荷，使其能在高效率区域工作，因为通常发动机工作在满负荷（中等转速）下燃油经济性较好。当车辆在较小的路面载荷下工作时，内燃机车辆的发动机燃油经济性比较差，而并联式混合动力电动汽车的发动机此时可以被关闭掉而只用电动机来驱动汽车，或者增加发动机的负荷使电动机作为发电机，给蓄电池充电以备后用（即一边驱动汽车，一边充电）。由于并联式混合动力电动汽车在稳定的高速下，发动机具有比较高的效率和相对较小的质量，所以它在高速公路上行驶具有比较好的燃油经济性。并联式驱动系统有两条能量传输路线，可以同时使用电动机和发动机作为动力源来驱动汽车，这种设计方式可以使其以纯电动汽车或低排放汽车的状态运行，但是此时不能提供全部的动力能源。

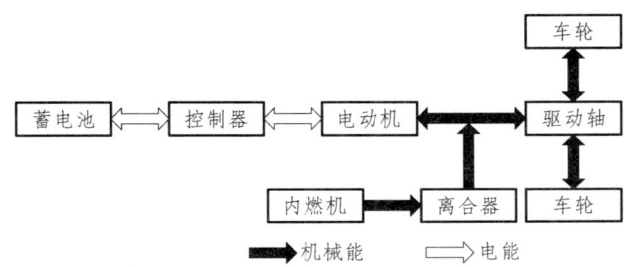

图 8-4 并联式混合动力电动汽车动力流程

并联式驱动系统的主要元件为动力合成装置，由于动力合成的实现方法具有多样性，相应的动力传动系统结构也多种多样，通常可归类为驱动力合成式、转矩合成式和转速合成式。

1. 驱动力合成式

采用一个小功率的发动机，单独驱动汽车的前轮。另外一套电动机驱动系统单独驱动汽车的后轮，可以在汽车启动、爬坡或加速时增加混合动力电动汽车的驱动力。两套驱动系统可以独立驱动汽车，也可以联合驱动汽车，使汽车变成四轮驱动的电动汽车。此种混合动力电动汽车具有四轮驱动汽车的特性。

2. 转矩合成式（双轴式和单轴式）

发动机通过传动系统直接驱动混合动力电动汽车，并直接（单轴式）或间接（双轴式）带动电动机/发电机转动向蓄电池充电。蓄电池也可以向电动机/发电机提供电能，此时电动机/发电机转换成电动机，可以用来启动发动机或驱动汽车。

3. 转速合成式

发动机通过离合器和一个"动力组合器"来驱动汽车，电动机也是通过"动力组合器"来驱动汽车。该驱动方式可以利用普通内燃机汽车的大部分传动系统的总成，电动机只需通过"动力组合器"与传动系统连接，结构简单，改制容易，维修方便。通常"动力组合器"就是一个行星齿轮机构，这种装置可以使发动机或电动机之间的转速灵活分配，但它们组合在特定的"动力组合器"中，因为"动力组合器"使它们的转矩固定在电动汽车行驶时的转矩上，用调节发动机节气门的开度来与电动机的转速相互配合，才能获得最佳的传动效果，从而使得控制装备变得十分复杂。

8.3.3　混联式混合动力电动汽车

8.3.3.1　混联式混合动力电动汽车的组成

混联式混合动力电动汽车主要由发动机、发电机、电动机、行星齿轮机构和蓄电池组等部件组成。

8.3.3.2　混联式混合动力电动汽车的结构原理

发动机发出的功率一部分通过机械传动输送给驱动桥，另一部分则驱动发电机发电。发电机发出的电能输送给电动机或蓄电池，电动机产生的驱动力矩通过动力复合装置传送给驱动桥。混联式驱动系统的控制策略是：在汽车低速行驶时，驱动系统主要以串联方式工作；当汽车高速稳定行驶时，则以并联方式工作为主，如图8-5所示。

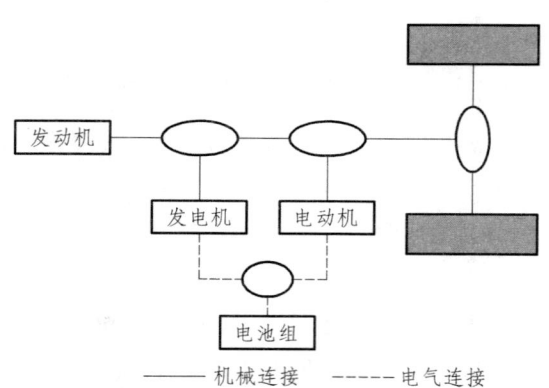

图 8-5　混联式混合动力电动汽车的结构原理

8.3.3.3　混联式混合动力电动汽车的动力流程

目前，混联式混合动力结构一般采用行星齿轮机构作为动力分配装置。有一种最佳的混联式结构是将发动机、发电机和电动机通过一个行星齿轮装置连接起来，动力从发动机输出到与其相连的行星架，行星架将一部分转矩传送到发电机，另一部分传送到传动轴，同时发电机也可以驱动电动机来驱动传动轴。这种机构有两个自由度，可以自由地控制两个不同的速度。此时车辆并不是串联式或并联式，而是两种驱动形式同时存在，充分利用两种驱动形式的优点。如图8-6所示。

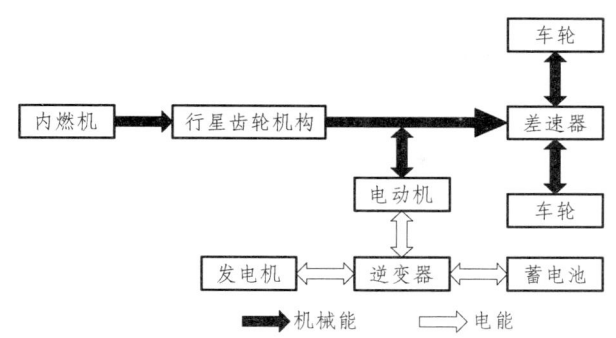

图 8-6 混联式混合动力电动汽车的动力流程

混联式驱动系统充分发挥了串联式和并联式的优点,能够使发动机、发电机、电动机等部件进行更多的优化匹配,从而在结构上保证了在更复杂的工况下使系统在最优状态下工作,所以更容易实现排放和油耗的控制目标,因此是最具影响力的混合动力电动汽车。与并联式相比,混联式的动力复合形式更复杂,因此对动力复合装置的要求更高。目前的混联式结构一般以行星齿轮作为动力复合装置的基本构架。

显然,混合动力电动汽车研究开发的主要目的就是要减少石油能源的消耗,减少汽车尾气中的有害气体量,降低大气污染。表 8-2 对不同类型的混合动力电动汽车在燃油经济性、尾气排放和控制难易程度等方面进行了比较。表 8-3 对不同类型的混合动力电动汽车在驱动模式、传动效率、整车布置、适用条件等方面进行了比较。

表 8-2 不同类型的混合动力电动汽车类型的比较

项 目	串联式	并联式	混联式
公路行驶燃油经济性	较优	优	优
城市行驶燃油经济性	优	较优	优
无路行驶燃油经济性	较优	优	优
低排放性能	优	较优	较优
成本	低	较低	较低
复杂程度	简单	较复杂	复杂
控制难易程度	简单	较复杂	复杂

表 8-3　不同类型的混合动力电动汽车特点的比较

结构模型	串联式	并联式	混联式
动力总成	发动机、发电机、驱动电动机等三大动力总成	发动机、电动机/发电机或电动机两大动力总成	发动机、电动机/发电机、电动机等三大动力总成
驱动模式	电动机是唯一的驱动模式	发动机驱动模式，电动机驱动模式，发动机、电动机混合驱动模式	发动机驱动模式，电动机驱动模式，发动机、电动机混合驱动模式
传动效率	能量转换效率较低	传动效率较高	传动效率较高
制动能量回收	能够回收制动能量	能够回收制动能量	能够回收制动能量
整车总布置	三大动力总成之间没有机械式连接装置，结构布置的自由度较大，但三大动力总成的质量、尺寸都较大，一般在大型车辆上采用	发动机驱动系统保持机械式传动系统，发动机与电动机两大动力总成之间被不同的机械装置连接起来，结构复杂，使布置受到一定的限制	三大动力总成之间采用机械装置连接，三大动力总成的质量、尺寸都较小，能够在小型车辆上布置，但结构更加紧凑
适用条件	适用于大型客车或货车，适应在路况较复杂的城市道路和普通公路上行驶，更加接近电动汽车性能	适用于中小型汽车，适应在城市道路和高速公路上行驶，接近普通的内燃机汽车性能	适用于各种类型的汽车，适应在各种道路上行驶，更加接近普通的内燃机汽车性能

8.4　混合动力电动汽车的车型介绍

目前，在国内上市销售的混合动力电动汽车的主要代表有：雪佛兰沃蓝达（串联式）、本田飞度（并联式）、丰田普锐斯（混联式）、奥迪 Q5（混联式）等。

8.4.1　雪佛兰沃蓝达（串联式）

雪佛兰旗下新能源车型沃蓝达（见图 8-7）在 2011 年正式上市，同年底在广州车展亮相并进入中国市场。雪佛兰沃蓝达是一款具有远行程行驶能力的电动汽车，它与传统的高电压车辆有着明显的不同之处。传统高电压汽车可以使用电机驱动，也可以使用汽油发动机驱动，或使用两者共同来驱动汽车。而雪佛兰沃蓝达仅由电机驱动，它使用储存于高压电池组内部的高压电来驱动车辆。但是，如果出现电池电能不足，汽油发动机将开始驱动发电电机发电，为车辆提供动力。

雪佛兰沃蓝达的工作原理：仅使用电能驱动车辆。在电动模式下，车辆仅用高压电池作为动力来源，可驱动车辆行驶 64 km 左右。行驶距离可能会因为驾驶习惯、环境温度、路况不同而有所区别。高压电池组可以通过家用电源进行充电。行驶里程达到 64 km 后，增程模式将启动汽油发动机，以驱动发电电机发电，为车辆提供续航动力，但增程模式不会给高压电池组充电。雪佛兰沃蓝达最大可输出扭矩 370 N·m，且能够在 9 s 内加速到 96 km/h，最高车速达 161 km/h。

图 8-7　雪佛兰沃蓝达外观

雪佛兰沃蓝达配置的是 4ET50 全自动、前轮驱动无级电控变速器（见图 8-8），主要部件包括 1 个扭矩减振器、1 个集成式主辅油泵以及 1 套行星齿轮组。该变速器也包括离合器组件及液压控制系统。变速器内置两个功率三相交流电机，发电电机主要用作发电，可提供 58 kW 的功率。驱动电机主要用作驱动车辆，可提供 116 kW 的功率。

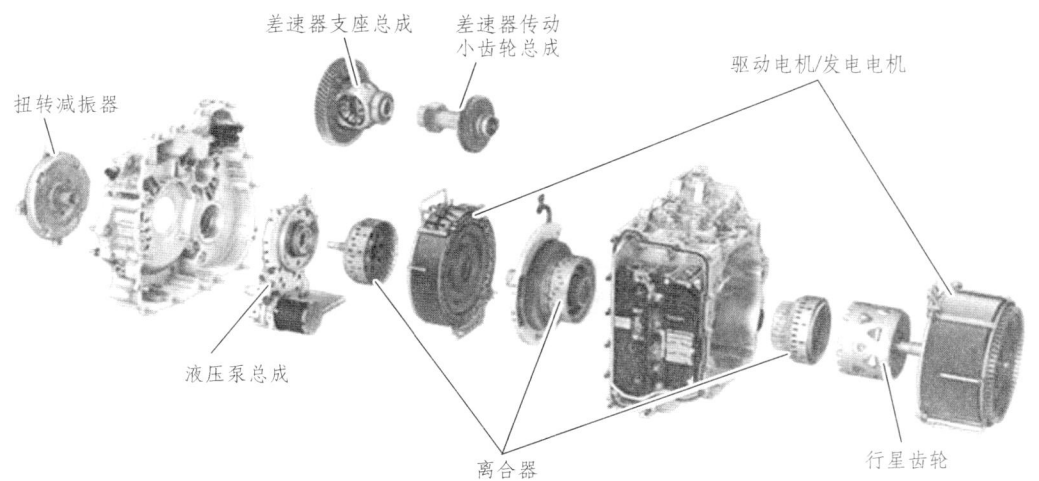

图 8-8　雪佛兰沃蓝达主要总成结构

4ET50 全自动、前轮驱动无级电控变速器主要有 4 种工作模式：E1、S、E2、LS。

在 E1 工作模式下，车辆运行所需的电能来自于高压电池组。此时 C1 工作，由驱动电机 B 提供动力，如图 8-9 所示。

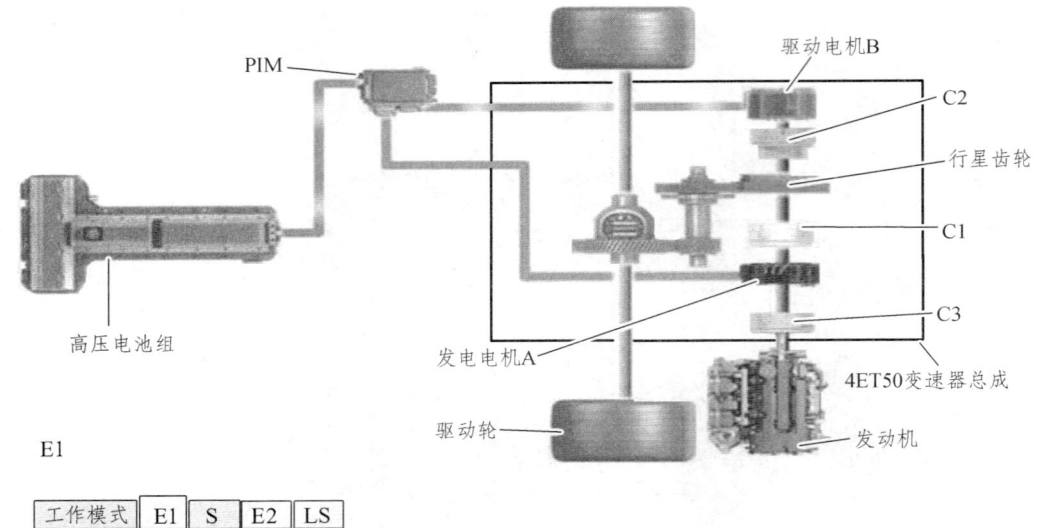

图 8-9　E1 工作模式示意图

在 S 工作模式下，车辆运行所需的电能来自发电电机 A，此时发电电机 A 用于产生电能。在此模式下 C3 工作，它用于连接发动机与发电电机 A，同时 C1 处于工作状态，车辆由驱动电机 B 提供动力，如图 8-10 所示。

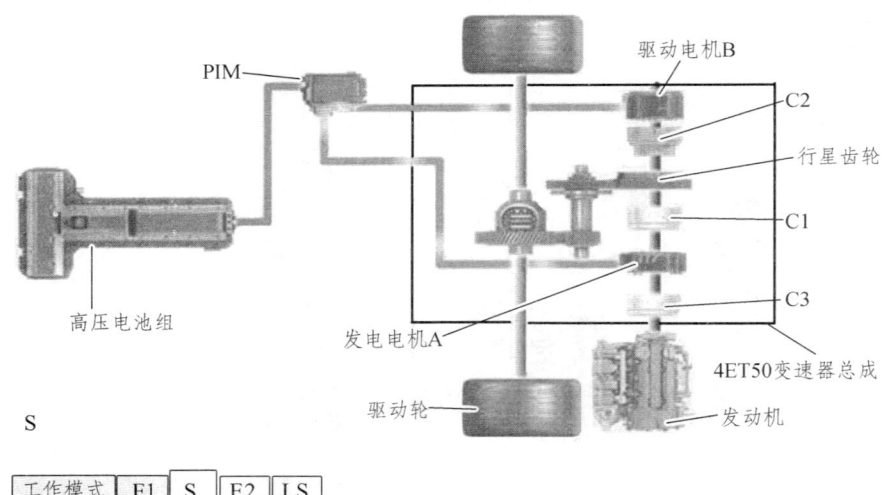

图 8-10　S 工作模式示意图

在 E2 工作模式下，设备运行所需的电能来自于高压电池组，此时离合器 C2 工作，两个主要电机均与行星齿轮相连，车辆由发电电机 A 和驱动电机 B 同时提供动力，如图 8-11 所示。

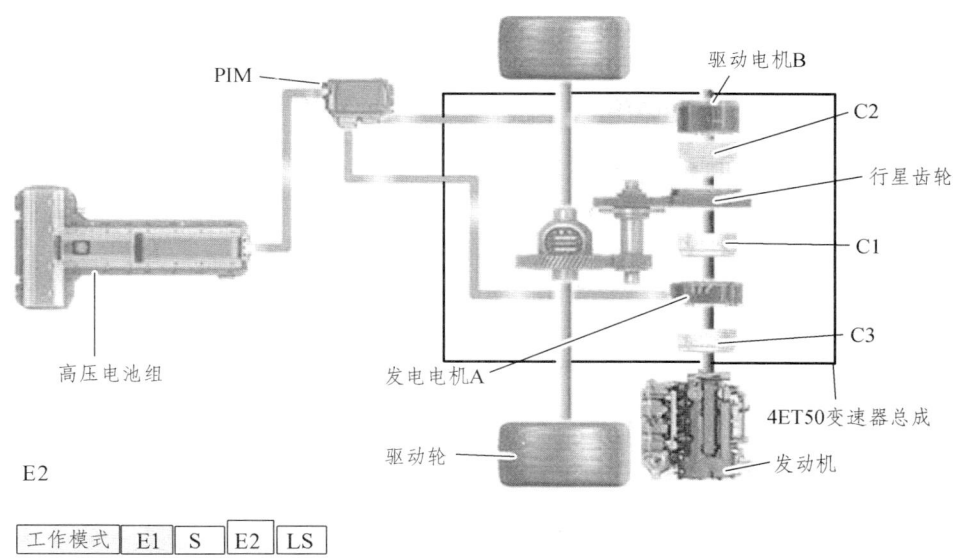

E2

工作模式 E1 S E2 LS

图 8-11 E2 工作模式示意图

LS 工作模式出现在高压电池组电量极低的情况下，这种情况通常不易发生。C2、C3 处于工作状态。此时，发电机不仅能够驱动发电机 A 给高压电池组提供充电，同时还用于驱动车辆，如图 8-12 所示。

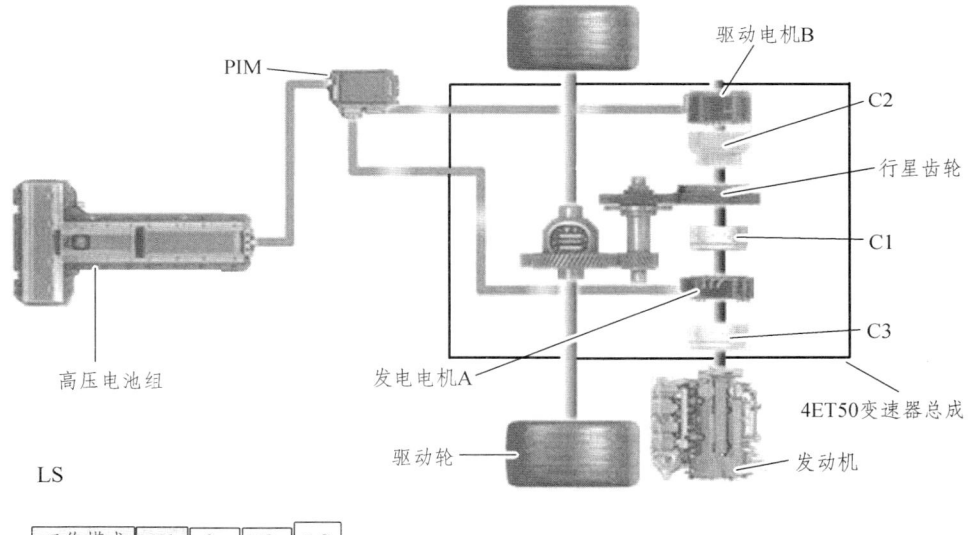

LS

工作模式 E1 S E2 LS

图 8-12 LS 工作模式示意图

8.4.2 本田飞度（并联式）

本田汽车旗下的飞度混合动力汽车于 2009 上市（见图 8-13），混合动力飞度采用本田的 IMA 系统（整合电机辅助系统），由 1.3 L 的 iVTEC 四缸发动机（最大功率为

7.15 kW，最大扭矩为 170 N·m）以及 CVT 变速箱构成，15 kW 的辅助电机功率同混合动力思域完全相同，由于其电机同曲轴固定在一起，因此位于发动机和 CVT 变速箱之间，其动力传递更加直接。运用 IMA 系统后，在中低速行驶时，车辆可由电池驱动辅助电机，实现电动模式达到零排放的效果。

图 8-13 飞度混合动力汽车

8.4.3 丰田普锐斯、奥迪 Q5（混联式）

8.4.3.1 丰田普锐斯

丰田旗下的油电混合动力汽车普锐斯 1997 年问世后，是世界上最早实现批量生产的混合动力电动汽车。2005 年，第二代普锐斯以进口车在我国上市，2006 年，在天津一汽丰田汽车实现国产。它装备了新一代丰田混合动力系统 THS II，在此系统中丰田推出了 Hybrid Synergy Drive（HSD）。普锐斯最大的特点就是低油耗、低尾气排放、加速性良好、运行安静。

第二代普锐斯系统是由两台电动马达和一台发动机组成：发动机采用经过强化后的 INZ-FXE-1.5 L、直列 4 缸、16 气门、阿特金森循环高压缩比的汽油发动机。发动机的尺寸更加紧凑，采用铝合金缸体减轻了发动机的质量，使得 INZ-FXE 汽油发动机的效率比传统发动机的效率高 80%。在汽车行驶速度低于 20 km/h 时，发动机自动关闭；当电量不足时，发动机自行启动，对蓄电池进行充电，供应驱动电动机运行。两个电动马达，其中一台采用的驱动电动机是大功率永磁同步电动机，其 8 个永磁磁极对称排列，电动机的额定电压为 500 V，可以在恒转矩和恒功率的大范围内来调制它的输出特性，并提高电动机中等转速时的输出功率。采用 500 V 高电压可以减少电能在传输过程中的损耗，在不增加电动机质量的前提下，提高电动机的功率以及整车的动力性能和经济性能。另一台采用的 ISG 是一台小型的永磁交流同步电机，最高转速达 10 000 r/min，在发动机启动时作为启动机使用，在发动机运转时作为发电机使用，相当于发动机的飞轮。

第二代普锐斯电池采用由 40 个模块串联组成的镍氢电池组，电池组总电压为

288 V，经过 DC/DC 电流变换器转换为 500 V 电流，电流经过逆变器转换为三相交流电，供给 ISG 或驱动电动机。蓄电池的使用寿命可达到 160 000 km 以上，可以不需要从外部充电，直接由 ISG 进行充电。镍氢电池采用空气冷却系统来散热。

第二代普锐斯系统的两台电动马达和一台发动机的连接方式为（见图 8-14）：其中的一台电动马达与发动机直接相连，另外一台则没有直接连接发动机。第二代普锐斯系统最为关键的设计就是复合式行星齿轮变速箱。发动机和与其相连的电动马达组合在一起形成一套驱动单元，另外一台电动马达形成第二个驱动单元。这两套单元可由车载计算机灵活调配，通过变速箱对驱动轮传递动力。

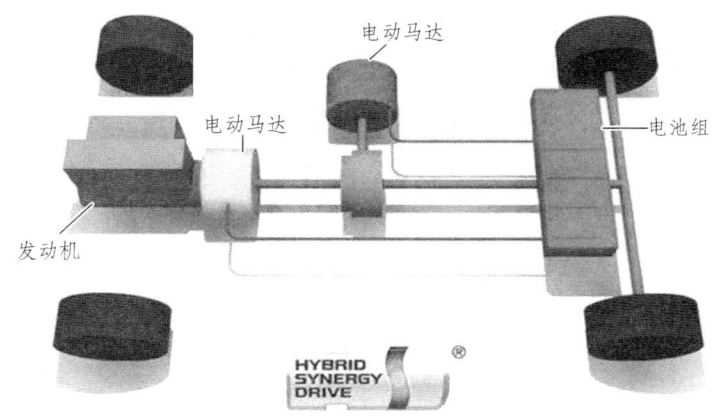

图 8-14　第二代普锐斯混合动力系统工作示意图

加速时，第一套动力单元通过变速箱向车轮传递动力；在纯电力模式下，第二套动力单元取代发动机和电动马达，单独为车轮提供动力，此时发动机和与其相连的电动马达均处于关闭状态。车辆减速时，HSD 混合动力系统的电动马达会转变为向电池组充电的发电机。

当电池组充满电后，发动机所产生的电能将会输往与发动机相连的电动马达，马达通过对发动机转速的干预来达到辅助车辆减速的目的。所以，在驾驶一辆丰田品牌的混合动力车时，并不需要对制动踏板过分敏感，电动马达提供的减速度已经基本够用。只有在停车或遇上紧急情况时，车辆原本的制动系统才能派上用场。这套系统的诞生为由车载计算机控制的线控制动及油门系统提供了前提条件。

8.4.3.2　奥迪 Q5

奥迪公司旗下的 Q5 是一款混合动力的 SUV 车型（见图 8-15），Q5 的混合动力单元（见图 8-16）采用了 2.0 L TFSI 4 缸汽油发动机，最大功率为 155 kW，最大扭矩为 350 N·m；电动机功率为 33 kW，电动机扭矩为 210 N·m；混合系统功率为 180 kW，系统扭矩为 480 N·m。电动机安装在混合动力变速箱中，采用独立的低温冷却系统。

图 8-15 奥迪 Q5 混合动力车型外观

图 8-16 奥迪 Q5 混合动力单元示意图

8.4.3.3 混合动力控制系统维修的注意事项

（1）混合动力控制系统使用高压电路，不正确的操作可能导致电击、漏电，发生危险。

（2）操作高压系统时一定要断开电源：① 确保电源开关关闭。② 从辅助蓄电池上断开负极端子电缆。③ 必须戴绝缘手套，否则 DTC（故障诊断码）会被清除，因此断开电源之前必须检查 DTC。④ 拆下检修塞，为防止其他技师重新连接检修塞，要将拆下来的检修塞放好。拆下检修塞后，不要操作电源开关，否则可能损坏混合动力汽车控制单元 ECU。⑤ 放置汽车 5 min 以上，对变频器内的高压电容器进行放电。

（3）插接器和线束的注意事项：高压电路的插接器和线束均为橙色，HV 蓄电池等的高压零件都贴有高压警示，小心不要触碰到这些配线。

（4）使用绝缘手套的注意事项：① 应对绝缘手套进行检查，确保其无破损、裂纹再进行佩戴。② 不要戴湿手套。

（5）进行维修或检查时的注意事项：① 工作前必须断开电源。② 对高压系统进行操作时用警告牌警示其他人员。③ 必须戴绝缘手套检查和维修零件、高压配线。④ 为防止金属物体掉落从而引起短路，不要携带任何金属物体。⑤ 由于扭矩不足或过量可能导致的故障，必须按规定扭矩将高压螺钉端子拧紧。⑥ 拆下任何高压配线后，立刻用绝缘胶带将其绝缘。⑦ 完成对高压系统的操作后和重新安装检修塞前，应再次确认没有遗留任何零件或工具，以及确认高压端子已拧紧和插接器已插接。

【思考与练习】

（1）简述混合动力汽车电动汽车的特点和分类。
（2）分析混合动力电动汽车的结构与工作原理。

9 新能源汽车充电桩

【学习目标】

（1）认知新能源汽车所需的充电设施。
（2）掌握新能源汽车充电桩的功能及技术要求。
（3）认知新能源汽车充电桩的充电方式。

2013年起，新能源电动汽车在中国火热上市以来，一时间众多汽车厂家均推出了混合动力汽车及纯电动汽车，电动汽车如何续航一时成为关注的焦点。

给予电动汽车充电的装置称为充电桩。目前，国内有众多厂家从事充电桩生产，其中一些厂家在生产产品时已经参照国家电网的标准，如追日电气等。随着电动汽车的产业发展，充电桩将在未来5年遍布一些城市。

9.1 概　述

充电桩是电动汽车充换电系统中最重要的设施，一般固定在路边或停车场内，利用专用的充电接口，采用传导方式，为具有车载充电机的电动汽车提供交流电能，并具有相应的通信、计费和安全防护功能，如图9-1所示。充电桩一般通过投币或购买专用的IC卡，为电动汽车充电。

图9-1　电动汽车充电桩

充电桩可分为交流充电桩和直流充电桩两种。交流充电桩是安装在电动汽车外与交流电网连接，为电动汽车车载充电机提供交流电源的供电装置，同时具备计量计费功能；直流充电桩是固定安装在电动汽车外与交流电网连接，为电动汽车动力电池提供小功率直流电源的供电装置，直流充电桩具有充电机功能，可以实时监视并控制被充电电池状态，同时，直流充电桩可以对充电电量进行计量。

电动汽车充电桩整体系统由四部分组成：电动汽车充电桩、集中器、电池管理系统（BMS）、充电管理服务平台。

电动汽车充电桩的控制电路主要由嵌入式 ARM 处理器完成，用户可自助刷卡进行用户鉴权、余额查询、计费查询等功能，也可通过语音输出接口，实现语音交互。用户可根据液晶显示屏指示选择 4 种充电模式：按时计费充电、按电量充电、自动充满、按里程充电等。

电动汽车充电机控制器与集中器利用 CAN 总线进行数据交互，集中器与服务器平台利用有线互联网或无线 GPRS 网络进行数据交互，为了安全起见，电量计费和金额数据实现安全加密。

电池管理系统（BMS）的主要功能是监控电池的工作状态（电池的电压、电流和温度）、预测动力电池的电池容量（SOC）和相应的剩余行驶里程，进行电池管理以避免出现过放电、过充、过热和单体电池之间电压严重不平衡现象，最大限度地利用电池存储能力和循环寿命。

充电服务管理平台主要有三个功能：充电管理、充电运营、综合查询。充电管理对系统涉及的基础数据进行集中式管理，如电动汽车信息、电池信息、用户卡信息、充电桩信息；充电运营主要对用户充电进行计费管理；综合查询指对管理及运营的数据进行综合分析查询。

9.2 交流充电桩

9.2.1 交流充电桩功能概述

（1）采用三相四线 AC 380 V 交流输入。

（2）充电模式分为定电量、定时间、自动充满断电三种，并能够语音告知。

（3）具有人机交互功能，人机交互界面采用触摸屏（或液晶+键盘操作）。可设定充电模式，并显示当前充电模式、时间（已充电时间、剩余时间等）、电量（已充电电量、待充电电量）及计费信息等。

（4）具有充电身份（IC 卡）识别功能，能够识别电动汽车充电连接情况并根据实际情况确认充电与否。

（5）具有票据打印功能。

（6）具有外部手动充电控制功能。

（7）安全防护功能：具备防触电电磁闭锁机构，安装有漏电保护器，并具备急停按钮。

（8）外形结构：具有国家电网公司统一标识，采用框架钢结构、不锈钢外壳。

9.2.2 交流充电桩技术参数

（1）基本配置：触摸屏、控制板、IC卡读取器、智能计量表计、控制开关电器、票据打印器、标准充电接口、控制电源、模具成型壳体。

（2）技术参数。

额定输入电压：AC 380 V/220 V×（1±10%）。

额定输出电压：AC 380 V×（1±10%）。

额定功率：30 kW。

最大输出电流：50 A。

机械连接寿命：40 000次。

电气寿命：36 000次。

外形尺寸：1 200 mm×400 mm×300 mm。

防护等级：IP54。

绝缘强度：2 500 V。

9.3 直流充电桩

9.3.1 直流充电桩概述

直流充电桩是充电机为电动汽车慢充以及快速充电的辅助设备，提供充电接口、人机接口等功能，对电动汽车的充电进行控制，实现充电开停机、插卡计费等操作。充电桩由嵌入式单片机经二次开发后作为主控制器，包括IC卡管理、充电接口管理、凭据打印、联网监控等功能，是充电操作人员进行操作的人机系统，如图9-2所示。

图9-2 电动汽车充电桩

直流充电桩主要用于电动大巴车的日常充电和电动轿车的中快速充电,适合单位用户和充电站经营者在停车场、写字楼、酒楼、购物中心和单位内部等地建站。

直流充电桩可实现 IC 卡管理、液晶显示、充电计费、充电管理、远程通信等功能,将运行数据(包括计费信息)传到服务器后台,通过后台主站,管理员可以实时监控充电桩的运行情况,为系统的良好运行提供保障。

9.3.2 直流充电桩功能介绍

(1)界面显示:显示提示信息、用户 IC 卡信息、充电相关信息等内容,是充电装置提供给用户和管理员的唯一可视内容。

(2)身份识别:读取 IC 卡内信息,识别用户身份及相关信息。

(3)充电操作:提供操作按钮,用于用户充电操作和管理员管理操作。

(4)控制输出接触器:管理输出接触器,实现对充电输出的控制。

(5)与充电机交互:向充电机发送控制指令、开关量信号,控制充电机启动与停止,获取充电机工作状态信息。

(6)费用收取:收取充电费用,进行卡内余额信息的读写操作。

(7)票据打印:打印用户充电费用的票据。

(8)数据管理:管理各项数据,保护数据的完整性、安全性,提供管理员查询、拷贝、删除等功能。

(9)系统配置:管理员进行系统配置,实现不同充电装置的相关设置。

(10)其他:提供用户操作帮助、异常信息提示等功能。

9.4 新能源汽车充电方式

根据充电方式不同,新能源汽车充电方式可分为慢速充电方式(见图 9-3)、快速充电方式(见图 9-4)、无线充电方式、更换电池充电方式等。

图 9-3 电动汽车慢充电模式

图 9-4 电动汽车快充电模式

电动汽车蓄电池放电后，用直流电按与放电电流相反的方向通过蓄电池，使它恢复工作能力，这个过程称为蓄电池充电。蓄电池充电时，电池正极与电源正极相连，电池负极与电源负极相连，充电电源电压必须高于电池的总电动势。充电方式有恒电流充电和恒电压充电两种。

电动汽车充电技术充电方法的研究：常规充电制度是依据 1940 年前国际公认的经验法则设计的。其中最著名的就是"安培小时规则"：充电电流安培数，不应超过蓄电池待充电的安时数。实际上，常规充电的速度被蓄电池在充电过程中的温升和气体的产生所限制。这个现象对蓄电池充电所必需的最短时间具有重要意义。

9.4.1 恒流充电法

恒流充电法是用调整充电装置输出电压或改变与蓄电池串联电阻的方法，保持充电电流强度不变的充电方法。其控制方法简单，但由于电池的可接受电流能力是随着充电过程的进行而逐渐下降的，到充电后期，充电电流多用于电解水，产生气体，使出气过甚，因此，常选用阶段充电法。

9.4.2 阶段充电法

此方法包括二阶段充电法和三阶段充电法。

（1）二阶段充电法采用恒电流和恒电压相结合的快速充电方法，首先，以恒电流充电至预定的电压值，然后，改为恒电压完成剩余的充电。一般两阶段之间的转换电压就是第二阶段的恒电压。

（2）三阶段充电法在充电开始和结束时采用恒电流充电，中间用恒电压充电。当电流衰减到预定值时，由第二阶段转换到第三阶段。这种方法可以将出气量减到最少，但作为一种快速充电方法使用，受到一定的限制。

9.4.3 恒压充电法

充电电源的电压在全部充电时间里保持恒定的数值，随着蓄电池端电压的逐渐升高，电流逐渐减少。与恒流充电法相比，其充电过程更接近于最佳充电曲线。用恒定电压快速充电，由于充电初期蓄电池电动势较低，充电电流很大，随着充电的进行，电流将逐渐减少，因此，只需简易控制系统。

这种充电方法电解水很少，避免了蓄电池过充。但在充电初期电流过大，对蓄电池寿命造成很大影响，且容易使蓄电池极板弯曲，造成电池报废。鉴于这种缺点，恒压充电很少使用，只有在充电电源电压低而电流大时采用。例如，汽车运行过程中，蓄电池就是以恒压充电法充电的。

9.4.4 快速充电法

（1）脉冲式充电法，这种充电法不仅遵循蓄电池固有的充电接受率，而且能够提高电动汽车蓄电池的充电接受率，从而打破了蓄电池指数充电接受曲线的限制，这也是蓄电池充电理论的新发展。

（2）Reflex TM 快速充电法，这种技术是美国的一项专利技术，它主要面对的充电对象是镍镉电池。由于它采用了新型的充电方法，解决了镍镉电池的记忆效应，因此，大大降低了蓄电池的快速充电的时间。铅酸蓄电池的充电方法和对充电状态的检测方法与镍镉电池有很大的不同，但它们之间可以相互借鉴。Reflex TM 充电法的一个工作周期包括正向充电脉冲、反向瞬间放电脉冲、停充维持 3 个阶段。

（3）变电流间歇充电法，这种充电方法建立在恒流充电和脉冲充电的基础上，其特点是将恒流充电段改为限压变电流间歇充电段。充电前期的各段采用变电流间歇充电的方法，保证加大充电电流，获得绝大部分充电量。充电后期采用定电压充电段，获得过充电量，将电池恢复至完全充电状态。通过间歇停充，使蓄电池经化学反应产生的氧气和氢气有时间重新化合而被吸收掉，使浓差极化和欧姆极化自然而然地得到消除，从而减轻了蓄电池的内压，使下一轮的恒流充电能够更加顺利地进行，使蓄电池可以吸收更多的电量。

（4）变电压间歇充电法，在变电流间歇充电法的基础上又有人提出了变电压间歇充电法。与变电流间歇充电方法不同之处在于第一阶段不是间歇恒流，而是间歇恒压。在每个恒电压充电阶段，由于是恒压充电，充电电流自然按照指数规律下降，符合电池电流可接受率随着充电的进行逐渐下降的特点。

（5）变电压变电流波浪式间歇正负零脉冲快速充电法，综合脉冲充电法、Reflex TM 快速充电法、变电流间歇充电法及变电压间歇充电法的优点，变电压变电流波浪式正负零脉冲间歇快速充电法得到发展应用。脉冲充电法充电电路的控制一般有两种：

① 脉冲电流的幅值可变，而 PWM（驱动充放电开关管）信号的频率是固定的。

② 脉冲电流幅值固定不变，PWM 信号的频率可调。

脉冲电流幅值和 PWM 信号的频率均固定，PWM 占空比可调，在此基础上加入间歇停充阶段，能够在较短的时间内充进更多的电量，提高了蓄电池的充电接受能力。

【思考与练习】

（1）新能源汽车充电桩的类型有哪些？

（2）新能源汽车充电桩的充电方式有哪些？

参考文献

[1] 李伟. 新能源汽车构造原理与故障检修[M]. 北京：化学工业出版社，2015.
[2] 徐艳民. 电动汽车动力电池及电源管理[M]. 北京：机械工业出版社，2015.
[3] 陈黎明. 电动汽车结构原理与故障诊断[M]. 北京：机械工业出版社，2015.